永住市民の人権
――地球市民としての責任――

後 藤 光 男

成 文 堂

田畑　忍先生
有倉遼吉先生　に本書をささげる

目　次

序　章　本書の構図と構成
　　1　本書の構図 …………………………………………………………… 1
　　　（1）地球市民権の時代へ　2
　　　（2）地球民主主義　3
　　2　本書の構成 …………………………………………………………… 5

第1章　日本国憲法制定史における「日本国民」と「外国人」
　　　　――米国の人権政策と日本政府との狭間で――
　　1　はじめに ……………………………………………………………… 13
　　2　米国の人権政策 ……………………………………………………… 15
　　3　植民地出身者の参政権の停止 ……………………………………… 21
　　4　GHQ の外国人の人権保障条項 …………………………………… 26
　　5　国籍選択権 …………………………………………………………… 29
　　6　結　び ………………………………………………………………… 34

第2章　日本国憲法10条・国籍法と旧植民地出身者
　　1　問題の所在 …………………………………………………………… 37
　　　（1）国境の成立と国家主義　37
　　　（2）憲法学者の旧植民地出身者に対する認識　40
　　2　旧植民地出身者の処遇 ……………………………………………… 45
　　　（1）「外国人」から「帝国臣民」へ
　　　　　―帝国憲法と植民地出身者（1910年日韓併合以降）―　45
　　　（2）「帝国臣民」から「外国人」へ―日本国憲法と植民地出身者―　47
　　3　日本国憲法10条・国籍法 …………………………………………… 49
　　　（1）日本国憲法10条の「日本国民」とは誰か　49

　　　　（2）日本国憲法10条の制定過程　52
　　　4　結　語……………………………………………………………………　60

第3章　外国人の人権享有主体性
　　　1　外国人の人権享有主体性………………………………………………　63
　　　2　保障される人権の範囲…………………………………………………　67
　　　　（1）参政権（選挙権・被選挙権）　67
　　　　（2）公務就任権　71
　　　　（3）社会権　73
　　　　（4）入国の自由　74
　　　　（5）亡命権　76
　　　3　公共の福祉のための制約および「合理的な差別」の問題………　77
　　　　（1）精神的自由・経済的自由・人身の自由　77
　　　　（2）人格権—指紋押捺を強制されない権利—　78

第4章　外国人の出入国の自由
　　　1　問題の所在………………………………………………………………　81
　　　2　出入国の自由に関する判例……………………………………………　88
　　　　（1）入国の自由　88
　　　　（2）出国の自由　93
　　　3　出入国の自由に関する学説……………………………………………　97
　　　4　出入国の自由の本質論…………………………………………………　102
　　　5　結　び……………………………………………………………………　107

第5章　条例による外国人地方選挙権付与の合憲性
　　　1　はじめに…………………………………………………………………　111
　　　2　外国人への地方選挙権付与の合憲性…………………………………　114
　　　　（1）外国人の類型　114
　　　　（2）外国人の権利保障　114
　　　　（3）外国人地方選挙権の保障　115
　　　　（4）「地方自治の本旨」と外国人地方選挙権　120

         3　条例による外国人地方選挙権付与の合憲性……………………… 121
           （1）憲法上の「法律の留保」との関係　123
           （2）法律と条例との関係　124
         4　残された課題—外国人の被選挙権付与について—　………… 128

   第6章　外国人の選挙権・被選挙権
         1　序　説……………………………………………………………… 131
           （1）外国人選挙権否定説　135
           （2）外国人選挙権肯定説とそれを根拠づける実質論　137
         2　外国人の選挙権…………………………………………………… 138
           （1）外国人の地方選挙権—地方政治の選挙権だけを認める限定承認説—　138
           （2）外国人の地方選挙権付与論の問題点　143
           （3）新しい学説の流れ—外国人の国政選挙権付与の論理—　144
         3　外国人の被選挙権………………………………………………… 146
           （1）地方自治体における外国人の被選挙権　147
           （2）国政における外国人の被選挙権　149
         4　結　び……………………………………………………………… 154

   第7章　外国人の公務就任権
         1　はじめに…………………………………………………………… 161
         2　外国人の公務就任権をめぐる動向……………………………… 163
         3　戦後50年と国籍条項……………………………………………… 166
         4　外国人の公務就任と憲法上の問題点…………………………… 174

   第8章　外国人の公務就任権をめぐる一般永住者と特別永住者
         1　はじめに…………………………………………………………… 183
           （1）永住外国人の東京都管理職選考試験受験訴訟　184
           （2）外国人に保障される人権の範囲　186
         2　国民主権と基本的人権の相克…………………………………… 190
           （1）国民主権の原理と外国人の公務就任　190
           （2）基本的人権の原理と外国人の公務就任　192

3　一般永住者と特別永住者の相異……………………………………194
　　（1）藤田宙靖裁判官補足意見と一般永住者　195
　　（2）泉徳治裁判官反対意見と特別永住者　199
4　結　び―判例・通説の問題性―……………………………………204

第9章　外国人の社会権と国際人権条約

1　はじめに………………………………………………………………207
　　（1）在日外国人の国民年金訴訟　208
　　（2）難民条約の批准を契機として　212
2　外国人の社会権について……………………………………………215
　　（1）外国人の人権と社会権の本質　215
　　（2）外国人に対する差別の合憲性　218
3　外国人の社会権保障の現状…………………………………………221
　　（1）社会保険　221
　　（2）公的扶助（生活保護）　227
4　今後の課題―国際人権条約との関係について―……………………229

第10章　非正規滞在外国人の人権

1　問題の所在……………………………………………………………241
2　非正規滞在者と在留特別許可………………………………………244
　　（1）外国人の人権享有主体性と不法入国者　244
　　（2）正規滞在者と在留資格　246
　　（3）非正規滞在者と在留特別許可　248
3　正規化と居住権………………………………………………………253
　　（1）正規化とアムネスティ　253
　　（2）居住権を中心とする人権　262
4　結　び…………………………………………………………………266

初出一覧……………………………………………………………………269
参考文献一覧………………………………………………………………270
あとがき……………………………………………………………………281

000000

序　章　本書の構図と構成

1　本書の構図
　（1）地球市民権の時代へ
　（2）地球民主主義
2　本書の構成

1　本書の構図

　本書は憲法学あるいは行政法学で議論されるところの外国人の人権を考察の対象としている。本書の題名を『永住市民の人権』とし、副題を「地球市民としての責任」とした。副題は政治学者の宮田光雄の『いま人間であること』（岩波書店、1993年）の第5章「《地球市民》として生きる」からアイデアをお借りしたものである。

　本書は過去5年（2010年から2014年）ほどの間に、早稲田法学（早稲田大学法学部）、比較法学（早稲田大学比較法研究所）、早稲田社会科学総合研究（早稲田大学社会科学部）の諸研究誌に発表した論文から成り立っている。例外は、「第3章　外国人の人権享有主体性」『憲法の争点』（有斐閣、2008年）、「第7章　外国人の公務就任権」『立憲主義・民主主義・平和主義』（三省堂、2001年）、「第10章　非正規滞在外国人の人権」（『憲法と国家機能の再検討』［信山社］に所収予定を本書に収録）である。

　本書では従来の伝統的理解によると外国人には保障されないと考えられてきた権利を根本的に見直す作業を行った。とりわけ、外国人の出入国の自由（移動の自由）、外国人の選挙権・被選挙権、公務就任権、外国人の社会権である。さらに非正規滞在外国人の人権を考察した。従来の判例・通説の見解に異を唱えるものとなっている。

　外国人の人権というテーマについて、従来、憲法学が内発的に取り上げてきたという課題ではなかった。かつて国際法学者の大沼保昭は、憲法の教科書ではは

なはだ非論理的な、情緒的としかいいようのない記述がなされているに留まるという批判的な指摘を行い、そのようことを契機として外国人の人権という問題を憲法学は意識するようになってきたといっても過言ではない。その後、憲法学も本問題に積極的に取り組むようになり、その中で浦部法穂の貢献が大きいと筆者は考える。浦部法穂は外国人の人権に関するメッセージ性の高い発信によって伝統的な憲法学説の理解の仕方に揺さぶりをかけ問題提起を行った。

筆者は以前、外国人の参政権を検討した著書『共生社会の参政権』(成文堂、1999年) の中で地球市民権の発想が必要であることを指摘した。本書においても、その基調は変化していない。そこで、この理を再度確認しておきたい。

(1) 地球市民権の時代へ

デモクラシーは政治過程を開放すればするほど強化される。政治過程への参加枠に当たって、合理的根拠のない制限など設定すべきではない。現実に日本社会に関わっている人に日本社会の課題を解決する権利と義務を与えることは開かれた政治の論理にとって自然の帰結である。国籍よりも現に生活基盤を日本社会に持っているという事実の方が重要である。それではなぜ在住外国人に選挙権と被選挙権が与えられる必要性があるのか、ごく自然で簡単なことである。在住外国人から税金を徴収する以上、その税金をいかに使うかを決める最低限度の権利を与えるのは当然である。どう使うのかの決定過程に参加させないというのでは筋が通らない。「代表なければ課税なし」である。

現在、多くの国で選挙権はすでに18歳である。日本でもようやく20歳から18歳に引き下げられることとなった。被選挙権も18歳とするのが望ましい。選挙公職の違いによる被選挙権年齢に格差は必要ない。また、在住外国人にも選挙権・被選挙権が必要である。「選ぶ能力」があれば「選ばれる能力」もあるに違いないという発想が必要である。国籍よりも「いま現にどこに住んでいるのか」という事実を重視して参政権に新しい意味を付け加えることが必要である。国民投票も、原則として、外国籍のまま参加できるようにすべきであろう。例えば、原発廃棄の国民投票について、原発事故といった不幸な出来事は、住人の国籍を問わず共通に降りかかる。国民投票をするなら、「そこに住んでいる事実」のほうが、国籍よりも重要であるという発想が必要である (岡澤憲芙)。宮田光雄は、真のナショナル・アイデンティティは普遍的な人間の価値に開かれていなければな

らないと述べ、今では、人間であることは《地球市民》として生きる責任と結びついているという。人類の共生ということを、たんなる理想や義務の問題としてではなく、のっぴきならない現実の課題として認識されているのである。忠誠価値の対象として国家主権ではなしに《地球市民》としての人類的連帯性という普遍的な価値が重要である。

　日本国憲法は22条で国籍離脱の自由を保障している（日本国憲法で「国籍」という言葉が使われているのは22条においてのみである）。この意味はこういうことであろう。特に、子どもの場合には国籍の自己選択、自己決定を行うことができない。たまたま親が日本という国に住んでおり、ある種の強制力が働いている。しかし、成長したならば自分の責任で自分の滞在国を決定してよろしい。日本がいやで、日本にこれ以上滞在したくないという時には、自分の滞在国を自由に決定する権利がある。その選択の可能性を整えるのが日本政府である。これは日本国憲法の国際協調主義のあらわれであり、開かれた人類共生の社会を創ることを目ざしているのである。

（2）地球民主主義

　滞在国に生活の本拠を置いていれば、滞在国の選挙に参加する権利が認められる。とすれば、生活の本拠を外国に移したならば当然その滞在国で選挙に参加する権利が認められないといけないということになろう。もし、滞在国で政治的権利行使をしないとすれば一体どこでこの権利を行使すべきであろうか。ヨーロッパでは、国境を超える移動の自由という人権を行使すると、参政権という人権を失ってしまうのは背理であるといわれている。世界人権宣言や国際人権規約に含まれている民主主義の原則は、地球規模での民主主義にたどり着く。つまり、地球上のすべての人々に政治過程への参加の権利、つまり、地球上のどこかで選挙に参加する権利が認められると考えてよい。この権利は、もともとは国籍国で実行されるはずであるが、それは、通常は国籍国に生活の本拠が置かれているからである。したがって、国外に出て、外国人として生活している者が、生活の本拠をその国に移しているときは、むしろその場所で選挙に参加する方が妥当である。

　資本や情報やモノだけでなく、ヒトもまた国家の制約をこえて移動するボーダーレス時代の今日、人間の自由や平等以上に国籍が重視されなければならない

理由はない。人びとは多重国籍を認めあうほうが望ましい歴史を生きており、それはこの国をも例外としない。「外国人」に完全な参政権を認めることが、在住外国人だけではなく、日本国籍住民自身をも自由にしていく。日本国憲法は明確に「国際協調主義」を基調にして、「平和を愛する諸国民の公正と信義に信頼して、われらの安全と生存を保持しようと決意」した。憲法は開かれた多元的な文化をもつ社会を創りだすことを基本にしている。人類共生の社会をつくることを目ざしているのである。民主過程を開かれたものにすることによって、自由かつ豊かで多様な意見の流入が可能となり、デモクラシーがますます強化されることになると考えられる。地球市民権の時代に相応しい日本国憲法の下で、個人の尊厳と権利をいかに確立するのかということが要請されている。

　本書は表題に関する歴史分析と規範分析（規範論）から成り立っている。第1章と第2章が歴史分析であり、永住市民の人権という問題に憲法学上アプローチする際、日本国憲法制定史を検討することによって「日本国民」とは誰で、「外国人」とは誰なのか、歴史学、政治学等の知見を得て明らかにしようとするものである。第3章以下は規範分析であり、外国人には認められないと考えられている権利について、規範論的観点から原理論的な解明を行おうとするものである。

　ここで「永住市民」という表題の言葉に言及しておこう。かつて、外国人の参政権について、辻村みよ子は、2001年の棟居快行との対談において、次のように言及したことがある（『いま、憲法学を問う』[日本評論社] 62頁）。プープル主権を標榜したフランスの1793年憲法は、主権者人民とは市民の総体であると定義し、この市民の中に一定の外国人を含めていた。国籍と切り離された市民の観念を導入した主権者を国籍から離脱させることを可能とする理論的枠組みをプープル主権はもっていた。この考え方は200年以上前のものであるが、今日、欧州統合にあたって、欧州市民権という観念を創出する際にこの枠組みを用いることができるため、最近のフランスの研究では、国籍と切り離された市民権の観念を説明する際に、この1793年憲法に言及している。日本でも同じように、一定の外国人に参政権を認めるという要請を実現するため、この市民の観念を用いることが有効である。その際、特別永住者に限定するのか、あるいは永住資格をもっていない定住外国人にも広げるのかは別途考察していく必要がある。私個人は定住外国人という言葉を使わず、永住市民すなわち永住資格保持者を主権者国民としての人

民 (People) を構成する市民の中に加えることを可能にする「永住市民権説」という考え方に立っている。

辻村みよ子は定住外国人にかえて永住市民という言葉を使っている。本書で検討するのは従来の憲法学で扱われている「外国人の人権」である。外国人といっても、一時的観光者から永住者、難民まで多様である。本書では国民と永住者を統合する未来志向的な概念として「永住市民」という言葉を使い、本書の表題を永住市民の人権とした。

なお、本書は各章ごとに問題設定を行い、一定の結論を導き、章ごとに完結するような体裁をとっている。本章の多くは、筆者が所属する大学学部の研究紀要に執筆したものであるため、学部学生をも意識して、問題の所在が分かるようにできるだけ平易な叙述をこころがけている。また、各章で外国人の存在態様、類型、及び、浦部法穂説、根森健説、森村進説については何度も同じことを繰り返し重複した叙述をしており、煩わしいと感じられるかもわからないが、この点はお許しいただきたい。

2　本書の構成

本書では先ず第1章、第2章において、日本国憲法成立史における「日本国民」と「外国人」というテーマの下に、日本国憲法における「日本国民」とは誰で、「外国人」とは誰なのか、という問題を検討した。さらに日本国民とは誰なのかを規定する憲法10条と国籍法の関係の問題を扱った。そして、第3章において、憲法学教科書では必ず扱われるところの外国人の人権享有主体性について、一応の見取り図を描く叙述をした。これを踏まえて、外国人には保障されないとされてきた権利についての検討を行った。第4章において「外国人の出入国の自由（移動の自由）」、第5章、第6章において「外国人の選挙権・被選挙権」、第7章、第8章において「外国人の公務就任権」、第9章で「外国人の社会権」、第10章で「非正規滞在外国人の人権」を扱った。本書を理解していただくための便宜上、以下、各章の概略を先ず記しておく。

第1章の「日本国憲法制定史における『日本国民』と『外国人』」では旧植民地出身者の処遇を扱い、「国民」と「外国人」の問題の歴史的検討を行った。旧植民地出身者は大日本帝国憲法（明治憲法）下では本人の意思にかかわりなく帝

国臣民（国民）とされたが、「日本の敗戦（1945年）そして講和条約の発効（1952年）により、再び本人の意思にかかわりなく、日本国籍を喪失したものとされ、外国人の地位に置かれることとなった」という歴史的経緯と旧植民地出身者の法的地位について、日本国憲法制定史に焦点を当て、明らかにしようとしたものである。

そのことにより日本国憲法における「日本国民」とは誰で「外国人」とは誰なのか、究明することができる一端になるのではないかと考えた次第である。また、当初、GHQの憲法草案には外国人の人権保障条項があった。しかし、憲法制定過程における法制局官僚の巧みな働きかけによって消えてしまった。そして、旧植民地出身者の人権が日本国憲法の制定過程において抹消され、旧植民地出身者をあたかも一般外国人であるかのように装うことによって旧植民地出身者の人権を剥奪する「歴史の抹消」を行ったということを明らかにすることを意図した。と同時に、憲法制定時に遡り法制局官僚の問題性を明らかにしようとしたものである。

第2章の「日本国憲法10条・国籍法と旧植民地出身者」では、「国境」とか「国家」がいつ頃から観念されるようになったのか、権力がつくり出した装置である「国民国家」の「神話」の問題性を取り上げて明らかにしようとしたものである。第1章では、日本国憲法制定前後における旧植民地出身者の処遇を検討したが、本章では再度、「日本国民」とは誰で「外国人」とは誰なのかという問題を取り上げた。

先ず、憲法制定時から今日まで、憲法学は日本国憲法10条の「日本国民たる要件は、法律でこれを定める」とする規定の「日本国民」をどのように理解してきたのか、ある著名な憲法コンメンタールをトレースして憲法学の問題性を浮かび上がらせた。次に、旧植民地出身者の処遇について、（1）「外国人」から「帝国臣民」へ—帝国憲法と植民地出身者—、（2）「帝国臣民」から「外国人」へ—日本国憲法と植民地出身者—、という項目の下に、歴史的経緯を叙述し、日本政府はかつて「帝国臣民」たることを強制した者を、戦後は、一転して「外国人」とした。こうした在日朝鮮人の人権を無視した背景的問題性を探っている。

さらに、日本国憲法における「日本国民」とは誰なのかを問題とする。筆者の問題意識は憲法規範上、「日本国民」という枠というか核というものが予定されており、それを具体化するのが下位法である法律の役割であると考える。それゆ

え憲法上の「日本国民」を定義しないでおいて、それを法律（国籍法）に丸投げするというようなことは最高法である憲法が憲法でなくなるのではないかと考える。そうすると日本国憲法上、「日本国民」は誰なのかということを画定する必要性がでてくる。筆者と同じ問題意識でこのことに言及しているのは松井茂記である。次のように述べている。「従来は、誰を国民と定めるかを国会の裁量（立法裁量）とする立場が支配的であった。しかし、国民とは日本という政治共同体の不可欠の構成員である。それが法律によって自由に定めうると考えることはできない」。筆者も同様に日本という政治共同体の不可欠の構成員が日本国民であると考える。こう考えると旧植民地出身者は政治共同体の不可欠の構成員であるので国民概念の中に包摂されることとなるのではないか。

　最後に、日本国憲法10条の制定過程の議論を概観し、法制局官僚が憲法10条を制定する過程で、旧植民地出身者を「日本国民」の範囲から除外した。そして、憲法制定過程で外国人の人権保障条項を削ることを画策し、その後、国籍法を制定して、「日本国民」とは「日本国籍保持者」を意味することとした。このことにより日本国籍を有しない外国人は基本的人権の享有を妨げられると読み替え可能となったことを分析するものである。

　第3章の「外国人の人権享有主体性」では日本国憲法上、外国人に保障される人権と保障されない人権について、現在の憲法学説がどのように理解しているのか、大まかな全体像を描くものである。そして、第4章から第10章において、従来の憲法学において外国人に保障されないと考えられてきた人権について批判的検討を行う。本章では外国人に保障されない権利として挙げられる代表的なもの、例えば、（1）参政権（選挙権・被選挙権）、（2）公務就任権、（3）社会権、（4）入国の自由、（5）亡命権、についての肯定否定両説の論点を概略的に示し、さらに、公共の福祉のための制約および「合理的差別」の問題を扱って、精神的自由、経済的自由、人身の自由に言及する。最後に、人格権として指紋押捺を強制されない権利の最高裁判決の問題点を批判的に指摘するものである。

　今日では外国人の人権を論じる際、個々の権利の性質の分析を行い、外国人に認められる権利と認められない権利を確定しようとするようになっている。これを「権利の性質」説といっており、判例・通説がこの立場をとっていると理解されている。とはいえ、例えば、外国人の選挙権をとってみても、権利の性質説の立場から、国政・地方どちらも外国人には認められないとする全面否定説から、

国政・地方どちらも認められるとする全面肯定説があり、権利の性質をどのように理解するのかによって大きな振幅がでてくる問題性がある。また、外国人といっても、外国人の個々の存在態様を考慮しなければならないことが指摘されるようになっている。すなわち観光で滞在している外国人から、留学・商業上の理由でより長期に滞在している人、さらに日本に永住している外国人、さらには難民、非正規滞在外国人などである。そこで、外国人の権利の性格と個々の外国人の存在態様から保障される人権と保障されない人権を画定する必要性が共通の理解となっているといえる。

　第4章の「外国人の出入国の自由」では、外国人の出入国の自由＝移動の自由に関する憲法学の支配的見解の思考様式を問題とする。判例・学説は、外国人の人権は「在留制度の枠内で与えられているにすぎない」と理解して、外国人に保障される人権を外国人在留制度の枠内に限定する議論を行ってきた。こうした見解の帰結は、筆者の理解によれば、実質的には外国人の人権否定論であると考える。こうしたあたかも入国管理及び難民認定法が憲法の上位法であるかのような転倒した思考方法から脱却すべきである。

　本章では先ず判例の考え方を整理し、次に、これに関する学説を検討して、出入国の自由（移動の自由）の本質論に迫る。それでは、入国の自由はどのような権利の性質をもつがゆえに無保障の人権領域とされてきたのか、を問う。結論として、日本の国家や国民の安全や福祉にかかわるものであるという、きわめて観念的で形式的な管理に基づく発想、抽象的な「国際慣習法」をもちだすことによって、権利制限を正当化してきたのであり、必ずしも根元的な問いや疑問が発せられてきたわけではない。世界人権宣言13条2項は、すべての人に国家から出国する権利を認めているが、入国の権利は自国への帰国に限定されている。こうした出国の権利と入国の権利の非対称性は、個人の自由と国家主権の間に何とか折り合いをつけようとした結果である。しかし、ひとが国家を離れたときは、公海上にでも居住を定めない限り、ひとは他の国家に入国しているのであることに思い至れば、出国の権利を認めながら、自国以外に入国の権利を認めないのは欺瞞である（岡野八代）。

　日本の判例・通説は、こうした世界人権宣言と同じように入国の権利と出国の権利の非対称性を正当化してきた。しかし、こうした理解には危険性が含まれる。すなわち、もし国家が入国を規制する権利を持ちうるのであれば、それは必

然的に国家が出国を規制する権利を持ちうることになるのではないか（これは現実に日本で起こった。2015年2月、新潟県のジャーナリストがイスラム国周辺に取材することを計画したことに対して、外務省が旅券返納命令処分を行い、7月、ジャーナリストが国を相手取って訴訟を起こした）。人身の自由や精神的自由や経済的自由といった基本的自由は、政府の有無にかかわらず認められるべき道徳的権利でもある自然的権利である。移動の自由はこれらすべてに係る人権であり、すべての人間がもつ権利である。民主主義や国家主権以上に基本的人権が重要なのであり、人権は国家主権に優先する（森村進）。日本国憲法の考え方として外国人にも日本への移動の自由＝入国の自由が保障されるといえる。

　第5章の「条例による外国人地方選挙権付与の合憲性」および第6章の「外国人の選挙権・被選挙権」では、日本において外国人に選挙権・被選挙権が憲法上認められるかを論じる。最高裁は1995年2月28日判決において、外国人に地方選挙権を認めても憲法違反とはならない論理を展開した。そこで筆者は、第5章において、社会契約論に立ち返って、地方自治体が条例を制定して、その長と議員を選ぶ選挙権を住民に付与することができるのかを検討した。そして、結論として、地方参政権のあり方は、本来、全国一律ではなく地方住民がそれぞれ考えるべき問題で、全国一律に否定されているという現実こそがおかしいという発想が重要であることを指摘した。地方政府を構成するのはそこで生活している住民であり、住民が生命・自由・財産を守るため契約を結んで地方政府をつくるのである。このように考えるならば、そこに住んでいる住民が契約によって、住民の選挙権を付与するのは当然であるし、被選挙権についても当然可能であるという結論を導いたのである。

　第6章では、日本における外国人の選挙権・被選挙権の問題を総括的に検討した。先ず外国人の選挙権に関する判例・学説を整理して検討を加え、選挙権と密接不可分の関係にある被選挙権の問題にも言及した。外国人の選挙権否定説は「国民主権」原理を根拠とするが、そこでいう「国民」はだれなのか、国籍保持者に限定されるのか、「国民主権」だから当然に「外国人」が排除されるという論理が成立するのか、この点の解明が必要であることを指摘した。そして、民主主義を「共同体の自治」であると考えるなら、そこに「生活の本拠をもつ住民」を単位とすることの方が自然であるといえる。代表制および選挙権の問題を原理的に問うて「社会契約論」の観点から考え直してみると、そこで重要なことは

「共同体の一員」であるかどうかが基本的なことであり、「国籍」の有無はそれに付随した技術的なものであるとした。外国人には地方選挙権のみ付与されると説く見解は、外国人は国政レベルの選挙権は有しないという見解に立っているが、なぜ外国人には地方選挙権だけしか認められないのか十分な解明が行われていないと批判した。こうして日本における政治的決定に従わざるをえない生活実態にある外国人、すなわち日本に生活の本拠を有する永住外国人については、地方・国政を問わず、選挙権・被選挙権を保障すべきであるという主張を行った。

　第7章、第8章では「外国人の公務就任権」の問題を扱った。第7章は東京都管理職選考試験受験訴訟控訴審判決（東京高判1997年11月26日）までの判例・学説を踏まえての検討であった。その後、2005（平成17）年1月26日大法廷判決が下された。第8章では、この最高裁判決を俎上にのせて、外国人の公務就任権の問題を扱い、その際、特に一般永住者と特別永住者という相異についても注意しながら検討を行った。

　外国人の公務就任については、国民主権と基本的人権の相克という観点からの問題設定を行う議論の動向をみた。外国人の公務就任としてとりあげられることがらの多くは、参政権（公の統治作用への参加）というよりは幸福追求権や職業選択の自由（生きがいのある職場を求めること）の問題ではないか。そうだとしたら、そのような人権主張を制約するために主権を援用することの是非（主権と人権の対抗をどちらに優位に解釈すべきか）といったことが議論されてよい。樋口陽一の問題設定によれば、本事例は、「主権」の強調が「人権」保障に制約を加えているケースであると見立てている。これに対して、渋谷秀樹は、公務就任権と「主権」は無関係であるという主張を行った。

　また、本事例は一般永住者と特別永住者の相異という問題も浮かび上がらせている。筆者は、特別永住者と一般永住者は理想としては同等に処遇するべきであると考える。しかし、他方で、両者は歴史的経緯といった構造性は明らかに異なるので、あくまでも理屈の上では分けて考える方がよいといえる。

　外国人の公務就任権は憲法22条の「職業選択の自由」において保障されている。こうした観点からいうと「公権力の行使又は国家意思の形成への参画に携わる公務員」については日本国籍を有するとして、一般行政職公務員への外国人の任用を一律に排除している内閣法制局の見解（「当然の法理」）は、職業選択の自由への不当な制限として違憲ということになる。また、その際、前述最高裁判決

の泉徳治裁判官反対意見が指摘したように、永住外国人の「特別永住者」としての地位を考慮しなければならないといえる。これ対して、藤田宙靖裁判官補足意見は、一般永住者と特別永住者を区別する必要はないとする「永住者」論であるが、両者は歴史的経緯を相当に異にするのであり、特別永住者を特別扱いする必要はないとする見解は、歴史認識として違和感を覚えるものであり、かなり形式的な議論であると考える。

永住外国人は日本の社会の構成員であるという理解に立てば、判例・学説は大きな問題点を内包しており、根本的な再検討が求められているように思える。例えば、公権力行使等公務員に永住外国人が就任した場合、日本社会にどのような不都合なことが生じるのか。この点、諸学説は観念的には述べているが、具体的には何ら論証されていないように思える。不適切な行為を行う人間は国籍によるものではなく、個人の資質の問題であり、不適切な行為を行った個人をその都度排除すれば足りると考える。

第9章の「外国人の社会権と国際人権規約」では、日本における外国人の社会権の問題を扱う。判例・通説がよく引用する宮沢俊義の見解、「健康で文化的な最低限度の生活を営む権利や、教育を受ける権利や、勤労の権利は、基本的人権の性格を有するとされるが、それらを保障することは何より、各人の所属する国の責任である。日本が社会国家の理念に立脚するとは、日本が何よりもまず日本国民に対して、それらの社会権を保障する責任を意味する。外国人も、もちろん、それらの社会権を基本的人権として享有するが、それらを保障する責任は、もっぱら彼の所属する国家に属する」とする考え方が通用力をもってきた。そして、今日の学説では、「日本が外国人差別を原則的に禁止した国際人権条約等を批准したのに伴い、それまで社会保障関係法令に存在した国籍要件は原則として撤廃されたので今日ではこの問題を論じる実益はなくなっている」(高橋和之)というが、はたして現状はこのように評価できるものなのか、疑問である。

生存権は「人間としての生存」を保障することに意義がある。この権利の主体として「国籍」要件は必然性を伴うものとはいえない。その根底にある国家観は社会国家観であり、国家が社会構成員の生存の保障のために積極的にかかわるべきであるとする。ここで重要なのは権利主体が「その国家の基礎となっている社会の実質的な構成員であるかどうか」ということである。このことを前提として、国際人権規約が永住外国人の社会権に与える影響を検討し、外国人の社会権

の問題を考える。難民条約を契機として、生活保護法、国民年金法、児童手当法等のいわゆる国籍条項が問題となり、ほぼ国籍条項が削除された。また、生活保護法について、永住外国人の生活保護は国際法、国内法上の義務であると理解されるようになってきた。今後は国際人権条約を踏まえて、外国人の生存権保障の充実化を図る必要があることが課題であるといえる。その際、(1) 憲法と条約との関係、(2) 条約の自動執行性、(3) 社会権保障における「国民」概念の再検討など個別の論点を指摘しうる。

第10章の「非正規滞在外国人の人権」では、入国・在留にかかわる非正規滞在外国人(不法残留者、不法入国者)の人権に焦点を当てて検討を行うものである。外国人には入国・在留の権利が認められないのであるから(判例)、まして非正規滞在外国人には人権が認められる余地はないということになるのであろうか。今日の在留特別許可に関する状況を通して、正規化と居住権の問題を考えてみた。

非正規滞在外国人の日本での居住が長期に及び、日本国内に生活基盤が形成されるに至った場合、こうした人びとには「引き続き日本に在留する権利」が認められることを主張するものである。従来、永住外国人として念頭におかれていたのは、特別永住者を中心として正規滞在の人々であったが、少なからぬ非正規滞在者が非正規の永住外国人とも言い得るものである。非正規滞在者の多くは、「入国や滞在の仕方に違法行為があったとしてもそれは形式的なものにすぎず、また具体的な被害者はいない」のであり、「長期にわたり職場でかけがえのない人材として勤労し納税の義務を果たしてきた」ことに留意する必要がある(駒井洋)。「外国からの『不法就労者』はその労働によって日本の社会に富をもたらし、国際的には労働力をより効率的に配分している」ともいえるのである(森村進)。在留資格を有さぬ以外は、長期にわたり平穏かつ合法的に日本に居住し生活基盤を築くにいたった外国人に対しては、居住権を認めて在留資格を与えることが考えられてしかるべきである(門田孝)。判例もこうした見解と同じ理解を示すものがでてきている。日本ではまだ実施されたことのない一般的アムネスティについての検討も含めて、さらなるアムネスティの議論の必要性を説くものである。

第1章　日本国憲法制定史における「日本国民」と「外国人」
——米国の人権政策と日本政府との狭間で——

1　はじめに
2　米国の人権政策
3　植民地出身者の参政権の停止
4　GHQの外国人の人権保障条項
5　国籍選択権
6　結　び

1　はじめに

　外国人の人権論は、浦部法穂の提出した議論をひとつの契機として、1990年代以降の日本における憲法解釈論のなかで、例外的に大きな変化の見られた論点であり、また、まさしく「基本的人権の普遍的理念としての質を問う」（大沼保昭）論点であった、といわれる[1]。

　浦部法穂は憲法教科書の中で次のように指摘している[2]。「外国人の人権」を考えるとき、そもそもなぜ、その外国人が日本で暮らすこととなったのかを、きちんと理解することが、なによりも重要である。「不満があるのなら自分の国へ帰ればいいじゃないか」という、ある意味では素朴な、しかしときには悪意をもった感情は、この点への無理解に起因するものが多いと思われるからである。現在、在日外国人の約43％を占めるのが、韓国朝鮮籍の人である（約64万人）。その大部分は、1910年の「韓国併合」以来の日本による植民地支配のもと、とくに戦時体制下に「強制連行」などの形で日本に連れてこられた人およびその子孫である。「韓国併合」で、朝鮮の人たちは、自分の意思にはまったくかかわりなく「日本人」（「帝国臣民」）とされ、日本の戦時体制に動員されたのである。これらの人々は、しかし、日本の敗戦（1945年）そして講和条約の発効（1952年）により、

---

[1]　浦部法穂＝山元一「外国人の人権」井上典之・小山剛・山元一編『憲法学説に聞く』（日本評論社、2004年）145頁以下。
[2]　浦部法穂『憲法学教室［全訂第2版］』（日本評論社、2006年）61頁。

再び本人の意思にかかわりなく、日本国籍を喪失したものとされ、外国人の地位に置かれることとなった。いわば、日本の都合で、勝手に「日本人」にされ、また、勝手に「外国人」にされた人たちである(下線は筆者による。以下、同様)。

それでは、こうした人々は、日本国憲法制定史において、どのような法的地位にあったのであろうか。浦部法穂のいう「日本の敗戦(1945年)そして講和条約の発効(1952年)により、再び本人の意思にかかわりなく、日本国籍を喪失したものとされ、外国人の地位に置かれることとなった。」と述べられていることのより正確な意味、あるいは法的地位を、日本国憲法制定時にまで遡り、明らかにしてみようと思う。このことは日本国憲法制定史における「日本国民」はだれで「外国人」はだれなのか、という問いをつきつけることとなる。また、「国籍」の意義をも問うこととなる。

最高裁は、この点について、不法入国した外国人(孫振斗)[3]が、原爆医療法に基づく被爆者健康手帳交付申請を却下された処分を争った訴訟で、次のような認識を示したことがある(最判昭和53年3月3日)[4]。判旨を詳しく紹介しながら、その点を確認しておこう。

① わが国に不法入国した外国人被爆者の場合について、この者がわが国の入国管理法令上国内に留まることは許されず、すみやかに退去強制の措置を受けるべきものであることはいうまでもない。しかしながら、原爆医療法が補償対象者を、日本国籍を有する者に限定する規定を設けず、外国人に対しても同法を適用することとしているのは、被爆による健康上の障害の特異性と重大性のゆえに、その救済について内外人を区別すべきではないとしたものにほかならない。このような被爆者の救済という観点を重視するならば、不法入国した被爆者も現に救済を必要とする特別の健康状態に置かれている点では他の一般被爆者と変わるところがないのであって、不法入国者であるがゆえにこれをかえりみないことは、原爆医療法の人道的目的を没却するものといわなければならない。このように見てくると、不法入国者の取締りとその者に対する原爆医療法の適用の有無とは別

---

3 孫振斗は、1927年大阪に生まれた。両親、妹ともども広島で被爆し、戦後は韓国に帰国するが、被爆の後遺症に苦しみ、治療を求めて1970年12月、3度目の密航(1951年、64年と2度密航、いずれも数年後に発覚、強制送還される)をはかり、佐賀県串浦港で発見された。田中宏『在日外国人 新版』(岩波新書、1995年)54頁。
4 最判1978(昭和53)年3月3日判例時報886号3頁。

個の問題として考えるべきものであって、同法を外国人被爆者に適用するにあたり、不法入国者を特に除外しなければならないとする特段の実質的・合理的理由はなく、その適用を認めることがよりよく同法の趣旨・目的にそうものであるから、同法は不法入国した被爆者についても適用されるものである。

② 本件において原審の認定するところによれば、孫振斗は、大韓民国国籍を有する被爆者であり、昭和45年12月3日同国から佐賀県東松浦郡鎮西町名護屋串浦港に不法入国した直後出入国管理令違反の現行犯として逮捕され、身柄拘束のまま有罪の実刑判決を受けて服役し、その間に退去強制令書も発布されている者であるが、昭和46年10月5日福岡県知事に対し、原爆医療法3条に基づき被爆者健康手帳の交付を申請したところ、わが国に正規の居住関係を有しないことの理由でこれを却下された。してみると、孫振斗は、不法入国による刑の執行と退去強制手続のためにのみわが国に現存しているにすぎない者であるが、このような立場にある不法入国者であっても、被爆者である以上は、原爆医療法の適用外とすべきではない。このことは<u>被上告人［孫振斗］が被爆当時は日本国籍を有し、戦後平和条約の発効によって自己の意思にかかわりなく日本国籍を喪失したもの</u>であるという事情をも勘案すれば、国家的道義のうえからも首肯されるところである[5]。

最高裁の認識によれば、こうした人々は、敗戦時には、日本国籍を有し、平和条約の発効によって、はじめて自己の意思にかかわりなく日本国籍を喪失した、ということである。

外国人の人権を議論する場合、日本の固有の歴史的な事情を考慮しないといけない。それは旧帝国臣民で「外地人」と呼ばれていた人々（旧植民地出身者）の固有の法的地位の問題を意識しておく必要がある[6]。

2 米国の人権政策

1945年8月15日、日本はポツダム宣言の受諾により敗戦し、連合国の占領下となった。連合国最高司令官司令部（General Headquarters）の最高司令官は米国の

---

5 最高裁の判決確定を受けて、1978年9月、法務大臣は孫振斗に「在留特別許可」を与えた。
6 古川純＝高見勝利「『外地人』とは何か―終わらない戦後―」大石眞＝高見勝利＝長尾龍一編『憲法史の面白さ』（信山社、1998年）241-242頁。

ダグラス・マッカーサー（Douglas MacArthur）である。米国国務省の政策立案者たちは、すでに1943年から対日戦後処理に関する議論を始めていた[7]。国務省の政策決定を、合衆国政府の政策として採用せしめるには、国務・陸軍・海軍三省調整委員会（SWNCC）の承認を得ることを意味した。このSWNCCとは、1944年12月に設立—その極東小委員会は1945年1月に設立—された。The State-War-Navy Coordinating Committee（国務・陸軍・海軍三省調整委員会）の略称である。この委員会は、戦後の占領政策のプランニングを行なう機関としては、事実上最高の地位にあった。これについては後でふれる。〈SWNCC-228は、この委員会の第228号文書であった〉。

　それでは浦部法穂のいう日本の都合で勝手に「日本人」にされ、また、勝手に「外国人」にされた「在日」（旧植民地出身者）の人々について、米国はどのような認識をもっていたのであろうか。

　まず当時の旧植民地出身者の状況について見ておこう。田中宏は『在日外国人 新版』（岩波新書）の中で、次のように述べている[8]。1945年8月、日本の植民地支配に終止符が打たれた。230万に達していた在日朝鮮人は、つぎつぎと本国に帰還するが、日本ですでに生活の基盤を築いている人などは、日本に残留することになる。戦後のもっとも古い記録として1946年3月現在の登録数が残っており、その数字は64万7006人となっているので、約4分の3が本国に帰還したことになる。

　また、『【歴史教科書】在日コリアンの歴史』[9]では、当時の状況についてより詳しく、次のように叙述している。1946年2月17日、GHQは「朝鮮人、中国人、琉球人及び台湾人の登録に関する総司令部覚え書」を発表して、日本政府に在日朝鮮人の帰国希望の有無について、登録するよう命じた。1946年3月18日、

7　ロバート・E・ウォード「戦時中の対日占領計画」坂本義和＝R・E・ウォード編『日本占領の研究』（東京大学出版会、1987年）50頁。フィクションであるが、松本清張は『球形の荒野』（文春文庫）で、中立国公使館に赴任していた日本の外交官が、あえて日本国籍を捨てて自分を消し、連合国の機関に加わって、日本の敗戦を促進するための秘密工作にたずさわった「外交官の物語」を描いている。さらに、近年の研究として、北原仁『占領と憲法—カリブ海諸国、フィリピンそして日本—』（成文堂、2011年）参照。

8　田中宏・前掲60頁。

9　『歴史教科書在日コリアンの歴史』作成委員会編『在日コリアンの歴史』（明石書店、2006年）65頁以下。

日本の厚生省が行った登録結果によると、在日朝鮮人総数64万7006人、そのうち帰国希望者は総数の79.5％にあたる51万4060人（うち北側への帰国希望者が9701人）となっている。

　そうだとすると、1945年8月から1946年3月までの間に、ほぼ140万人前後が帰国したことになる。1946年3月当時、在日朝鮮人総数約64万人のうち、そのほぼ8割にあたる51万4000人余りの帰国希望者たちが、帰国を控えるようになったのには二つの理由があるとされる。1つ目の理由は、解放直後の在日朝鮮人は、「解放即独立」と思い、民族解放のよろこびに湧き立ったが、しだいに祖国の情勢を知るにつれて、しばらく「状況をみる」という心情に様変わりした。2つ目の理由は、通貨1000円、荷物250ポンド以上の持ち帰りが禁止（1946年当時、東京における米10kg当たりの小売価格が36円というデータがあるが、翌47年には149円というデータもあり、インフレが激しい。250ポンドは約113kg）されたことである。解放直後のインフレが激しいとき、これを持って帰国しても、故郷に生活基盤がない人は生活の見通しが立たなかった。そこでいったん帰国した人たちが、日本に逆流（いわゆる「密航」）してくる現象も起こった。1947年の「外国人登録令」による在日朝鮮人の登録者数が59万8507人であるから、この人数が今日の在日コリアンの原点といえる[10]。

　1945年11月1日に、GHQが出した「日本占領及び管理のための連合国最高司令官に対する降伏後における初期の基本的指令」の中で、在日朝鮮人に関する部分は以下である。「軍事上の安全が許す限り中国人たる台湾人及び朝鮮人を解放人民として処遇すべきである。かれらは、この指令に使用されている『日本人』という用語には含まれない。しかし、かれらは、いまもなおひきつづき日本国民であるから、必要な場合には、敵国人として処遇されてよい」。GHQは朝鮮人をはじめとする旧植民地出身者を「解放人民」として処遇すると規定する一方で、必要な場合は、日本人（敵国人）として処遇すると述べた。在日朝鮮人は「いまもなおひきつづき日本国民」である、ということに留意する必要がある。在日コリアンが「日本国籍」を剥奪されたのは1952年4月のことである。

10　史上最後の勅令（天皇の名により制定される法律）である「外国人登録令」（勅令207）によって、新たに外国人登録が義務づけられ、同時に「外国人登録証明書」の携帯・提示義務も課されることになった（田中宏・前掲64頁）。

それでは、日本政府の対応はどうか[11]。日本政府は、GHQ の「基本的指針」のこのあいまいな規定を利用し、ときには「日本人」として、ときには「外国人」として取り扱った。たとえば、1945年11月、婦人参政権を付与する衆議院議員選挙法を改正したとき、付則で「日本国籍」を持った在日朝鮮人の選挙権を「当分ノ内之ヲ停止ス」と規定し、在日朝鮮人の選挙権を認めなかった。日本における婦人参政権＝男女平等・普通選挙の実現は、敗戦による GHQ の主導により始まった。1945年12月、衆議院議員選挙法の改正が公布され、翌46年4月の第22回衆議院議員総選挙で、39人の女性代議士が誕生した。その一方で、「日本人」であった在日コリアンの参政権は一方的に剥奪された。

また1947年5月2日、新憲法が施行される前日、最後の勅令である第207号「外国人登録令」を公布した。ここでも、「日本国籍」を持っていた在日朝鮮人を日本人から切り離すため、第11条で「当分ノ間、之ヲ外国人トミナス」という規定が入れられた。「外国人トミナス」という巧妙な言葉で、「日本国籍を持った外国人」が創作された[12]。

子どもたちに対する民族教育も否定され、戦前と同じ日本人化＝同化教育が強制された。この点、田中宏も同様な問題点を指摘している[13]。日本の学校教育は、新憲法の施行される1947年4月から、6・3・3制の導入をはじめとする新教育体系に移行していった。文部省は1948年1月、朝鮮人も日本の学校への「就学義務」があるという見解を打ち出し、民族学校は認めないという方針の通達をだした。それにより、各地の朝鮮人学校の閉鎖ないし改組の命令が出される。この方針は、在日朝鮮人は「日本国籍」を有しており、日本人と同様に日本の学校への「就学義務」を負うという見解に裏打ちされていた。このように見てみると、在日朝鮮人は、ある面では「外国人」とみなされ、またある面では「日本国民」とされたということになり、結局は当局側にとって都合のいいように扱われたのである。

GHQ の外国人の人権保障政策は、旧植民地人が外国人になるので、「外地人」の人権保障を念頭におきながら、新たに外国人になる人々の人権保障を考えた。しかし、日本政府や官僚の考えた実際のやり方は、旧植民地人は外国人ではなく

---

11 前掲・注9歴史教科書（以下、歴史教科書と表記）69頁。
12 歴史教科書69-70頁。
13 田中宏・前掲65頁。

「外地人」としての扱いである。古川純が指摘するように[14]、外国人よりももっと別な特殊な扱いをしなければならないというところがある。戦傷病者戦没者遺族等援護法の適用範囲を頑なまでに拒否し、補償問題についての固い考え方は、ここに根本原因がある。また、高見勝利も、日本政府がマッカーサー草案16条「外国人ハ平等ニ法律ノ保護ヲ受クル権利ヲ有ス」という規定の削除に固執したのは、この規定が残ると「外地人」の問題の処理が難しくなると考えたからである、と指摘する[15]。この経緯については、あとで詳述する。

　GHQ は、外国人というのは200万人の「外地人」であり、旧憲法時代に人権が及んでいなかったこうした人たちに人権保障を及ぼすべきであると考えた。それゆえ、外国人の人権を憲法で明記するというのは GHQ の発想であった。これに対して、日本政府は、「外地人」は「外地人」であり、一般論で外国人として人権保障されたのでは困るのであって、法令による立法政策で処理する対象であると考えた。

　1946年1月7日、SWNCC（国務・陸軍・海軍三省調整委員会）は、「日本の統治体制の改革」と題する文書（SWNCC228［通常「スウィンク・トゥー・トゥー・エイト」と発音されている］）を承認し、同1月11日、合衆国太平洋軍総司令官マッカーサーに「情報」として送付した。米国の人権政策を示す文書として重要である。SWNCC（スウィンク）とは、1944年に設置された米国の対外政策決定機関であり、三省の次官補クラスによって構成された。この文書は GHQ の憲法起草に与えた影響はきわめて大きいものであり、GHQ で起草を始めた2月6日の民政局会合では「拘束力のある文書として取り扱われるべきである」[16]ことが確認されている。また、「この『SWNCC-288号指令』こそ、日本国憲法の"原液"であったといえるだろう」との評価もある[17]。

　そこで、最高司令官は、日本政府当局に対し、日本の統治体制が次のような一般的な目的を達成するように改革されるべきことについて、注意を喚起しなけれ

14　古川純・前掲239頁。
15　高見勝利・前掲240頁。山田三良のいう「公法上如何なる差別を設くべきかは国法上の問題なり」という考え方、つまり「外地人」が日本国籍をもっているからといって、国内法上、「内地人」と全く同じように扱う必要はないのだという考え方が貫かれている。同238頁参照。
16　古関彰一『日本国憲法の誕生』（岩波書店、2009年）101頁。
17　大森実『戦後秘史5　マッカーサーの憲法』（講談社、1975年）221頁、古関彰一・前掲393頁。

ばならないとして、「結論」(a) 5 で、「日本臣民および日本の統治権の及ぶ範囲内にあるすべての人に対し、基本的人権を保障すること」(Guarantee of fundamental civil rights to Japanese subjects and to all persons within Japanese jurisdiction) を挙げていた[18]。

また、「問題点に関する考察」6で、「人権保護の規定が不十分なこと」を挙げ[19]、(a) 日本の国民は、特に過去15年間においては、事実上、憲法が彼らに保障している人権の多くのものを奪われていた。憲法上の保障に、「法律に定めた場合を除き」、あるいは「法律によるに非ずして」という文言による制約が設けられていたために、これらの権利の大幅な侵害を含む法律の制定が可能になった。同時に、日本の裁判所が、仮に直接的な政府の圧力にではないとしても、社会的圧力に屈従し、公平なる裁判を行いえなかったことも、はっきりしている。(b) このような状態を改善するため、マッカーサー元帥は、1945年10月4日、言論、思想および信教の自由を制限する一切の措置を廃止し、日本政府に対して、1945年10月15日までに、人権を国民に対し保障するためにとった一切の措置を彼に報告するよう、命令した。(c) 別の一面においても、日本の憲法は、基本的諸権利の保障について、他の諸憲法に及ばない。それは、これらの権利をすべての人に対して認める代りに、それらは日本臣民に対してのみ適用すると規定し、日本にいる他の人はその保護を受けられないままにしているという点である、と述べている。9において、日本臣民および日本の統治権の及ぶ範囲内にいるすべての人の双方に対して基本的人権を保障する旨を、憲法の明文で規定することは、民主主義的理想の発達のための健全な条件を作り出し、また日本にいる外国人に、彼らがこれまで［日本国内で］有していなかった程度の［高い］保護を与えるであろう、という[20]。最後に、次の諸点を指摘するのである[21]。

　1　ポツダム宣言は、次のように規定する。「日本国政府は、日本国国民の間に於ける民主主義的傾向の復活強化に対する一切の障害を除去すべし。言論、宗教および思想の自由、並びに基本的人権の尊重は、確立せられるべし。」……「［ポツダム宣言の述べられた］諸目的が達成せられ、且日本国国民の自由に表明せ

18　高柳賢三＝大友一郎＝田中英夫編著『日本国憲法の制定過程Ⅰ』(有斐閣、1972年) 413-414頁。
19　高柳賢三ほか・前掲429頁。
20　高柳賢三ほか・前掲433頁。
21　高柳賢三ほか・前掲437頁。

る意思に従ひ平和的傾向を有し且責任ある政府が樹立せらるるに於ては、連合国の占領軍は、直ちに日本国より撤収せらるべし。」

2　日本国政府に対する8月11日附連合国の回答は、次のように述べている。
「日本国の最終的な政治形態は、ポツダム宣言に従ひ、日本国国民の自由に表明せる意思により決定さるべきものとする。」

3　「降伏後における合衆国の初期対日政策」において、日本に対する合衆国の究極の目的の1つは、次のようなものであると述べられている。
「他の諸国家の権利を尊重し、国際連合憲章の理想と原則に示されている合衆国の目的を支持する、平和的かつ責任ある政府を最終的に樹立すること。合衆国は、このような政府が民主主義的自治の原則にできうるかぎり合致することを希望するが、自由に表明された国民の意思によって支持されない政府形態を日本に強要することは、連合国の責任ではない。」

3　植民地出身者の参政権の停止

在日朝鮮人は、戦後、どのような地位におかれたのであろうか。最初に現れた目に見える変化は「参政権の停止」である[22]。それでは戦前にはどのようになっていたのか。同じ「帝国臣民」であり、「内地」に在住していた男子の朝鮮人、台湾人は、選挙権・被選挙権を有していた。

朝鮮人の日本国籍は、国籍法で認める国籍ではなく、併合条約および併合の時に出された天皇の詔書によって、国籍を取得した[23]。韓国併合の時の国籍問題について、高見勝利は次のように紹介している[24]。併合の前年の1909年、寺内正毅統監がこの問題を協議するために東京に帰ってきて、山田三良の意見を求めた。山田はこれに応じて、次に掲げる意見書を書いた。1910（明治43）年7月15日付の「併合後ニ於ケル韓国人ノ国籍問題」と題した文書であり、統監が韓国併合の協定を結んで、日本政府がその旨を外国人に対して宣言した時には、従来韓国の臣民であったものはすべて日本帝国臣民となり、日本国籍を取得すべきものとす

22　田中宏・前掲63頁。
23　古川純・前掲224頁。
24　高見勝利・前掲225頁。

る。そして、最後に「若シ夫レ内国ニ於ケル日本人ト韓国ニ於ケル日本人ト公法上如何ナル差別ヲ設クヘキカハ国法上ノ問題ナリトス」と述べている。これはダブル・スタンダードである。日本国籍はもつが韓国人は日本人とは違う。ただ外向けに日本国籍をもっているにすぎない。また、日本国内の日本人と韓国の日本国籍をもっている者をどう扱うかは公法上の問題であると。

　それでは、そもそも国籍とか国民はどのようにして確定するものであろうか。明治憲法体制の下でも、国籍法ができたときにも、だれが日本人かという議論ができないので、日本の統治権の及ぶ領域について、そこに住んでいる人を日本人として扱うということで出発した。統治権の及ぶ領域には国籍以前にそこに居住する人々がいるわけで、その人々は何人たるを問わず、法律が作られた時点で日本国籍保持者とみなすという形での処理しか国籍を確定できないところがある[25]。それゆえ、日本の国内にいて、旧「外地人」であった人が「外国人」にはなり得ない。

　戦前の朝鮮人の選挙権について、衆議院議員選挙法は本土にしか適用されなかった。「外地人」でも本土に渡ってくるとその法律の適用をうけて選挙権・被選挙権を行使できた。戦後、戸籍法とリンクさせて選挙権・被選挙権を停止した。戦前は衆議院議員選挙法に戸籍法の適用を受ける者に限るという規定や附則は一切ない。戸籍があるかないかではなく、日本国籍を持っているかということと、「内地」に居住しているということだけであるので、「内地人」が「外地」に行けば「内地」でもっていた選挙権・被選挙権を失うこととなる。「内地」に来た者は日本国籍をもっていれば権利が行使できるという政策をとったのである[26]。昭和初期の普通選挙の実施以降、衆議院議員選挙にのべ11名が立候補し、のべ2名が当選したということである[27]。

　1945年12月に成立した衆議院議員選挙法改正法（「帝国臣民ニシテ年齢20年以上ノ者ハ選挙権ヲ有ス」「帝国臣民ニシテ年齢25年以上ノ者ハ被選挙権ヲ有ス」と規定し、婦人参政権を認める）では、附則に「戸籍法ノ適用ヲ受ケザル者ノ選挙権ハ當分ノ内之ヲ停止ス」という規定を設け、「内地」に生活している旧植民地出身者の参政

---

[25]　高見勝利・前掲246頁。
[26]　古川純・前掲226頁。
[27]　田中宏・前掲63頁、古関彰一「帝国臣民から外国人へ―与えられ、奪われてきた朝鮮人・台湾人の参政権―」『世界』2010年10月号809号（岩波書店）37頁。

権を奪った[28]。同じ「帝国臣民」でも、朝鮮人、台湾人の戸籍は朝鮮、台湾にあり、「内地」に転籍することが禁じられていた[29]。堀切善次郎内務大臣は、その提案理由について、次のように説明した。「ポツダム宣言の受諾によって、朝鮮人、台湾人は原則として日本の国籍を喪失することになるので、選挙に参与することは適当ではない。もっとも、講和条約の締結まではなお日本の国籍を保有しているので、ただちにそれを禁止するのではなく、当分の間これを停止する取り扱いにした」（『議会制度70年史資料編』大蔵省印刷局、1960年)。また、堀切内務大臣は、「内地に在留する朝鮮人に対しては、日本の国籍を選択しうることになるのが、これまでの［国際先］例であり、今度もおそらくそうなると考えています」と答弁している（1945年12月5日、衆議院議員選挙法改正案委員会議録第2回)。

　田中宏の『在日外国人新版』（岩波新書）では、選挙権が剥奪された背景について言及されていないが、江橋崇は次のように分析している[30]。1945年10月に幣原内閣が成立したが、社会の事情は徐々に変化しており、天皇の戦争責任を追及し、天皇制を批判する論調が、GHQの支持を得て高まった。とくに在日朝鮮人は、強制連行されてきた多くの人々も含めて、敗戦になると直ちに軍需産業から放り出されたが、生活していくために早くから、社会的にも政治的にも活発な活動を開始した。この時期の在日朝鮮人の運動は、新興の日本共産党の主要な勢力のひとつになり、激しく天皇制を批判していた。保守主義の幣原内閣や官僚たちは、この動きに大きな脅威を感じていた[31]。

　幣原内閣は、こうした在日朝鮮人対策として、政治的権利に関する排除策を進めた。それが、第二次大戦中から認められていた在日朝鮮人の選挙権、被選挙権の剥奪である。当初、幣原内閣は内務省で衆議院議員選挙法の改正を進め、1945年10月23日の閣議で決定された「衆議院議員選挙制度改正要綱」は、「内地在住ノ朝鮮人及台湾人モ選挙権及被選挙権ヲ有スルモノナルコト」として、日本に居

28　1950年4月成立の公職選挙法はこれを受け継いで、附則2項で「戸籍法（昭和22年法第224号）の適用を受けない者の選挙権及び被選挙権は、当分の間、停止する」と定めた。
29　田中宏・前掲63頁以下。
30　江橋崇『「官」の憲法と「民」の憲法』（信山社、2006年）12頁。
31　江橋崇・前掲12-13頁。古関彰一は、敗戦直後の1945年12月の選挙法改正について、在日朝鮮人・台湾人から選挙権を剥奪することのみを目的にしたとしか考えられない。そこには、植民地下の抑圧から解放された在日朝鮮人・台湾人が、選挙を通じて自己の権利を主張するであろうことに対する、日本政府の恐怖心をすら感じとれる、という。古関・前掲注27「帝国臣民から外国人へ」41頁参照。

住する旧植民地出身者に参政権をそのまま保持させることを決めていた。ところが、2ヵ月後に議会を通過した改正法案では、附則で「戸籍法ノ適用ヲ受ケザル者ノ選挙権及被選挙権ハ当分ノ内之ヲ停止ス」(「戸籍条項」) と定められていた。これによって、日本の戸籍法の適用を受けなかった朝鮮人・台湾人 (例えば朝鮮人の戸籍は朝鮮戸籍令に基づくものであった) の参政権が停止されることになった。「停止」とあるが、実際には「剥奪」である[32]。

それでは「当分の間、停止」としたのはなぜなのか。古川純は、一度与えた参政権を明確に喪失させる論理が立てられなかった末の窮余の一策という説明もあるが、やはり国籍の問題があったのではないかという[33]。また、高見勝利は、占領中は日本の方針もまだ確定していなかったのではないかという。旧外地人がそれぞれ国籍を自由に選択する方式でいくのか、それとも一括して外国人として扱う方針でいくのか、国際的基準からすれば選択方式でなければおかしい。だから、堀切内務大臣が、45年12月の議会答弁では選択方式であったのが、それが一括方式に変わってしまったのである[34]。

国籍のある者の選挙権、被選挙権であるし、すでに実施されてきた経緯もあるので、一挙に廃止するとまではいえなくて、「停止」でごまかした。しかし、それは在日朝鮮人を政治過程から排除しようと狙ったものであったことはすでに水野直樹論文によって明らかにされている[35]。

それによると、当時の衆議院議員で「議会制度調査特別委員会」の中心メンバーであった清瀬一郎が議員に配った文書「内地在住の台湾人及び朝鮮人の選挙権、被選挙権に就いて」には、「選挙権を認むるものとすればその数200万人に及ばん。(略) 最小10人位の当選者は獲ることは容易なり。もし思想問題と結合すれば、次の選挙に於いて天皇制の廃絶を叫ぶ者は国籍を有し内地に住所を有する候補者ならん」と述べていた[36]。

32　水野直樹「在日朝鮮人台湾人参政権『停止』条項の成立—在日朝鮮人参政権問題の歴史的検討 (1) —」『世界人権問題研究センター研究紀要1号』(1996年)。衆院議員選挙法の改正案作りを担当した内務省は、日本在住朝鮮人・台湾人の選挙権、被選挙権保持を認める方向で作業を進めていたが、議会と法制局からの反対に出会って結局この案を放棄することになった。44頁、55頁参照。
33　古川純・前掲222頁。
34　高見勝利・前掲222頁。
35　水野直樹・前掲43頁以下、江橋崇・前掲12-13頁。
36　水野直樹・前掲48頁、古川純・前掲214頁。

3 植民地出身者の参政権の停止

　清瀬のこの文書に日付はないが、1945年10月23日の閣議決定が新聞に発表された後なので、10月下旬と推測されている。また、佐藤達夫文書のなかにある法制局官僚メモには「清瀬氏ノ意見ヲ参考トセルモノノ如キモ相当重大ナル事項ナリ」と記されている[37]。その約2ヵ月後に議会で成立した改正法では結局附則で「内地在住ノ台湾人及ビ朝鮮人ノ選挙権、被選挙権」を「当分ノ内停止」することになった。この清瀬メモはその政治的動機を十分に説明して余りあると言えると古川純は指摘する[38]。水野直樹は、敗戦直後の衆議院議員選挙法改正の際に、日本在住の朝鮮人・台湾人の参政権を「停止」する「戸籍条項」が盛り込まれた以上の経緯を分析し、次のようにまとめている。当初閣議で決定された「改正要綱」で朝鮮人・台湾人は参政権を保持することとされていたのが、20日余りで「停止」へと反転する経過を分析すると、<u>旧植民地出身者、特に朝鮮人の参政権問題が法理論上の問題としてだけではなく、むしろそれ以上に政治的・治安対策的問題としてとらえられた結果、参政権停止が決められたことが確認できる</u>とする。清瀬一郎に代表される議会、そして法制局・内務省、枢密院などにおいては治安対策としての在日朝鮮人の姿が大きく映っていたと考えるのである[39]。

　清宮四郎はその著、『憲法Ⅰ』（有斐閣法律学全集）でかなり詳しい国籍の得喪の問題に触れ、国籍の得喪は、国籍法によるもののほか、領土の変更に伴って行われることがある。国籍法による場合は、個別的に行われるのに対し、領土の変更による場合は多数人について一挙に行われることが多い。朝鮮人・台湾人等が、明治時代にわが国籍を取得し、太平洋戦争の結果わが国籍を離れるようになったごときは、その例である。ただし、取得及び喪失の仕方は、場合によって、かならずしも一様ではない。「太平洋戦争の結果、朝鮮・台湾などの多数住民が、日本の国籍を失うことになったのである」と淡々と説明されている。しかし、ここでは、旧植民地出身者に対する国籍問題を、意識的にか、無意識的にか欠如させているのである[40]。

　江橋崇は、従来の憲法学者の説明について批判し、在日朝鮮人の排除という問題が欠落している点を指摘している。敗戦後の日本では、政府は、在日朝鮮人の

37　水野直樹・前掲53頁。
38　古川純・前掲214頁。
39　水野直樹・前掲61頁。
40　清宮四郎『憲法Ⅰ』（有斐閣、1957年）89頁。

政治活動に恐れを抱いていた。天皇制の護持のためには、日に日に高まる天皇制批判は憂慮すべき事態とされたし、もっとも先鋭に天皇制を批判している在日朝鮮人を政治過程から引き離すことは、日本政府の重要な政治課題であった。しかし、日本列島上で生活している旧植民地出身者は、日本国籍を有している「日本国民」であったことを忘れてはならない。

4　GHQ の外国人の人権保障条項

　GHQ 案の人権条項の起草に当たって、「外国の人権」について、憲法草案作成の作業班（委員会）である人権に関する委員会（P・K・ロウスト陸軍大佐［Pieter K. Roest］、H・E・ワイルズ［Harry Emerson Wildes］、B・シロタ［Beate Sirota］）は、どのように考えていたのであろうか。
　外国人の人権と平等について、GHQ の起草した案には次の2か条があった[41]。

> **第○○条**　すべての自然人は、法の前に平等である。人種、信条、性別、カーストまたは出身国により、政治的関係、経済的関係、教育の関係および家族関係において差別がなされることを、授権または容認してはならない。
> **第○○条**　外国人は、法の平等な保護を受ける。犯罪につき訴追を受けたときは、自国の外交機関および自らの選んだ通訳の助けをうける権利を有する。

　これらの条文は決して小委員会の発想ではなく、基本的な米国の人権政策であった[42]。この2か条は、1946年2月8日の運営委員会との協議では問題にならず、GHQ 最終案では次のように規定された。

> **第13条**　すべての自然人（All natural persons）は法の前に平等である。人種、信条、性別、社会的身分、カーストまたは出身国（national origin）により、政治的関係、経済的関係または社会的関係において差別されることを、授権または容認してはならない。

41　高柳賢三・前掲219頁および221頁、古関彰一は、GHQ 案の人権規定が「明治憲法とは異なり国籍や人種にとらわれない規定となっていることは、こうした三人の体験とは無関係ではないだろう」という（前掲135頁）。ベアテ・シロタ・ゴードン（構成／文　平岡磨紀子）『1945年のクリスマス―日本国憲法に「男女平等」を書いた女性の自伝―』（柏書房、1995年）。
42　古関彰一・前掲136頁、日本と似た戦後を歩み出したドイツの場合（連邦共和国基本法［1949年］）も権利主体が「ドイツ人」から「何人も」を規定することによって外国人を権利主体に含める場合が多くなったという。

第 16 条　外国人は、法の平等な保護を受ける。

　このGHQ案の受け入れを決定した日本政府は、「GHQ案を翻訳した」といわれるが、その過程は決してGHQ案に忠実であったわけではなく、法制局官僚の巧みな「日本化」がみられる、と古関彰一は指摘する[43]。日本案は次のようなものであった。

第 13 条　凡テノ国民ハ法律ノ下ニ平等ニシテ、人種、信条、性別、社会上ノ身分又ハ門閥ニ依リ、政治上、経済上又ハ社会上ノ関係ニ於テ差別セラルルコトナシ。
第 14 条　外国人ハ均シク法律ノ保護ヲ受クルノ権利ヲ有ス。

　ここでは、GHQ案の13条の「すべての自然人」が日本案13条「凡テノ国民」に変わり、「カーストまたは出身国（national origin）」が「門閥」と変わる。13条で、自然人が国民に変わり限定されることになったが、14条で外国人の人権が保障されているので、全体としてGHQ案とは異ならない[44]。しかし、後に、14条が全文削除されるに至り、外国人の人権保障が憲法の対象外とされることになる[45]。このプロセス（1946年3月4日から5日にかけて）、すなわちGHQ案の日本案作成過程での佐藤達夫の孤軍奮闘によるものであるという[46]。

　佐藤達夫は、GHQ側との交渉過程で、外国人の人権保護は日本国民と平等であるとの回答を引き出し、そうであれば特段に外国人の人権保護規定を設ける必要はないとして日本案14条を削除し、13条に外国人の人権も含めるとして次の規定で合意を取り付けたとされる[47]。

凡テノ自然人ハ其ノ日本国民タルト否トヲ問ハズ法律ノ下ニ平等ニシテ、人種、信条、性別、社会上ノ身分若ハ門閥又ハ国籍ニ依リ、政治上、経済上又ハ社会上ノ関係ニ於テ差別セラルルコトナシ。

　こうして日本案14条を削除させたのである。しかし、佐藤達夫はまだ不満で「日本国民タルト否トヲ問ハズ」と「国籍」の二箇所の削除を望んだ[48]。

43　古関彰一・前掲168頁。
44　古関彰一・前掲174頁。
45　古関彰一・前掲174頁。
46　古関彰一・前掲180頁。
47　古関彰一・前掲182頁。

さらに、GHQ と交渉し、「日本国民タルト否トヲ問ハズ」が消え、さらに「国籍」は「門地」に変り、最終段階で「すべて国民は……」となって、草案から直接外国人を保障する規定はすべて消えた。そして、「国民」は「国籍保有者」であるとの解釈が生まれ、外国人の権利保障は"未完の戦後改革"に終わった[49]。

この経緯について、古関彰一は「少なくともこの条文に関するかぎり、GHQ 案とは似ても似つかず、完全に日本化した、といえるだろう。削除にあたり日本側がどう提案し、GHQ がなぜ納得したのか、確たる資料はない。ただしこの憲法が施行される前日（1947年5月2日）に在日朝鮮人の取り締まりを目的とした外国人登録令（最後の勅令）が出されていることを考えると、この目的から外国人の人権保障条項を削除したのではないかと考えられる」という[50]。これは前項の「植民地出身者の参政権の停止」で指摘したように、日本政府・法制局官僚は、在日朝鮮人を政治過程から排除したかったからである。

日本政府が、GHQ 案の人権に関する内外人平等処遇原則の条文を削除したことについて、江橋崇は、「ポツダム宣言が将来の政府のあり方を決定する者と考えた people は、日本列島上で生活しているすべての市民である。そこから、旧植民地出身者を排除したのは、日本政府であり、私は、これはポツダム宣言違反であろうと思っている。この事実が、なぜか、日本国憲法制定史の叙述の中から消えているのである」という[51]。

48　佐藤達夫著（佐藤功補訂）『日本国憲法成立史第3巻』（有斐閣、1994年）176頁。佐藤達夫は、「私はこれを見て、そもそも日本案に第16条の外国人平等待遇を入れていたこと自体もよくなかったが、とにかく困った形になったと思った」という。この点については、総理官邸にもどった後、白洲氏を通じて、司令部に電話で交渉し、「国籍」及び「日本国民タルト否トヲ問ハズ」を削ったのである。同119頁。古川純は、「佐藤氏は、まことにさりげなく、また削除が当然のことのように記述しているが、これは実は重要な条文の文言変更である。この変更で、外国人の平等保護・人権保障という、SWNCC-228が指摘した憲法改革のポイントが消え去ってしまうからである」。総司令部は何故、「削ることの了解」を出したのか、これに答える資料、証言等は未見、未入手であるが、推論するに、「総司令部側は『外国人』の人権保障を外国人という人権享有主体をあえて設定しなくても、一般に"person"の人権保障の形で可能であると考えていたように思われる」という。古川純『日本国憲法の基本原理』（学陽書房、1993年）48頁。
49　田中宏・前掲63頁。
50　古関彰一・196頁、大沼保昭『単一民族社会の神話を超えて―在日韓国・朝鮮人と出入国管理体制』（東信堂、1987年）259頁以下。
51　江橋崇・前掲109頁。

5　国籍選択権

　日本政府は、憲法施行1日前の1947年5月2日の外国人登録令で「台湾人のうち内務大臣の定める者、朝鮮人は登録令の適用上、外国人とみなす」と定めたが、しかし、国籍問題はまだ決着をつけていなくて、1952年4月19日、講和条約の発効直前の法務府民事局長（民事甲438号）の行政解釈で国籍喪失扱いとした。

　日本は1952年4月28日発効のサンフランシスコ平和条約によって、GHQの占領から独立を回復した。これは1951年9月8日、日本と旧連合国48カ国（内容に反対したソ連・中国・インドなどを除く）との間で調印された講和条約である。サンフランシスコ平和条約は通称で、正式名は「日本国との平和条約」である。

　この平和条約は在日コリアンの法的地位に大きな変化をもたらした。先に触れた、1952年4月28日の平和条約の発効を目前にした4月19日、法務府（いまの法務省）民事局長の「平和条約の発効に伴う朝鮮人、台湾人等に関する国籍及び戸籍事務の処理について」という通達（民事甲438号）が出され、旧植民地出身者の日本国籍が奪われた。それは次のようなものである。

「第一　朝鮮及び台湾関係
　（1）朝鮮及び台湾は、条約発効の日から日本国の領土から分離することとなるので、これに伴い、朝鮮人及び台湾人は、内地に在住している者を含めてすべて日本の国籍を喪失する。
　（2）もと朝鮮人又は台湾人であった者でも、条約の発効前に内地人との婚姻、縁組等の身分行為により内地の戸籍に入籍すべき事由が生じたものは、内地人であって、条約発効後も何らかの手続を要することなく引き続き日本の国籍を保有する。
　（3）もと内地人であった者でも、条約の発効前に朝鮮人又は台湾人との婚姻、養子縁組等の身分行為により内地の戸籍から除籍せらるべき事由が生じたものは、朝鮮人または台湾人であって、条約発効とともに日本の戸籍を喪失する。
　（4）条約発効後は、縁組、婚姻、離縁、離婚等の身分行為によって直ちに内地人が内地戸籍から朝鮮若しくは台湾の戸籍に入り、又は朝鮮人及び台湾人が右の届出によって直ちに同地の戸籍から内地戸籍に入ることができた従前の取扱いは認められないこととなる。
　（5）条約発効後に、朝鮮人及び台湾人が日本の国籍を取得するには、一般の外国人と同様、もっぱら国籍法の規定による帰化の手続によることを要する。
　なお、上帰化の場合、朝鮮人及び台湾人（（3）において述べた元内地人を除く。）は、

30　第1章　日本国憲法制定史における「日本国民」と「外国人」

　　国籍法第 5 条第 2 号の「日本国民であった者」及び第 6 条第 4 号の「日本国籍を失った者」に該当しない。」

　この通達によって、本人も知らないうちに、一夜にして旧植民地の朝鮮人や台湾人の「日本国籍」が剥奪されてしまった。再び、歴史教科書により問題点を指摘しておこう[52]。ここに大きな問題点が二つある。1 つは、当該本人による国籍の選択権を無視した点である。国籍の問題は個人の基本的人権であるだけでなく、個々人の運命にかかわる重大な問題である。国際法および国際慣例によって、当然個々人に選択権が与えられるべきである。たとえば同じ敗戦国でもドイツの場合は、合併されていたオーストリアが戦後分離独立したとき、オーストリア人に国籍選択の自由を与えている。ところが、日本では、民事局長の一片の通達によって、一方的に「日本国籍」を剥奪したうえ、「日本国籍」を取り戻したい人には帰化手続をさせて選別する方法がとられた[53]。帰化は日本政府が自分の好みによって相手を自由に選択できる制度である。西ドイツにおける国籍選択は、オーストリア人の選択に西ドイツが従う制度であり、日本とは正反対である。2 つは、在日コリアンを一方的に外国人としたうえで、日本国内法が定める諸権利から、「国籍条項」によって在日コリアンを排除する法的根拠にしたことである。たとえば平和条約発効直後の 4 月30日、日本政府は戦争で亡くなった人や負傷した人たちを救済する「戦傷病者戦没者遺族等援護法」を公布している。1952年に制定され、「軍人軍属等の公務上の負傷若しくは疾病又は死亡に関し、国家補償の精神に基き、軍人軍属であった者又はこれらの者の遺族を援護すること」を目的としている。本人に対する障害年金・特別障害年金・障害一時金、遺族に対する遺族年金・給与金などが保障されている。ところが戦時中に徴用、徴兵された在日コリアンの戦傷病者および戦死者の遺族たちは、「国籍（戸籍）条項」を理由に援護対象から除外された。

　なお、その後、1953年 3 月に、内閣法制局は、外国人の公務就任に関する制約基準の見解を打ち出す。それは「公務員に関する当然の法理」といわれるもの

52　前掲・歴史教科書74頁。
53　帰化とは、外国人が日本国籍を取得することで、日本独自の言い方である。帰化要件は厳しく、5 年以上日本に住んでいること、素行が善良であること、生計を営むことができること、日本語の読み書きができることなどである。現行法では法務大臣の裁量が強く、権利の要素が薄い。田中宏・前掲72頁。

で、「公権力の行使又は国家意思の形成への参画にたずさわる公務員となるためには日本国籍を必要と解すべきである」とするものである。これは「在日韓国・朝鮮人を治安問題の対象とした当時の社会状況が色濃く反映されていた」（1996年3月12日朝日新聞社説）[54]。

参政権について、在日韓国・朝鮮人は、敗戦以来今日までそれを行使するに至っていない。「いったん『外国人』にしてしまえば、あとは日本国民でないことを理由に国外追放も可能なら、さまざまな"排除"や"差別"も、ことごとく国籍を持ち出すことによって"正当化"され、それが基本的には今日も、維持されている」[55]のである。

また、憲法10条に基づき、新国籍法が1950年5月4日に制定された[56]。この国籍法には旧植民地出身者の国籍に関する規定は経過規定も含めて何もない。憲法10条は「日本国民たる要件は、法律でこれを定める」と国籍の問題を立法政策に委ねている。確かに、古川純が指摘するように、国籍法を全面改正した時に旧国籍法で国籍が認められていた人々、あるいは政府解釈で国籍があるといわれた人々が、新国籍法になった時に何も定めがないという場合に、しかも条約でも、領土についての規定はあるが国籍については何も条文がないという場合に、法律によらずに行政解釈のみで旧国籍を喪失させることが許されるのかという問題が生じる。本人の国籍選択の自由を認めずに法律によらずに行政解釈で奪うのは違憲ということになる。ただ、憲法の制約を考えると、憲法10条では立法政策の問題であるといわれるとそれ以上問題にできない可能性があるので、憲法31条の問題として、国籍剥奪を法律で定めていないということを主張するということになろうという[57]。

また、大沼保昭は、朝鮮が当事国でない平和条約による国籍変更は無効であり、在日朝鮮人の日本国籍喪失が法律ではなく、平和条約発効の直前に法務府の民事局長通達（民事甲438号）で行われたことは、「日本国民たる要件は、法律で

54　後藤光男「外国人の公務就任権」浦田賢治編『立憲主義・民主主義・平和主義』（三省堂、2001年）466頁以下、本書第7章に収録。
55　田中宏・前掲72頁。
56　憲法第10条の制定過程については、中村安菜「日本国憲法制定過程における国籍と朝鮮人」『法学研究論集第34号』（明治大学大学院法学研究科、2011年）132頁。
57　古川純・前掲246頁。

これを定める」とする憲法10条に違反するという[58]。

　日本国憲法の「日本国民」の中には、旧植民地出身者も当然含まれることになる。その地位を奪うなら、法律できちんと手続を規定すべきであろう。それが法治主義である。法律で定められていない以上、旧植民地出身者は「日本国民」の中に含まれている、といえる。

　また、田中宏は、在日朝鮮人の国籍問題は、第一次大戦後のベルサイユ条約にある国籍選択方式を念頭におきながら、やがては国籍のいっせい喪失へ、そして、それ以降も、「日本国民であった者」とも「日本国籍を失った者」とも扱われないことによって完結した。それは、かつて「帝国臣民」たることを強制した者を、一般外国人とまったく同じ条件で帰化審査に付すことを意味し、旧植民地出身者をあたかも一般外国人であるかのように装うことによって、みごとに"歴史の抹消"がなされたといえよう、と批判している[59]。

　当時、日本に在住していた旧植民地出身者は1952年のサンフランシスコ平和条約発効後に強制的に日本国籍を剥奪された。旧植民地出身者は、最高裁の示したように、「敗戦時には日本国籍を有し」た日本国民であり、平和条約によって、自己の意思にかかわりなく日本国籍を喪失した。しかし旧植民地出身者には自己の意思によって国籍選択権が与えられてしかるべきであったといえる。

　かつて、在日朝鮮人2世が国に対し、日本国籍を保有していることの確認及び慰謝料の支払いを求めた訴訟がある[60]。原告は、1944（昭和19）年、福岡県下において朝鮮人である両親から出生し、日本国籍を取得したが、戸籍上は朝鮮の戸籍に登載されていた。日本国と連合国との間の平和条約（昭和27年4月28日条約5号）発効により日本国籍を喪失したことを争い、国に対し、日本国籍を保有していることの確認を求めるとともに、在日朝鮮人として受けた種々の不利益、苦痛に対する慰謝料を求めた。

　この日本国籍確認訴訟では、次の四点が主張された。①平和条約は国籍に関す

58　大沼保昭『在日韓国・朝鮮人の国籍と人権』（東信堂、2004年）312頁、近藤敦『新版外国人の参政権と国籍』（明石書店、2001年）137頁。
59　田中宏・前掲71頁。
60　原審山口地裁1985（昭和60）年7月7日判決、広島高裁1990（平成2）年11月29日判決判例タイムズ761号166頁以下。本件と同一の事案について、京都地裁1980（昭和55）年5月6日判決、いわゆる宋斗會事件判例タイムズ431号142頁。

る規定ではないため、これによって在日朝鮮人が日本国籍を喪失することはない。②在日朝鮮人は、朝鮮が当事国となっていない平和条約の発効によって当然には日本国籍を喪失することはない。③国籍選択制度という国際法の原則を無視するものである。④日本に定住するに至った経緯およびその定着度から、在日朝鮮人の主体的選択を無視して一方的に国籍を喪失させることはできない。

それでは植民地が「本国」から独立した場合、本国に住む植民地出身者の国籍処理はどうなるのであろうか。田中宏は、次のように紹介している[61]。

イギリスの場合、本国と独立国とのあいだでは、ある種の"二重国籍"が保障された。1948年のイギリス国籍法によると、新独立国の国民は「英連邦市民」という地位をもち、イギリス本国では「外国人」とは扱わなかった。こうした状態が1962年までつづき、その後、徐々に改められ、1971年の「移民法」によって、初めて出入国についても一般外国人と同様に扱われるようになった。

フランスからアルジェリアが独立した時は、民族解放戦争をへて、1962年の「エビアン協定」によって達成された。同協定の附属文書には、フランスにおけるアルジェリア人は、政治的権利を除いてフランス人と同様の権利を有する、とうたわれている。

朝鮮の独立は、日本と朝鮮との関係で達成されたのではなく、日本の敗戦の結果として実現した。その点は、ドイツの敗戦とオーストリアの独立が、日本によく似た事例といえよう。

西ドイツ（旧）では、1956年6月、国籍問題規制法を制定して問題の解決をはかっている。それによると、併合により付与された「ドイツ国籍」は、オーストリア独立の前日にすべて消失すると定め、一方で、ドイツ国内に居住するオーストリア人（在日コリアンに相当）は、意思表示によりドイツ国籍を回復する権利をもつ、すなわち「国籍選択権」が認められたのである。

ドイツも、侵略の結果、押しつけられた国籍を元にもどす原則は日本と同じであるが、定住する者に、事実上の国籍選択に関する自己決定権を認めた点が異なる[62]。

---

[61] 田中宏・前掲67-68頁引用。
[62] 近藤敦・前掲136頁。

6　結　び

　戦後の旧植民地出身者の処遇については次のようにまとめられる[63]。戦後直後に外国人の権利保障が語られ、外国人登録令が定められたが、その際の外国人とは、すべて当時「内地」に居住している200万人もの「外地人」であった。「外地人」は戸籍によって「内地人」と区別されてきたが、国籍は日本であり、「内地」に居住する限り選挙権・被選挙権を行使してきた市民である。戦争末期には便宜的に徴兵され戦死や戦傷病を余儀なくされた。それがまず、戸籍法の適用を受けないもの＝旧「外地人」に対して、選挙権・被選挙権を停止し、また旧帝国臣民の義務として徴兵されまたは志願により軍役に服務しても戸籍法の適用を受けない旧「外地人」には当分の間援護法の適用をしないという扱いを受け、さらに講和条約の発効直前にまさに一片の法務府民事局通達で日本国籍喪失が宣告された。国籍があっても戸籍の点で切り捨てられ、最後に条約にも法律にもよらずに国籍が剥奪された。

　古川純はこうした歴史を踏まえて、実態として旧「外地人」（その子孫を含む）をなお60万人も旧「内地」に抱えながら、知らん顔で外国人問題の枠組みでとらえる議論はまったく非歴史的な態度と言わなければならないとして、このことを「終わらない戦後」と言っている。

　今日においてもなお、旧植民地出身者によって「日本国籍確認訴訟」（東京地裁2011年7月20日判決）が起こされている[64]。本訴訟では、出生時から日本国籍を取得した原告が、日本が第二次大戦の敗戦により、朝鮮の独立を認めるため朝鮮半島に対する主権を放棄したことにより日本国籍を剥奪する措置をとったことに対し、平和条約にはそのような規定がないので憲法10条に反すること、個人の意思に反して国籍を剥奪したことから個人の幸福追求権を保障した憲法13条に反すること等を主張して、戦後65年を経た今日（2011年）、従来の判例を見直すべく提訴している。従来の行政解釈による日本国籍の強制的剥奪は違憲である。旧植民地出身者は憲法にいう「日本国民」であり、本人の自己決定が重視されなければな

63　古川純・前掲249頁参照。
64　朝日新聞2011年7月21日。

らないといえる。
　この点について、大沼保昭の見解が参照されるべきである。法的安定性の観点から要請されるのは、法律によって在日朝鮮人の朝鮮国籍保持を韓国、北朝鮮国内法と在日朝鮮人の具体的意思の両面から確認し、その現実の効果として日本国籍喪失を確認することなのである。このような日本の国内立法による解決がなされておらず、在日朝鮮人の日本国籍喪失を規定した通達438号が違憲無効である以上、在日朝鮮人は、これまでのところ日本および朝鮮国籍を共に保持していると考えるほかない[65]。

　本章では、(1) 米国は、占領前後、「在日」(旧植民地出身者) の人権についてどのような認識をもっていたのか、(2) 日本政府はなぜ日本国憲法制定前に日本国籍を有している旧植民地出身者の参政権を停止したのか、(3) GHQ草案の外国人保護条項がどのような経緯で日本国憲法から消えていってしまったのか、(4) なぜ「外国人登録令」が憲法施行前日に出され、なぜ平和条約締結時に国籍選択権が与えられなかったのか、これらの諸点について、読者にわかりやすいように、できるだけ平易に叙述して、問題点を提示した。

　江橋崇のいう旧植民地出身者の人権が「日本国憲法制定史の叙述から抹消」され、田中宏のいう「歴史の抹消」を行ったこと、また、古川純のいう「終わらない戦後」ということを、この小論で明らかにしたかったのである。

---

[65] 大沼保昭・註 (58) 前掲書314頁。

第2章　日本国憲法10条・国籍法と旧植民地出身者

1　問題の所在
　（1）国境の成立と国家主義
　（2）憲法学者の旧植民地出身者に対する認識
2　旧植民地出身者の処遇
　（1）「外国人」から「帝国臣民」へ—帝国憲法と植民地出身者(1910年日韓併合以降)—
　（2）「帝国臣民」から「外国人」へ—日本国憲法と植民地出身者—
3　日本国憲法10条・国籍法
　（1）日本国憲法10条の「日本国民」とは誰か
　（2）日本国憲法10条の制定過程
4　結　語

1　問題の所在

（1）国境の成立と国家主義

　シュテファン・ツヴァイクは、『昨日の世界Ⅱ』の「平和の苦悶」（『ツヴァイク全集20　昨日の世界Ⅱ』原田義人訳）という章の中で次のように書いている[1]。
　「人間の個人的な行動の自由の制限とその自由諸権利の減少くらい、第一次大戦以来の世界が陥った非常に大きな退歩を、眼に見えて明らかに示すものはないであろう。1914年以前には、大地はすべての人間のものであった。各人はその欲するところに赴き、欲するだけ長くとどまった。許可もなければ承認というようなこともなかった。私が1914年以前にインドとアメリカに旅行したときには、旅券を持っていなかったし、あるいはおよそかつてそのようなものを見たことがなかったのだ、と若い人々に語り聞かせるとき、その年若い彼らの驚きを、私はいつも興がって眺めたものである。当時は聞くこともなければ聞かれることもなく乗ったり降りたりし、今日要求される無数の書類のうちのただのひとつでも書き

---

[1]　『ツヴァイク全集20　昨日の世界Ⅱ』原田義人訳（みすず書房、1973年）605-606頁。

込む必要はなかったのだ。許可証も査証も煩瑣な手続きもいらなかった。今日税関や警察や憲兵屯所などの、万人対万人の病的な猜疑によって鉄条網に変わってしまった同じ国境は、当時はただ象徴的な線を意味するにすぎず、グリニッジの子午線を通り越すのと同じように気にも留めずに越えられたものなのである。大戦後になって初めて、国家主義による世界の混乱が始まった。そして最初の眼に見える現象として、このわれわれの世界の精神的流行病は外国人嫌いを熟さじめたのである。外国人をきらうか、あるいは少なくとも外国人に対して不安を感じることである。到る処で外国人に対して自己を守り、到る処で外国人を閉めだした」。

それでは「国境」とか「国家」はいつ頃から観念されるようになったものであろうか。国家主義とはなにか。国家は昔からあったのか。浦部法穂『世界史の中の憲法』（共栄書房、2008年）での説明を聞いてみよう[2]。

① 「国家」は昔からあったのか

近代国家というのは、明確に線引きされた「国境」のなかで、一体的な帰属意識をもった人びと（これがいわゆる「国民」＝ nation というものである）によって構成され、それに対して排他的な支配権をもつ権力が存在する、という特徴をもつものである。近代以前には、人びとにとって「国家」（state）というのは、まったく無関係の存在であった。また、「国家」（state）にとっても、人民は関心外の存在であった。それが、近代国家というものの成立で、お互いが関心をもち合う、つまり結びつくということになる。そういうものとしての「国家」というのが、いま、われわれがイメージしている国家である。つまり、①一定の区画された土地と、②そこに住む共通の意識をもった国民、そして、③その上に立つ政府というものを含めたものを、「国家」とするとらえ方である。そのとらえ方は、私たちのなかに暗黙のうちに刷り込まれているのである。しかし、こうした「国家」は決して昔からあったわけではなく、近代になって初めてできたものである。また、自然発生的にできたものではなく、人為的につくられたものである（下線、引用者）。要するに、こんにち私たちがイメージするような国家というものは、20世紀に入ってから、つまり第一次世界大戦後のことである。

---

[2] 浦部法穂『世界史の中の憲法』（共栄書房、2008年）134頁以下、及び、同「21世紀憲法学へのキーワード」『憲法学教室［全訂第2版］』（日本評論社、2006年）3頁以下参照。

② 「国民国家」という神話

「国家」の歴史というのは、せいぜい200年ぐらい、地球全体でみればまだ50年程のものである。にもかかわらず、私たちは、「国家」の存在というものを、当然のこととして受け入れている。日本という国は昔からあったと、みんな思っている。しかし、歴史的にみれば、こんにち私たちがイメージするような「国家」が昔からあったわけではない。日本の場合でも、沖縄は、当然日本の一部だと誰もが思っているが、1872年までは、琉球王国という別の国であった。では、なぜ、私たちは、昔から「国家」というものはあると思ってしまうのであろうか。その「トリック」が、じつは、"nation"（「国民」あるいは「民族」）というもののなかにある。自分が、たとえば「日本人」であるということを、私たちはいったい何によって認識するのであろうか。言葉、立ち居振る舞い、生活の仕方、身体的特徴、そのほかいろいろな事柄があるだろうと思うが、そういう意識を共有する人びとの共同体が"nation"であるが、そういう"nation"の存在を、暗黙のうちに自明のこととして受けとめている。こういうように、自然的・必然的なつながりをもった、昔から存在した"nation"が「国家」をつくるのだ、「国家」はnationの政治的共同体というのが、20世紀に世界にひろまった「国民国家」（nation state）という「神話」である。

③ 「想像の共同体」

こういうように、線で囲まれた国の単位で"nation"という意識をもつというのは、ある意味、すごく想像力豊かな共同体意識であるといえる。全然見ず知らずの人であっても、「同胞」だという一体感をもつわけである。つまり、"nation"というのは「想像の共同体」だといえる。これは、ベネディクト・アンダーソン（B.Anderson）が『想像の共同体』というタイトルの書物で言っていることである[3]。要するに、"nation"というのは、人びとのイメージのなかに存在する想像の共同体である、ということである。これは昔からあるのではなく、自然に出てきたものではなく、"nation"を創りだすために、つまり「共同体」を「想像」させるために、創られたもの、あるいは再構成されたものである。この「想像の共同体」は、場合によっては、そのために死ぬこともいとわない「同胞

---

[3] B.Anderson, Imagined Communities: Reflections on the Origin and Spread of Nationalism [Rev.Ed, 1991]、白石隆＝白石さや訳『定本想像の共同体―ナショナリズムの起源と流行―』（書籍工房早山、2007年）。

愛」を人びとに抱かせ、まさに戦争を遂行するための大きな力になる。そういう人びととの一体感や同胞愛というものを、「国家」に集中させることができれば、権力は、国民の忠誠心と愛国心という巨大な力を手に入れることができる。そのために、国家は、"nation"のイメージや「伝統」を人びとに植え付けるための、さまざまな装置をつくり出し利用する。

　以上のことを前提として、本章テーマをめぐる諸問題の検討をすすめていこう。筆者の素朴な疑問は日本国憲法制定時における「日本国民」はだれで「外国人」はだれなのかということである。筆者は、「日本国憲法制定史における『日本国民』と『外国人』」という小論[4]の中で、日本国憲法制定前後における旧植民地出身者の処遇を検討し、大まかな構図を提示した。本章では、さらに、日本国憲法10条・国籍法・旧植民地出身者の処遇という問題を取り上げる。そして、「日本国民」と「外国人」を明らかにしてみたいと思う。

（２）憲法学者の旧植民地出身者に対する認識

　それでは憲法制定時から今日まで、憲法学者は日本国憲法第10条の「日本国民」をどのように理解してきたのであろうか。ある一冊の定評のある憲法コンメンタールを取り上げトレースして、この問題をみてみよう。

　① 『別冊法学セミナー基本法コンメンタール憲法』（日本評論社）は有倉遼吉編で1970年に公刊された。定評のあるコンメンタールであるが、「第10条〔国民の要件〕　日本国民たる要件は、法律でこれを定める。」の注釈を担当したのは樋口陽一である[5]。憲法10条を次のように説明する。

　　　1　本条で「日本国民」とは、日本国を構成する諸個人―わが国籍をもつ者たち―の総称である。……本条で言う国民と、前文1項および1条でいうそれとは同じものではなく、前の意味の日本国民とは、国家作用が本来的に及ぶ人的範囲を指し、その意味で受動的な地位に着目した名称であり、後の意味での日本国民が主権の保持者

---

[4] 後藤光男「日本国憲法制定史における『日本国民』と『外国人』」比較法学45巻3号（早稲田大学比較法研究所、2012年）、本書第1章に収録。
[5] 有倉遼吉編『別冊法学セミナー基本法コンメンタール憲法』（日本評論社、1970年）、第10条は樋口陽一の担当執筆。

としての能動的地位に着目した名称であるのとはちがい、前者の範囲は後者の範囲より広いといえる。
　2　「日本国民たる要件」とは、日本国民たる資格すなわち国籍を有する要件であり、「法律でこれを定める」とは、形式的意味の法律で―命令等ではなく―定めるべきことを意味する。そのような法律として国籍法がある。ただし国籍を有する要件を条約で定めることを禁止する趣旨とは解されない（98Ⅱ参照）。

このコンメンタールでは、沖縄住民の法的地位について言及されている。

> なお、今日の沖縄住民の法的地位は特殊である。沖縄には日本国憲法が適用されておらず、平和条約3条によってアメリカ合衆国が「行政、立法及び司法上の権力の全部及び一部を行使する権利」をもっている結果、沖縄住民は、あたかも二重国籍をもつような観を呈しており、しかも、日本の国籍をもちながら、現実には日本の外交保護権すら受けられずに変則的地位におかれているのである。

しかし、ここでは、沖縄住民の法的地位には言及されていても、日本国憲法制定当初、日本国籍を有し、現に日本に在住している植民地出身者住民の法的地位については何ら言及されていない。

その他のコンメンタールも同様であるが[6]、日本国憲法制定に関係した佐藤功の『ポケット注釈全書憲法（上）［新版］』では若干の言及がある[7]。「特に領土の変更に関する条約によって、領土の変更に伴う国籍の変更が定められることがある。対日平和条約は領土の変更、すなわち朝鮮・台湾・樺太などに対する主権の放棄を定めたが、それに伴う国籍の変動の問題については規定を設けていない。しかし、右の諸地域に対する主権の喪失に伴い、<u>従来わが国内法上、朝鮮人・台湾人などとしての法的地位を有している者は、同条約発効とともに日本国籍を失うものとされた</u>」（下線、引用者、条約のどこで失うものとされたのか？）。

この点に関して、朝鮮人男子と婚姻した内地人女子の同条約発効後の国籍についての判例（最大判昭36［1961］年4月5日）[8]も、領土の変更に伴って国籍の変更を生じることは疑いを容れないところであるとし、「この変更に関しては、国際法上で確立した原則がなく、各場合に条約によって明示的または黙示的に定めら

6　宮沢俊義＝芦部信喜『全訂日本国憲法』（日本評論社、1978年）190頁以下、法学協会編『注解日本国憲法上巻』（有斐閣、1953年）311頁以下など。
7　佐藤功『ポケット注釈全書憲法（上）［新版］』（有斐閣、1983年）104頁。
8　最大判1961（昭和36）年4月5日民集15巻4号657頁。

れるのを通則とする。したがって憲法は領土の変更に伴う国籍の変更について条約で定めることを認めた趣旨と解する」とした上で、「対日平和条約が朝鮮の独立を承認することは、朝鮮に属すべき人について、日本の国籍を喪失させることを意味する」と判示して、国籍喪失を強弁している。

「主権を放棄した」ことが、「日本の国籍を喪失させることを意味する」という論理には飛躍がある。在日外国人には在住している国の国籍を選択するか、従来の属していた国の国籍を選択するかという国籍を選択させる方法もあるし、あるいは、二重国籍を与えるという方法もありうる。この点については、再度、後述する。

② その後、1986年、①の改訂版である有倉遼吉・小林孝輔編『別冊法学セミナー基本法コンメンタール［第3版］』（日本評論社、1986年）においても、樋口陽一が憲法10条を担当しているが、基本的に説明の変化はない[9]。なお、沖縄住民の法的地位は削除されている。ここでもやはり旧植民地出身者の法的地位についての言及はない。

③ その約10年後の1997年、『別冊法学セミナー基本コンメンタール憲法［第4版］』が小林孝輔・芹沢斉編で公刊される。ここで10条を担当しているのは戸波江二である[10]。

　1　1　本条の趣旨
　　人権はまず国民に保障されるが、国民の意義について、憲法はみずから定めず、本条によって法律に委任している。「日本国民たる要件」とは、日本国籍の得喪・保持の要件をいう。……一般的には、国籍は国民の範囲を定める基本的基準となっており、国家を基本単位としている現代の国際社会秩序においては、国籍概念はなお有用性をもつ。「法律でこれを定める」とは、国民の要件を、命令等ではなく、法律で定めることを命じる趣旨である。立法義務も含意されている。本条に基づく法律が国籍法である。

9　有倉遼吉・小林孝輔編『別冊法学セミナー基本法コンメンタール［第3版］』（日本評論社、1986年）53頁。
10　小林孝輔・芹沢斉編『別冊法学セミナー基本法コンメンタール憲法［第4版］』（日本評論社、1997年）、第10条は戸波江二の担当執筆61-62頁。

2．国籍法による国籍の得喪、3．父系優先主義の合憲性、について説明し、4．国籍をめぐる新しい問題では、永住市民権の問題と二重国籍の問題について言及されている。

> 第一は、永住市民ないし準国籍の問題である。日本に居住している外国人のうちで、日本に住所をもち、それを生活上の本拠として活動しているいわゆる定住外国人について、国民に準じた特別の地位を認め、日本国民とほぼ同等の権利を実質的に承認していくという方向は、将来の有力な課題となる。外国では、すでに永住市民権（denizenship）が提唱され、国民と外国人の中間に位置づけられている（近藤敦・「外国人」の参政権 138 頁）。
>
> 第二は、二重国籍の問題である。従来、国際法では、国籍唯一の原則が理想とされ、重国籍の防止が図られてきた。しかし、最近は、長期の外国生活や国際結婚が増え、複数の国籍を取得する人たちも増えるにともない、二重国籍を積極的に容認する国が増加している。二重国籍は、外交保護や兵役義務の衝突などの弊害を招くとされてきたが、それらの調整は別の方法で対処可能であり、むしろ、二重国籍をそのまま是認することが主流となってきている。……日本でも、国籍法上の二重国籍回避の規定を見直し、外国籍を保持したまま日本国籍をもつことができるような制度を考察すべき時期にきている。

定住外国人についての問題意識は鮮明であるが、しかし、ここでも、日本国憲法制定史における旧植民地出身者については言及されていない。

④　有倉遼吉編『基本法コンメンタール憲法』が公刊されて約40年後（憲法制定以来、65年後）、2011年発刊の芹沢斉・市川正人・阪口正二郎編の『別冊法学セミナー新基本法コンメンタール憲法』（日本評論社）において、第10条を担当した渡辺康行によってはじめて旧植民地出身者の国籍処遇の問題について言及されている[11]。1．本条の趣旨では、

> 本条にいう「日本国民」とは、日本国の構成員という意味であり、「日本国民たる要件」とは、日本国民たる資格を有するための要件である。……<u>本条は、憲法制定の過程において、衆議院での修正により追加された規定である</u>（下線、引用者）。これは、大日本帝国憲法（以下「明治憲法」）18条が「臣民権利義務」に関する章のはじめに、「日本臣民タルノ要件ハ法律ノ定ムル所ニ依ル」と規定していたことを受け継ぎ、日本

11　芹沢斉・市川正人・阪口正二郎編『別冊法学セミナー新基本法コンメンタール憲法』（日本評論社、2011年）、第10条は渡辺康行の執筆担当89-93頁。

国憲法も「国民の権利及び義務」を保障する章の冒頭に、権利および義務の主体の範囲に関する規定を置こうとしたものである（法協・註解（上）311頁、宮沢・全訂191頁、樋口ほか・注解Ⅰ 198頁［佐藤幸治］）。

続いて、２．国籍法定主義において

　本条が「法律でこれを定める」とするのは、憲法自身では定めないという趣旨であるとともに、法律以外の、命令などで定めることを禁ずるものである。明治憲法時代には、1899（明治32）年に国籍法（明32法66）が制定されていたが、日本国憲法の下では1950（昭25）年に新しい国籍法（昭25法147）が作られた（以下では「法」ということがある）。

　領土の帰属関係に変更が生じた場合における国籍の得喪問題は、国内法である国籍法ではなく、関係国間の条約によって定められるのが通常である。本条は、これを禁止する趣旨ではない。第2次大戦における日本と連合国との間の戦争状態を終了させたサンフランシスコ平和条約（1952（昭和27）年4月28日発効）の2条は、朝鮮、台湾、千島列島などについて、領土の変更を定めているが、国籍の変動に関して明示的には何も述べていない。そこで、1952（昭27）年4月19日の法務府民事局長通達（「平和条約の発効に伴う朝鮮人台湾人等に関する国籍及び戸籍事務の処理について」）は、「朝鮮及び台湾は、条約の発効の日から日本国の領土から分離することとなるので、これに伴い、朝鮮人及び台湾人は、内地に在住している者を含めてすべて日本の国籍を喪失する」、などと定めた。このように通達で国籍を変更させたことの憲法適合性について、最大判1961（昭36）・4・5民集15巻4号657頁は、平和条約2条（a）によって、「日本が朝鮮に属すべき人に対する主権を放棄することは、このような人について日本の国籍を喪失させることになる」と解することにより、当該国籍の変更は通達ではなく条約に基づくものであり本条には反しない、と判断した。また通説も、これを支持している（江川英文ほか・国籍法［第3版］（1977年、有斐閣）203頁以下、溜池良夫「朝鮮人男と婚姻した元内地人女の国籍」池原秀雄＝早田芳郎編・渉外判例百選［第3版］（1995年、有斐閣）252頁）。

　しかし、これに対しては有力な異論もある。平和条約は何ら国籍条項を含んでいないのだから、通達による日本国籍喪失の措置は、「法律以下の法形式による国籍処理として、憲法10条に反するもので」無効であり、在日韓国・朝鮮人などは、これまでのところ日本および韓国または北朝鮮国籍をともに保持している。ただし、在日韓国・朝鮮人は個人的意思に基づき、韓国または北朝鮮国籍を有するだろうことを「一般的に推定し、その場合には、日本国籍が排除される」、というのである（大沼保昭・在日韓国・朝鮮人の国籍と人権（2004年、東信堂）303頁以下、傍点強調は原文）。

　このような構成をとるかどうかにかかわらず、自己の意思とは無関係に外国籍とされた在日外国人の法的地位について特別の配慮が必要であることは、広く認められるようになった。そこで1991（平3）年には、「日本国との平和条約に基づき日本の国

籍を離脱した者等の出入国管理に関する特例法」（平 3 法71）が制定され、「特別永住者」という在留資格が与えられた。しかし判例では、「特別永住者」も憲法上は国および地方における参政権を保障されておらず（最判1995（平 7）・2・28民集49巻 2 号639頁）、「公権力行使等地方公務員に就任すること」も想定されていない、と判断され（最大判2005（平17）・1・26民集59巻 1 号128頁）、法律上も日本国籍者と同一の扱いを受けているわけではない（木棚照一・逐条註解　国籍法（2003年、日本加除出版）79頁以下、青柳幸一ほか「座談会：外国人の選挙権・公務就任権」ジュリスト1375号（2009年）60頁以下）。

それでは何故、日本に在住している旧植民地出身者の処遇の問題が憲法学の視野からもれてきたのであろうか。2011年の渡辺康行の憲法10条コンメンタールによってはじめて、旧植民地出身者の国籍処遇の問題が扱われているが、それまでの通説・判例は歴史認識・社会認識が不十分な論理構成を行っており、大きな問題をかかえていたことが看取される。

2　旧植民地出身者の処遇

（1）「外国人」から「帝国臣民」へ
　　　―帝国憲法と植民地出身者（1910年日韓併合以降）―

本章の構図を明確に示す趣旨から、まず日本と朝鮮との関係における、1910年の日韓併合から1952年のサンフランシスコ平和条約発効までの歴史を、在日朝鮮人の処遇という点から概観しておこう。

1905年 9 月 5 日、日本は、米英の支持をとりつけ、アメリカ・ニューハンプシャー州のポーツマスにおける日露講和会議（ポーツマス会議）に臨み、日露講和条約（ポーツマス条約）が調印された。これにより、日本の大韓帝国における利権が承認され、ロシアは「南満州」と樺太（サハリン）南部の利権を譲渡することとなった。ポーツマス条約（日露講和条約）締結後、日本は朝鮮を保護国とし、伊藤博文を統監として派遣し、軍事・外交を掌握した。1905年11月17日の乙巳（ウルサ）条約（第二次日韓協約）により、大韓帝国の外交権を剥奪した。その統治のために韓国統監府を設置した。1910年の「日韓併合」により、朝鮮総督府に改められ、1945年の日本敗戦によって廃止された。

こうした統治の下で、1909年、「民籍法」が公布される。「民籍」とは「戸籍」の前身である。大韓帝国には戸籍はなかったので、当時、新しく支配下に入った

数多くの朝鮮人を、すべて掌握するために「民籍」をつくって登録させた。1910年8月22日、寺内正毅統監は李完用首相と「日韓併合ニ関スル条約（「日韓併合」条約）」に署名し、韓国「併合」が完了した。

　この「日韓併合」条約の第1条は次のような規定である。「第1条　韓国皇帝陛下は韓国全部に関する一切の統治権を完全且永久に日本国皇帝陛下に譲与す」。この条約により、朝鮮は日本の一部となり、大韓帝国皇帝の臣民であった朝鮮人は、すべて日本帝国天皇の臣民となった。このときから朝鮮人は日本国籍となった[12]。日本の帝国憲法は植民地では適用されなかった。植民地の人間も日本国籍であるが、憲法を適用せず、憲法上の権利を認めなかった。大日本帝国憲法を適用しない朝鮮半島や台湾などの植民地を「異法地域」あるいは「外地」と呼んだ。そこに住む朝鮮人や台湾人は「外地人」と呼ばれ、日本の地域は「内地」、日本人は「内地人」と言われた[13]。1920年代、朝鮮人の内地の移住が20万人、30万人と急激に増えた。この時期に転籍を禁じる「朝鮮戸籍令」が発布された。朝鮮人の内地への転籍を認めると、戸籍上、日本人と朝鮮人の区別がつかなくなることが危惧された。法律的に朝鮮人は「戸籍令」の適用を受け、日本人は「戸籍法」の適用を受けるとして、区別したのである[14]。1920年から1921年にかけて、監視を強化するという条件付きであるが、朝鮮半島から日本への渡航が緩和され、1922年「朝鮮人旅行取締ニ関スル件」により旅行制限が撤廃されることとなった。これに対して、朝鮮半島に「植民」として移住した日本人は、1945年8月15日時点で、約76万人になった[15]。1944年までは朝鮮人は兵役の対象とされなかったので、選挙権も認められなかった。しかし、兵役を課すことにより、参政権を求める朝鮮人の声を無視することができなくなり、1945年1月に貴族院令と衆議院選挙法が改正された。そして、貴族院には7名の朝鮮人が天皇の指名で選ぶ勅撰とされ、衆議院では23名の朝鮮選出議員枠が設けられた。しかし、制度が改められただけで、実際には戦争中のため選挙は実施されなかった[16]が、内地に居住する朝鮮人には参政権が与えられた。「内地」に在住していた男性の朝鮮

12　徐京植『在日朝鮮人ってどんなひと？』（平凡社、2012年）74頁以下。
13　徐・同上84頁。
14　徐・同上101頁以下。
15　歴史教科書在日コリアンの歴史作成委員会編『在日コリアンの歴史』（明石書店、2006年）14頁。
16　徐・前掲114頁。

人、台湾人は、同じ「帝国臣民」であり、選挙権も被選挙権も有していた（もっとも要件として、6か月以上一定の場所に定住している、高額の税金を納めている、男性に限るなどの制限はあったが）[17]。したがって、昭和初期の普通選挙の実施以降は、衆議院議員にのべ11名が立候補し、のべ2名が当選、親日的であった朴春琴が東京で2回当選した。

このように、日本内地に住んでいた朝鮮人には参政権があったが、それでは日本の太平洋戦争敗戦後、参政権はどのようになったのであろうか。

（2）「帝国臣民」から「外国人」へ―日本国憲法と植民地出身者―

1945年12月に成立した衆議院議員選挙法改正法（「帝国臣民ニシテ年齢20年以上ノ者ハ選挙権ヲ有ス」と規定し、女性参政権を認める）では、同時に、附則に「戸籍法ノ適用ヲ受ケザル者ノ選挙権ハ當分ノ内之ヲ停止ス」という規定を設け、「内地」に生活している旧植民地出身者の参政権を奪った。同じ「帝国臣民」でも、朝鮮人、台湾人の戸籍は朝鮮、台湾にあり、「内地」に転籍することが禁じられていたからである[18]。日本政府は、憲法施行一日前の1947年5月2日の外国人登録令で「台湾人のうち内務大臣の定める者、朝鮮人は登録令の適用上、外国人とみなす」と定めた。

日本は1952年4月28日発効のサンフランシスコ平和条約によって、GHQの占領から独立を回復した。この平和条約は在日コリアンの法的地位に大きな変化をもたらした。1952年4月28日の平和条約の発効を目前にした4月19日、法務府（いまの法務省）民事局長の「平和条約の発効に伴う朝鮮人、台湾人等に関する国籍及び戸籍事務の処理について」という通達（民事甲438号）が出され、旧植民地出身者の日本国籍を奪った[19]。在日朝鮮人が「帝国臣民」から一転して「外国人」と宣告されたのは、平和条約が発効した1952年4月28日のことである。まさにこの日に「外国人登録令」が廃止され、これに代って「外国人登録法」が登場し、初めて「指紋」押捺義務が盛り込まれた[20]。先ほどの平和条約は、1951年9月8日、サンフランシスコで調印され（日本を含む49ヵ国が署名）、第12回国会で批

17　田中宏『在日外国人［新版］』（岩波新書、1995年）63頁。
18　後藤光男・前掲12頁、本書23頁。
19　後藤光男・前掲20頁、本書29頁。
20　田中宏・前掲78頁。

准された。国会における条約審議は、朝鮮、中国について、二つの政府のうちどちらを選ぶかという「選択」問題は議論されているが、「国籍処理」あるいは「旧植民地出身者の地位・処遇」についての議論は行われていない。わずかに曾禰益議員（右派社会党、外務省出身者）が、日本との間における国籍処理問題を扱っただけである。「分離される地域の住民の国籍の帰属でございます。私は、この問題は日本における将来少数民族問題を残したくない。……［国際法の］先例等に徴しまして、やはり国籍の選択権を与え、……その結果、外国籍を選択した者については、……究極においてはこれは退去してもらう。この原則を打ち立てて、この原則の上に［韓国と］交渉すべきではないかと思いますが、これに関する政府のご所見をうかがいたい」と質問をした。

　吉田首相は次のように答弁した。「名前までも改めさして、日本化させるということに従来の政府が力を入れておった結果、朝鮮人として日本に長く土着［原文ママ］した人もあれば、あるいはまた日本人になり切った人もある。同時にまた何か騒動が起こると必ずその手先になって、地方の騒擾その他に参加する者も少なくない。いいのと悪いのと両方あるので、……選択して国籍を与えるわけではありませんけれども、朝鮮人に禍を受ける半面もあり、またいい半面もある。……特に、朝鮮人に日本国籍を与えるについても、よほど考えねばならないことは、あなたの言われるような少数民族問題が起こって、随分他国では困難をきたしている例も少なくないので、この問題については慎重に考えたいと思います」（1951年10月29日、参議院、平和条約特別委員会会議録第5号）[21]。

　また、これについて西村熊雄条約局長は次のように述べた。「かつて独立国であったものが、合併によって日本の領土の一部になった。その朝鮮が平和条約によって独立を回復する場合には、朝鮮人であった者は当然従前持っていた朝鮮の国籍を回復すると考えるのが通念でございます。ですから、この［平和条約］第2条（a）には国籍関係は全然入っていないわけであります。日本に相当数の朝鮮人諸君が住んでおられます。これらの諸君のために、特に日本人としていたいとの希望を持っておられる諸君のために、特別の条件を平和条約に設けることの可否という問題になるわけです。その点を研究しました結果、今日の国籍法による帰化の方式によって、在留朝鮮人諸君の希望を満足できるとの結論に達しまし

21　田中宏・前掲70頁。

たので、特に国籍選択というような条項を設けることを［連合国側に］要請しないことにしたわけです」(1951年11月5日、同会議録第10号)。このことについて、田中宏は次のように評する。「在日朝鮮人の国籍問題は、第一次大戦後のベルサイユ条約にある国籍選択方式を念頭におきながら、やがては国籍のいっせい喪失へ、そして、それ以降の日本国籍取得は『帰化』によって対処する、その際も、『日本国民であった者』とも『日本国籍を失った者』とも扱わない、ことによって完結した。それは、かつて『帝国臣民』たることを強制した者を、一般外国人とまったく同じ条件で帰化審査に付すことを意味し、みごとに"歴史の抹消"がなされた」のである[22]。

3　日本国憲法10条・国籍法

(1) 日本国憲法10条の「日本国民」とは誰か

ジュリストにおける「外国人の選挙権・被選挙権と公務就任権」(ジュリスト2009年4月1日号81頁)をめぐる座談会(青柳幸一・柳井健一・長谷部恭男・大沢秀介・川岸令和・宍戸常寿)において[23]、テーマの基調報告者である青柳幸一に対して、川岸令和は次のような質問をしている。「憲法10条の国民の要件が法律にゆだねられているということと関係するのですが、何某かの国民の要件、国籍というものについて、憲法は何か言わないのか。憲法的に命じることはないのか。お書きになられた論文(「定住外国人の参政権」青柳『人権・社会・国家』[尚学社、2002年]143頁以下)を読ませていただきましたが、立法裁量とご指摘があるものの、特にお触れになられていなかったように思いますので、その点をおうかがいしたいということです」。青柳幸一は「川岸さんからの質問で、憲法10条に関して憲法から国籍要件に関する枠が導き出せるか、という点ですが、一般論として言えば、基調報告でも述べたことからして、現行法は例外的に属地主義を採用していますが、それを原則に変えることが違憲になるわけではありません」と応答している。

以上の質問の趣旨を筆者なりに理解すると、日本国憲法上、「日本国民」とい

22　田中宏・前掲71頁。
23　「第3回外国人の選挙権・被選挙権と公務就任権」(ジュリスト2009年4月1日号81頁)をめぐる座談会(青柳幸一・柳井健一・長谷部恭男・大沢秀介・川岸令和・宍戸常寿)。

う枠というか核が予定されていて、それを具体化してそれに関する詳細な規定を置くのが法律の役割であろう。憲法上、日本国民という概念を規定しないでおいて、それを下位の立法に丸投げするのでは、憲法が憲法でなくなってしまうのではないのか。

　それでは憲法10条にいう「日本国民」とは一体誰であるのか。この点の問題意識が憲法学において必ずしも明確ではなかった。ほとんどの憲法教科書・コンメンタールにおいて、日本国憲法10条の「日本国民」は誰なのかの問題が、旧植民地出身者との関係で言及されていないのである。ただ、その中で、例外的な一人は松井茂記『日本国憲法［第３版］』（有斐閣、2007年）であろう[24]。筆者も大要、発想を同じくする。松井は次のように言う。

　「憲法は、国民の要件は法律で定めると規定しているが、ここでいう国民の要件は、国籍を有する者を指す。そこで従来、法律によって国籍を与えられた者が『国民』であると想定されてきた。では、国会は、法律で勝手に国籍を有する者の範囲を定めうるのであろうか。従来は、誰を国民と定めるかを国会の裁量（立法裁量）とする立場が支配的であった。しかし、国民とは日本という政治共同体の不可欠の構成員である。それが法律によって自由に定めうると考えることはできない」（注：「たとえ、立法裁量だと見ることができたとしても、国会は憲法の規定に反するような仕方で国籍を定めることは許されない」）。

　松井は続けて言う。「日本国憲法は、日本という政治共同体の不可欠の構成員である『市民』を当然『国民』と想定している。国会は、これらのすべての市民に日本国籍を与える憲法上の義務がある。それゆえ、国籍を定める国会の権限は憲法によって大きく制約されているというべきである。それゆえ、これらの市民の国籍を否定したり国籍を剥奪することは、やむにやまれない政府利益を達成するために必要不可欠な場合でなければ許されないものと考えるべきである」。

　また、松井は在日韓国・朝鮮人等の憲法上の地位について、次のように理解している。「この問題が特に重大な意味をもつのは、旧日本国民、なかでも在日韓国・朝鮮人についてである。在日韓国・朝鮮人は、1910年に日本が韓国を併合し

24　松井茂記『日本国憲法［第３版］』（有斐閣、2007年）138頁。なお、最近の研究として、片上孝洋「日本国憲法と国民国家―「日本国民」とは誰なのか―」『社学研論集第26号』（早稲田大学大学院社会科学研究科、2015年）83頁以下、及び、片上孝洋『近代立憲主義による租税理論の再考―国民から国家への贈り物』（成文堂、2014年）も参照。

た際に、韓国籍を強制的に剥奪され、日本国籍を強制された。そして、多くの人が戦争にかり出され、また強制労働の対象として日本に強制的に連行された。ところが敗戦に伴い日本は朝鮮半島での支配権を失ったため、戦後は在日韓国・朝鮮人は『外国人』として扱われてきた。最高裁判所も、このように在日韓国・朝鮮人から日本国籍を剥奪したことを、領土の変更に伴う当然のこととして、憲法に反しないと判断している（最大判1961［昭和36］年4月5日民集15巻4号657頁）[25]。確かに、日本が朝鮮半島での支配権を失ったため、これらの人々に日本国籍を強制する根拠は失われた。しかしそのことは、これらの人々から自動的に日本国籍を剥奪してもかまわないということを意味しない。在日韓国・朝鮮人については、その特殊な歴史的背景のゆえに、日本国籍を保持するか、もしくは韓国・朝鮮人としての国籍を回復するかの選択権を認められるべきであったと思われる。そしてそのような選択権が与えられなかった以上、日本国籍を有しなくても、日本国内にいる限り日本国籍を有する人と同等の権利をもって扱われることを認めるべきではなかろうか。」[26]。

　かつて高見勝利は次のように述べた。そもそも国籍とか国民はどのようにして確定するものであろうか。明治憲法体制の下でも、国籍法ができたときにも、だれが日本人かという議論ができないので、日本の統治権の及ぶ領域について、そこに住んでいる人を日本人として扱うということで出発した。統治権の及ぶ領域には国籍以前にそこに居住する人々がいるわけで、その人々は何人たるを問わず、法律が作られた時点で日本国籍所有者とみなすという形での処理しか国籍を確定できないところがある[27]。それゆえ、日本の国内において、旧「外地人」であった人が「外国人」にはなり得ない[28]。

　日本国憲法制定時、日本の統治権の及ぶ領域について、そこに長年、生活の基盤をおいて住んでいる人を日本国民として扱うということである。当時、日本列島上で生活している旧植民地出身者は日本国内に在住し、日本という政治共同体の構成員であったのであり、日本国籍を有している「日本国民」の範疇にあったのである。

25　松井・前掲139頁。
26　松井・前掲140頁。
27　古川純＝高見勝利（高見勝利）「『外地人』とは何か―終わらない戦後―」大石眞＝高見勝利＝長尾龍一編『憲法史の面白さ』（信山社、1998年）246頁。
28　後藤光男・前掲11頁。

（２）日本国憲法10条の制定過程
① 枢密院の議論

　1946年２月26日、GHQ草案全文日本語訳（外務省仮訳）が閣僚に示された後、日本政府は、２月27日からGHQ草案をたたき台として日本側の憲法改正案の立案を開始した。この改正草案は、1946年４月16日に上奏、枢密院に諮詢の手続きをとり、４月17日、政府は、草案全文を英訳と共に発表した。これ以後、憲法改正問題に関する中心的役割は日本政府に一任され、舞台は枢密院、そして帝国議会へと移るのである。憲法改正草案は、1946年４月17日に枢密院に下付された。そして、４月22日（幣原内閣辞表提出の日）に第１回の審査委員会が開かれた。途中で総選挙の結果、５月22日第一次吉田内閣が成立したことから憲法改正草案は枢密院に再諮詢され、５月29日の第９回審査委員会において審議は終了し、６月８日の本会議で無修正で可決された[29]。

　５月６日第４回審査委員会で、委員である林頼三郎によって、初めて国民の要件に関する規定についての質問が出された。「この章（筆者注　第３章　国民の権利及び義務）については、国民と国民でない者との区別が第一の前提となるにかかわらず、国民の要件に関する規定をなぜ置かなかったか」という質問があり、入江長官から「新憲法の立法事項の幅は広いから、国籍について当然法律又は条約で定められることになる。現憲法十八条のような規定を特に設ける必要はない」と答えた[30]。

② 第90回帝国議会の審議

　６月８日「憲法改正草案」は枢密院の可決によって、第90回帝国議会へ提出されることになった。このように枢密院の可決を経た改正草案は、総選挙後の第90回帝国議会が開会した６月20日即日、勅書を以て議会の議に付せられた[31]。

　まず衆議院の審議が1946（昭和21）年６月25日に始まり、４日間の本会議を経て特別委員会に付託され、８月24日、委員会の修正案が本会議に提出、可決された。

29　有倉遼吉「総論―日本国憲法の制定経過と運用状況」有倉遼吉編『別冊法学セミナー基本法コンメンタール憲法』（日本評論社、1970年）９頁、中村安菜「日本国憲法制定過程にける国籍と朝鮮人」『法学研究年報第34号』（明治大学大学院法学研究科、2011年）122-127頁。

30　佐藤達夫（佐藤功補訂）『日本国憲法成立史第３巻』（有斐閣、1994年）395-396頁、入江俊郎『憲法成立の経緯と憲法上の諸問題―入江俊郎論集―』（入江俊郎論集刊行会、1976年）328-329頁。

31　有倉遼吉「総論―日本国憲法の制定経過と運用状況」有倉遼吉編『別冊法学セミナー基本法コンメンタール憲法』（日本評論社、1970年）９頁。

同日ただちに貴族院に送付され、貴族院の審議は8月26日に始まり、4日間の質疑応答の後、特別委員会に付託、若干の修正を加えて10月6日可決した。衆議院は翌10月7日貴族院の修正に同意し、ここに議会を通過するにいたった[32]。
　帝国議会において、憲法改正草案が修正議決されたため、10月12日に再び枢密院に諮詢され、10月29日可決、天皇の裁可を経て、11月3日、帝国憲法改正は「日本国憲法」として官報号外で公布され、英文訳が英文官報に登載された。施行は新憲法100条にもとづき、公布の日から起算して6ヵ月を経過した日、すなわち、1947（昭和22）年5月3日から施行された[33]。
　現行憲法第10条は、日本政府によって作られた規定であり、この規定が登場するのは衆議院における審議の段階である。国民の権利及び義務について、国民の要件に関する規定が欠けている。

　（イ）6月25日の衆議院本会議において、政府原案に国民の要件を規定をしなかった理由につき、日本自由党の北聆吉は「現行憲法に於ては、日本国民たる要件は法律を以てこれを定めると云うのがありますが、この国民の権利義務の規定の何れの章に於ても、何人もとか、総ての国民と云うのが出て居るが、日本人は何ものであるかと云う規定がないのであります。これは自明の理であると考えて、多分落とされたものと考えますが、落としても少し落し物が大きいから、これは相当御考え願いたいと思います」と質問した。
　金森徳次郎国務大臣は北聆吉の質問について、「日本国民たるの要件は法律の定むる所に依ると云うことを憲法に書いたならば宜いではないかと云う御趣旨でありました。……この憲法は前にも申しましたように、極く実際上必要にして適切なる規定のみを採入れると云う精神でありますが故に、省略し得る規定は多く省略を致しました。国民たるの要件は成程重要なことではありますけれども、併し憲法にはっきり書切れるものでもございませぬ。何れは法律を要するのであります。而も従来の憲法と違いまして、今度の憲法は大権事項と云うことに幅を認めて居りませぬので、主なる事柄は総て法律で決めなければなりませぬ。随って憲法に規定を置かなくても、国籍を決めまするのは必ずや法律を以て決めなけ

32　有倉・前掲コンメンタール10頁。
33　中村安菜・前掲128頁、有倉・前掲コンメンタール9-10頁、清水伸編著『逐条日本国憲法審議録2巻』（有斐閣、1960年）231頁、佐藤達夫・前掲4巻511頁。

ればならない訳であります。随ってこれを省いた訳であります」と答弁している[34]。

　（ロ）国民の要件を不必要とした論拠について、7月2日の衆議院委員会において、日本進歩党の原夫次郎が、質問している[35]。「……日本国民たるの要件とも申しましょうか、その規定がないのでありまして、普通の法律体裁から申しましたならば、大体この条下日本国民たるの要件は法律で定むるとか云うような規定があって、そうして各国民の権利義務の重大な点を憲法に摘んで規定せられるのが当然だと思うのでありますけれども、この憲法規定はそう云う体裁にはなって居ないのでありますが、一体日本国民の国民たるの要件はどう云うことに政府は御考えになって居るのでありますか。その点を先ず第一に御尋ね致します」。

　金森徳次郎国務大臣は、原の質疑に対して、「日本国民たるの要件は法律の定むる所に依ると云う規定は、現行憲法の中に明瞭に存在する規定であります。斯かる規定が存在しまする理由は、色々な考え方がありましょうけれども、主たる理由は現行憲法に於きましては、所謂憲法上の立法事項と然らざるものとの区別がありまして、若しも国籍を法律を以て定むると云う風に決めて置きませぬと、命令を以て国籍を定むる虞があります（下線は引用者、以下同様）。随ってこの重大なる日本国民たるの要件を命令を以て定むることは不当であると云う考え方が主となりまして、『日本臣民タルノ要件ハ法律ノ定ムル所ニ依ル』と云う明文があるものと思います。

　然るに今回のこの憲法草案に於きましては、人間の基本に関しまする問題は、総て定むるに法律を以てしなければならぬ。命令を以てこれを定むることを得ないと云うのが基本の原則です。議会を以て唯一に立法機関とすると云うことは、全くそこに理由を持って居るのであります。既に国民たるの要件が法律を以て定めなければならぬと云うことが憲法全体の組立の上から明瞭であるならば、殊更に規定を置いて国籍は法律を以て定めると云うことは必要ないと思うのであります。

34　清水伸・前掲2巻231頁。
35　清水伸・前掲2巻232頁。

のみならずこの憲法は、謂わば実用的見地から主として起案をして居りまして、形式を整えると云うことは従たるものにし、又理論の美を茲に羅列すると云うことも従たることに致しまして、全く無用の規定は省き、有用なる要点は茲に揚げると云う趣旨になって居りまするが故に、この点を以てしましても、国籍を定むるに法律を以てすると云うことは大した重要性がないと云うことになりまするし、更に現行憲法の下に於きまして、国籍を以て定めると云うことになって居りますけれども、実際はその一部分だけが法律を以て定められて居るのでありまして、何が日本人であるかと云うことの全部が法律を以て決まって居る訳ではありませぬ。或るものは伝統的な事実を基礎として—正確に言えば事実の中に含まれて居る所の不文法を基礎として解決せられて居りますし、或るものは条約をも俟たずして、恐らくは国際法上の原理ともいうべきものをその儘利用して定まって居るような次第であります。

　それ等を綜合致しますれば、憲法上に国籍を定むる規定がないと云うことは、決して支障を生じない所のものであると考えて居ります。而して御尋ねの趣旨はその点に止まらずして、然らば日本国民と云うものは現実にこれからどうして定まるのかと云うことであろうと思いますが、これは現在既に日本人たることは国籍法を中心として現実に正確に定まって居る次第でありますから、それを踏襲して行く積りであります。併しながらこの憲法の中に例えば国籍の離脱を国民の自由として居るのであります。日本国籍を離脱することを他の法規を以て止めてはならぬと云うようなことが、この憲法の中に定められて居りますからして、そう云う点は国籍法中に必要なる修正を施さなければならぬと考えまして、遠からずその案を具して、又議会の御協賛を仰ぐべき順序になると思って居ります」と答弁している[36]。

　（ハ）　7月15日、日本社会党の井伊誠一は「この憲法の国民の保障と云う、この国民でありますが、その点に付ては国民たるの要件を法律の条文が規定を設ける必要はありませぬか。現行憲法の十八条には規定があるのでありますが、これはもう必要がなくなった訳でありましょうか」と立法事項と国民の要件について規定を設ける必要性について質疑している。

36　清水伸・前掲2巻232-233頁。

金森徳次郎国務大臣は、「これは前に御質疑がありまして、可なり詳しく事情を分けて御説明申上げましたが、要するに現行憲法にはこれを規定する必要がある。何となれば、現行憲法には立法事項と然らざるものがありまして、法律でなくて、命令でこれを規定しても宜いが如き感じがありましたから、そこで法律で決めると云う必要がありますけれども、今度は憲法を以て何でも彼でも人間の基本的な事柄に関しますものは法律で決めなければならぬと云う原理が基礎となつて居る。随つて態々法律を以て定めることが無意義になつて来ると云うことを申上げて居るのであります」と答弁している[37]。

政府は、帝国議会の審議における想定問答集の中で、「国民」の意味、及び、国民の要件に関する規定の欠落について、次のような答えを準備していた。
問「すべて国民は、」の「国民」の意味如何。「何人も」とあるのは、どう異なるか。
答（一）国民といふのは、我国の国籍を有する者を指称する。我国の支配権に服する者の中でも、我国に居住し又は滞在する外国人及び無国籍人を含まない。……
（二）現行憲法第18条の「日本臣民タルノ要件ハ法律ノ定ムル所ニ依ル」の規定のようなものがなぜ欠けてゐるか、といえば、（1）国民という範疇は、本来法の規定を俟たずに、条理的・慣習的に定まるものであつて、現行憲法下の下においてすら、国籍法ではすべての場合をカヴァーして居らず、又条約によつて定まる場合もある。要するに国民といふ事実上の存在を、法律で規定することは、無理でもあり不適当でもある。（2）従来とことなり、今後は明文がなくとも法律事項たることには論がない。故に法律に委任する規定は、意味がない。（3）新憲法は現行憲法との間には法律的持続性のあることは、マ元帥声明にも明らかである。故に現行憲法下において国民と観念される者が、当然新憲法下でも国民として引継がれてゐるのであつて、あらためて規定を置く必要はなく、下手をすると、かえつてこの関係を混乱させるおそれがある・といつた理由が考えられる[38]。
（四）そこで、「何人も」とあるのは、「国民」の外、外国人及び無国籍人も入る意味である。
（五）義務を規定した条文については、国民以外の外国人や無国籍人に適用す

37　清水伸・前掲２巻233頁。
38　中村安菜・前掲129頁。

ることを予定することはまづいので、「国民」の義務として規定してある。しかしその精神は、国民以外の者にも及ぶ意味の場合が多い[39]。

　日本国憲法10条の条項はGHQ案にも、政府草案にもなかった。ところが、7月29日の第4回帝国憲法改正案委員小委員会において、政府はそれまでの姿勢を転換した[40]。国民の要件についての規定を憲法中に設けることにした。しかも、その規定の挿入は、ほとんど議論のないまま決定された。
　ではなぜこの10条が挿入されることになったのか。10条の挿入提案は小委員会が開かれ、各党が政府案に対する修正案を提示した際に自由党、進歩党、協同民主党の三保守政党から同時に出される。社会党など他の諸政党も修正案を提出したが、10条挿入はふくまれていない[41]。
　自由党が提出した「憲法草案修正箇所（案）」では、「国民たるの要件は法律を以てこれを定む」となっていた[42]。進歩党の「憲法改正草案に対する修正ヶ所」では「国民たるの要件は法律の定める処に依らなければならぬ」となっていた[43]。協同民主党の「憲法改正草案修正箇所」では「日本国民たる要件は法律の定める所による」となっていた[44]。
　7月29日の審議に入った第4回小委員会で三保守政党の10条挿入案が提案された際、社会党の鈴木義男は「それは、我が党の提案の方向であり、殆んどすべての党に共通なものであります」と述べ、なんの議論もないままに小委員会での挿入が決められてしまう[45]。
　衆議院における審議の後、憲法改正草案は貴族院へ回付され、審議に付された。国民の要件について規定した第10条が本格的に審議にかけられたのは、この貴族院の本会議及び特別委員会の審議においてであったが、10条に関する議論はほとんどみられなかった[46]。

39　佐藤達夫・前掲3巻470-471頁。
40　中村安菜・前掲129頁。
41　古関彰一『新憲法の誕生』（中公文庫、1995年）278頁。
42　森清監訳『逐条日本国憲法審議録―米国公文書公開資料―』（第一法規、1983年）414頁、中村安菜・前掲129頁。
43　森清・前掲415頁。
44　森清・前掲423頁。
45　古関彰一・（注41）前掲書278頁、森清・前掲131頁。
46　中村安菜・前掲130-131頁、佐藤達夫・前掲4巻885頁。

憲法改正案は帝国議会にて修正議決されたため、10月12日に、〈帝国議会において修正を加えた帝国憲法改正案〉の件名で、ふたたび枢密院に諮詢された[47]。第３章については、林（頼）委員から、第10条に関し、前の説明ではこのような規定は必要はないということであったが、これが挿入されたのはどういう理由か・という質疑があり、これに対し、金森大臣から次のように答えた。自分もそのことは聞いていたし、多少心に満たないものもあるが、外国の圧力によってできたという誤解を一掃するために修正は多少寛大に歓迎しようという空気があった。社会的規定は、イデオロギー化するおそれがあるが、第10条については議会で一応抗弁はしたものの、このような規定は実質は無害であり、形式的にもよいということ、また、議会の権威をこういうところで明らかにすることはよいと考えて同感した・と答えた[48]。

その後の枢密院の再諮詢も通過し、日本国憲法第10条として、現在まで続いている。国民の要件について法律で議論することになったわけだが、その法律が国籍法であることは自明のことと考えられていたようであり、具体的な議論はなかった。

ここには重大な法技術が隠されていた。古関彰一はこの点を次のように評している。「日本国民たる要件は、法律でこれを定める」と定めた際の「法律」とはなにか。これは数年後に制定をみる「国籍法」（昭和25年、法147）を意味する。つまり、これによって「日本国民」とは「日本国籍所有者」を意味することになった。ということは日本国憲法に無数に出てくる「日本国民」「国民」はその意に解されることになる。例えば11条の「国民は、すべての基本的人権の享有を妨げられない」との規定は、日本国籍を有しない外国人は基本的人権の享有を妨げられるとも読み替え可能となる。……

もちろんこんな反人権的規定をGHQが認めるはずはない。政府案作成に際し、日本政府はJapanese Peopleと日本国民は全く同義語だと、GHQの疑問にもかかわらず、主張してきたのであり、それで渋々、GHQも「日本国民」を認めたのであった。ところがGHQはこの10条挿入をあっさり認めてしまったのである[49]。

47　佐藤達夫・前掲４巻985頁。
48　佐藤達夫・前掲４巻1000頁。
49　古関彰一『日本国憲法の誕生』（岩波現代文庫、2009年）277頁。

政府はこの10条に次のような英訳を付した。The Conditions necessary for being a Japanese national shall be determined by law.「日本国民」を、この条文だけは Japanese People とせずに、Japanese national（日本国籍所有者）という英訳にした。Japanese People と Japanese national が日本語では全く同一の言葉になっているとは、GHQ は全く知る由もなかった[50]。

　日本国憲法制定過程における国籍を検討した中村安菜は、旧植民地出身者について、「彼らは、『帝国臣民』の中に含まれてはいても、戸籍によって生来の日本国民とは厳然と区別されていた。つまり、日本国民たる要件が法律、つまり国籍法によって定められるのならば、朝鮮人は外国人となるのである。」「憲法施行直前に出された外国人登録令（4月28日）は、外国人を排除するという日本国憲法第10条の規定を補完する役割を担っているのである」と述べ[51]、憲法10条の制定過程を検討すると、「なぜ各政党がそろって国籍条項を挿入するべきであるという内容の修正案を提出したのか、その背景が明らかではない。しかし、古関教授は、政党に修正案を提出するよう示唆したのは、政府ではなかったかと推測している。GHQ との折衝の中で、おそらく日本政府は、朝鮮人などの外国人を『日本国民』以外の者として法的に定義することが、彼らを人権保障の枠外へ追いやるための法的布石として必要なものであるということを認識するに至ったのではないかと思われる。しかし、当初の政府方針を突然翻すことは困難であろうと考え、政党に修正案を提出するよう示唆したのではないであろうか。そもそも、外国人、特に当時の日本国内に在留していた外国人の9割を占めた朝鮮人を、戦後、『日本国民』の範囲から除外することは、憲法制定過程の初期段階から、政府の中ではほぼ共通の認識であった。佐藤は GHQ との交渉によって、外国人の人権保障を憲法から削ることに成功した。しかし、この政府の方針を万全のものにするために、国籍条項を挿入することにしたのであろう」とまとめている[52]。

　それでは何故、日本政府は「帝国臣民」であった旧植民地出身者を「日本国民」にすることに抵抗を感じたのであろうか。以上の論文では、政府は旧植民地出身者を憲法の日本国民から排除したかったのか、この点が十分に説明されているとはいえない。これは江橋崇が指摘しているように、敗戦後の日本では、政府

50　古関彰一・（注41）　280頁。
51　中村安菜・前掲133頁。
52　中村安菜・前掲132頁。

は、在日朝鮮人の政治活動に恐れを抱いていた。天皇制の護持のためには日に日に高まる天皇制批判は憂慮すべき事態とされたし、もっとも先鋭に天皇制を批判している在日朝鮮人を政治過程から引き離すことは、日本政府の重要な政治課題であった[53]。しかし、日本列島上で生活している旧植民地出身者は、日本国籍を有している「日本国民」であったといえるのではないか、と筆者は考える。

4　結　語

　筆者は、以前の論文（「日本国憲法制定史における『日本国民』と『外国人』」比較法学45巻3号早稲田大学比較法研究所、2012年3月。本書第1章に収録）で、次のように指摘した。1947年5月2日、新憲法が施行される前日、最後の勅令である第207号「外国人登録令」を公布した。「日本国籍」を持っていた在日朝鮮人を日本人から切り離すため、第11条で「当分ノ間、之レヲ外国人トミナス」という規定が入れられた。「外国人トミナス」という巧妙な言葉で「日本国籍を持った外国人」が創作された。この外国人登録令（最後の勅令）は在日朝鮮人の取り締まりを目的として出された。日本政府・法制局官僚は、在日朝鮮人を政治過程から排除したかったからである[54]。

　日本政府は、外国人登録令で「台湾人のうち内務大臣の定める者、朝鮮人は登録令の適用上、外国人とみなす」と定めたが、しかし、国籍問題はまだ決着をつけていなくて、1952年4月19日、講和条約の発効直前に法務府民事局長（民事甲438号）が出され、旧植民地出身者の日本国籍が奪われた[55]。

　この通達によって、本人も知らないうちに、一夜にして旧植民地の朝鮮人や台湾人の「日本国籍」が剥奪されてしまった。憲法10条に基づき、新国籍法が1950年5月4日に制定された。この国籍法には旧植民地出身者の国籍に関する規定は経過規定を含めて何もない。憲法10条は「日本国民たる要件は、法律でこれを定める」と国籍の問題を立法政策に委ねている。

　以上の経緯について、再度、筆者の理解を整理すると以下のように纏めることができる。

---

[53] 後藤光男・前掲16頁、本書26頁。
[54] 後藤光男・前掲7頁、19頁、本書18頁、28頁。
[55] 後藤光男・前掲21頁、本書30頁。

1　1945年10月下旬ごろ、清瀬一郎議員が配った文書「内地に在住の台湾人及び朝鮮人の選挙権、被選挙権に就いて」で明らかになったごとく、旧植民地出身者に選挙権・被選挙権を認めれば思想問題と結合して、天皇制の廃絶を主張することを政府は危惧した。と同時に、治安対策的な問題として捉えた。それが1945年12月に成立した衆議院議員選挙法改正附則で「戸籍法ノ適用ヲ受ケザル者ノ選挙権及被選挙権ハ当分ノ内之ヲ停止ス」の意味である。

2　その後、日本国憲法制定過程において、法制局官僚は、GHQ 草案から「外国人の人権保障」条項を削除するように GHQ に巧みな働きかけを行って交渉し、「凡テノ自然人ハ其ノ日本国民タルト否トヲ問ハズ法律ノ下ニ平等ニシテ、人種、信条、性別、社会上ノ身分若ハ門閥又ハ国籍ニ依リ政治上、経済上又ハ社会上ノ関係ニ於テ差別セラルルコトナシ」の「日本国民タルト否トヲ問ハズ」を消し、「国籍」を「門地」に変え、最終段階で「全ての国民は…」となって、草案から直接外国人を保障する規定をすべて消しさった。

3　そして、憲法が施行される前日の1945年5月2日に在日朝鮮人出身者の取締を目的とした外国人登録令を出す。この一連の経緯によって、日本政府、法制局官僚の在日朝鮮人を政治過程から排除したいという意図を読みとることができる。

4　1952年4月28日の平和条約を目前にした4月19日、法務府（いまの法務省）民事局長が通達を出して、在日朝鮮人の国籍を剥奪し、「帝国臣民」を「外国人」にすることを完成させたのである。

　憲法10条に基づき、新国籍法が1950年5月4日に制定された。この国籍法は旧植民地出身者の国籍に関する規定は経過規定を含めて何もない。憲法10条は「日本国民たる要件は、法律でこれを定める」と規定している。国籍法を全面改正した時に旧国籍法で国籍が認められた人びとについて、旧国籍を喪失させることは許されるものではない。旧植民地出身者には自己の意思によって国籍選択権を与えられるなどして法律できちんとした手続きを規定すべきであった。それが法律で定められていない以上、旧植民地出身者は日本国憲法10条の「日本国民」の中に含まれているといわざるを得ない。

　大沼保昭は、朝鮮が当事国でない平和条約による国籍喪失は無効であり、在日朝鮮人の日本国籍喪失が法律ではなく、平和条約発効の直前に法務府の民事局長

通達（民事甲438号）で行われたことは、「日本国民たる要件は、法律でこれを定める」とする憲法10条に違反するという[56]。旧植民地出身者は二重国籍を有しているという以外にないのである。

---

56 大沼保昭『在日韓国・朝鮮人の国籍と人権』（東信堂、2004年）312-314頁。これに反対するものとして江川英文＝山田鐐一＝早田芳郎『国籍法（第3版）』（有斐閣、1997年）207頁以下、なお、本書は現状追認的である。及び、そこに掲記されている文献参照。

第3章　外国人の人権享有主体性

1　外国人の人権享有主体性
2　保障される人権の範囲
　（1）参政権（選挙権・被選挙権）
　（2）公務就任権
　（3）社会権
　（4）入国の自由
　（5）亡命権
3　公共の福祉のための制約および「合理的な差別」の問題
　（1）精神的自由・経済的自由・人身の自由
　（2）人格権―指紋押捺を強制されない権利―

1　外国人の人権享有主体性

　国際法学者の大沼保昭は、かつて、外国人の人権について、「どうも人権観念の辺境地帯に属しているらしい。憲法の教科書でもはなはだ非論理的な、いや情緒的としかいいようのない記述がなされるに留まるし、全5巻、総計2287頁にのぼる『基本的人権』（東京大学出版会、1968-69年）でもまったく無視されている」と指摘し、しかし、「学問上にある問題の本質的意味はその一般的な領域ではなく、むしろ限界領域の探求によって明らかにされる。『外国人の人権』も、まさにそのような限界性を含むものとして、深い原理的なものにかかわっているのである」「外国人が基本的人権の享有主体たりうるかという問題は、基本的人権の普遍的理念としての質を問うことにほかならない」[1]と述べた。こうした他の法分野からの批判を受け、憲法学は人権の享有主体性について「外国人の人権」という主題を次第に意識するようになってきたといえる。
　日本国憲法は、第3章「国民の権利及び義務」において、基本的人権を詳細に

1　大沼保昭『単一民族社会の神話を超えて』（東信堂、1986年）2頁以下。

保障しているが、そこにおいて、「国民はすべての基本的人権の享有を妨げられない」(11条)、「何人も……請願する権利を有し」(16条)として、人権主体を「国民」とか「何人」と明示している場合と、何ら主体を明示していない場合、例えば「思想及び良心の自由は、これを侵してはならない」(19条)という規定がある。このことから外国人も権利主体となりうるのかという問題がでてくる。とくに、憲法の「人間の権利」の保障と「国際協調主義」という観点から考えて、外国人の人権をいかに考えるかは重要な問題となる。

　外国人とは、日本の国籍をもたない人あるいは無国籍者をいうと理解されているが、外国人は日本国憲法が保障している人権を享有できるのであろうか。

　この問題について、憲法第3章が「国民の権利及び義務」と題している点を重視して、日本国民のみについての人権を保障したものと理解する立場があった。この立場は、憲法の第3章は「国民の権利義務」について定めているのであり、憲法は、国民に対する国権発動の基準を示すものであるから外国人には直接適用されないとする。外国人の人権保障は立法政策の問題であり、政治的道徳的な義務として、第3章をできるだけ外国人にも準用すべきであるという[2]。消極説といわれるものである。もっとも、消極説も外国人の人権享有をできるだけ認めようとするものであるが、しかし、立法政策に委ねるので違憲訴訟の成立が困難となる。今日この説を支持する学説は少ない。

　これに対して、日本国憲法が、①人権は生まれながらにしてもっている前国家的な権利であるという思想に基づいて人権規定を設けていること(11条、97条)、②憲法は国際協調主義を採用していること、条約および確立された国際法規の遵守を定め(前文、98条2項)、それを条文化している世界人権宣言及び国際人権規約は、人権の尊厳と遵守を明記し、自国民と外国人を原則として差別してはならないとしていることを根拠にして、外国人も人権享有主体となりうるとするのが肯定説である[3]。

　肯定説のなかにも、いかなる人権が外国人に認められるかを判定する基準について、二つの考え方がある。1つは文言説である[4]。この説は、人権保障規定のなかで、「何人も」という文言が使われている規定(例えば、16条・18条・20条)は

2　佐々木惣一『改訂日本国憲法論』(有斐閣、1952年) 468頁。
3　芦部信喜「人権の享有主体(2)」法学教室1989年3月号(102号) 30頁。
4　稲田正次『憲法提要 [新版]』(有斐閣、1954年) 121頁。

外国人にも保障が及ぶが、「国民は」という文言が使われている規定（例えば、25条・26条）は、外国人には及ばないとするものである。しかし、日本国民のみを対象としている憲法22条2項の国籍離脱の自由の保障において、本条は本来「国民」という言葉が使われないといけないにもかかわらず、「何人も」と規定されているように、必ずしも「国民は」と「何人も」という言葉が厳密に使い分けられているわけではない。また、反対に、この説では30条の納税義務のように主体は「国民」であるのに、外国人にも適用されているということを説明できない。こうして多くの学説は、個々の権利の性質によって、外国人に適用可能なものとそうでないものを区別し、権利の性質の許すかぎり、すべて保障されるとする。これを権利の性質説という[5]。

最高裁も、外国人の人権享有主体性を認める立場をとっており、「いやしくも人たることにより当然享有する人権は不法入国者といえどもこれを有する」[6]とする。さらに、政治活動等を理由に在留期間の更新を拒否されたマクリーン事件で、最高裁は、「憲法第3章の諸規定による基本的人権の保障は、権利の性質上日本国民のみを対象としていると解されるものを除き、わが国に在留する外国人に対しても等しく及ぶものと解すべきであり、政治活動の自由についても、わが国の政治的意思決定又はその実施に影響を及ぼす活動等外国人の地位にかんがみこれを認めることが相当でないと解されるものを除き、その保障が及ぶものと解するのが相当である」として、権利の性質説を採用している[7]。

国際人権規約においても、市民的及び政治的権利に関する国際規約2条1項は、「この規約の各締約国は、その領域内にあり、かつ、その管轄の下にあるすべての個人に対し、人種、皮膚の色、性、言語、宗教、政治的意見その他の意見、国民的若しくは社会的出身、財産、出生又は他の地位等によるいかなる差別もなしにこの規約において認められる権利を尊重し及び確保することを約束する」と規定している。また、経済的、社会的及び文化的権利に関する国際規約2条2項・3項は、「この規約の締約国は、この規約に規定する権利が、人種、皮膚の色、性、言語、宗教、政治的意見その他の意見、国民的若しくは社会的出身、財産、出生又は他の地位によるいかなる差別もなしに行使されることを保障

---

5 芦部信喜『憲法Ⅱ人権（1）』（有斐閣大学双書、1968年）7頁など。
6 最大判1950（昭和25）年12月28日民集4巻12号683頁。
7 最大判1978（昭和53）年10月4日民集32巻7号1223頁。

することを約束する」「開発途上にある国は、人権及び自国の経済の双方に十分な考慮を払い、この規約において認められる経済的権利をどの程度外国人に保障するかを決定することができる」と定め、外国人をも含めてすべての個人に人権を保障すべき義務を課している。このように、自由権、社会権を問わず、外国人であることだけを理由に差別されることはないという保障があること、日本にはこうした条約上の義務を負っていることが留意されなければならない[8]。

権利の性質説が通説とされているが、「いかなる権利が、いかなる根拠に基づいて日本国民に留保されるのか、逆に、いかなる権利が、いかなる根拠により、どの程度、いかなる態様で外国人に対して制約することを憲法上要求され、あるいは許容されるのか、これらの権利制限法令の合憲性の立証責任はどこにあるのか」[9]について、初期の学説では、十分に立ち入った検討がなされてきたわけではなかった。

問題はいかなる人権がどの程度保障されると考えられるかという点である。従来、外国人は自由権や裁判を受ける権利を享有しうるが、社会権や参政権は享有できないとされてきた[10]。性質説が通常、外国人に認められない権利として挙げるのは、参政権、社会権、入国の自由などである。参政権は国民主権の原理から、社会権は各人の所属する国家により保障されるべきであるという理由から、入国の自由は当該国家の自由裁量に属する国際慣習法を理由に保障が否定される。外国人の人権を考えるにあたっては「権利の性質のみから問題に迫るのではなく、外国人の存在態様も考慮しなければならない」[11]。外国人にも、①一時的旅行者などの一般外国人のほか、②日本に生活の本拠をもちしかも永住資格を認められた定住外国人（「出入国管理及び難民認定法」上の永住者または「日本国との平和条約に基づき日本の国籍を離脱した者等の出入国管理に関する特例法」に定める特別永住者等）、③難民など、類型を著しく異にするものがあることに、とくに注意しなければならない[12]。浦部法穂は「外国人の人権問題を考える際に重要なのは、そ

---

8 藤井俊夫『憲法と人権Ⅰ』（成文堂、2008年）45頁。
9 大沼保昭「『外国人の人権』論再構成の試み」法学協会百周年記念論文集2巻（1983年）365頁。
10 市川正人『基本講義憲法』（新世社、2014年）73頁。
11 横田耕一「人権の享有主体」芦部信喜・池田政章・杉原泰雄編『演習憲法』（青林書院、1984年）140頁、芦部信喜（高橋和之補訂）『憲法（第6版）』（岩波書店、2015年）92頁、米沢広一「国際社会と人権」『講座憲法学2 主権と国際社会』（日本評論社、1994年）175頁。
12 藤井俊夫『憲法と人権Ⅰ』（成文堂、2008年）43頁、芦部信喜（高橋和之補訂）『憲法（第6版）』（岩波書店、2015年）92頁など参照。

の人の国籍ではなく、生活実態である」という。人権の性質と外国人の存在態様の相関から具体的判断が導かれるべきである。

2　保障される人権の範囲

(1) 参政権 (選挙権・被選挙権)

　従来の学説は、外国人に選挙権・被選挙権を認めることは「国民主権」の原理に反するとし、外国人に参政権が与えられないのは当然であるとしてきた。著名な体系書にも「外国人が一般に参政権を有しないのは当然である」[13]と叙述された。しかし、なぜ当然であるのかの説明はなされていない。また、参政権と同様に重要なものであると考えられる参政権的機能をはたす政治活動の自由、政治的表現の自由についても、外国人には日本国民と同様の保障が及ぶわけではなく、「日本国民の政治的意思ないし政治的意見の形成に対する直接かつ著しく不当な妨害ないし干渉を排除するのに必要な最小限度の制約」[14]はいたしかたないとされてきた。

　しかし、今日では、国際的な人の交流が常態的に行われ、国境を越えた労働力移動が一般化しつつある。「国籍」を異にしたまま滞在国に生活基盤をおいている人が例外としてではなく存在しているし、これからも存在するようになるであろう。そして、それらの人びとは、その滞在国の政治的意思決定に従わざるをえないという状況におかれることになる。こうした人びとが滞在国における参政権から排除されることは当然であるといえるであろうか。こうして、日本では外国人の人権は重要な課題となり、とりわけ参政権の問題は重要論点のひとつであると考えられるようになってきた。

　外国人の人権享有主体について、判例・通説は権利の性質説に立って、権利の性格によってケース・バイ・ケースで保障されるものと保障されないものを判断していくという手法をとってきた。しかし、このような判例・通説に対して根本的な疑問が提示されてきた[15]。ひとつは理論面からの疑問であり、他のひとつは実体面からの疑問である。

13　田中二郎『新版行政法上巻全訂第2版』（弘文堂、1974年）68頁。
14　芦部信喜「人権の享有主体(3)」法学教室1989年4月号71-72頁。
15　浦部法穂「憲法と『国際人権』」国際人権法学会『国際人権第1号』（信山社、1990年）24頁、江

理論面からの疑問として、外国人とは日本国籍をもたない者のことであるとされてきたが、ここでは国籍の有無が人権保障の度合を決する基準とされている。しかし、人権は「人が人であるということのみに基づいて当然にもつ権利」という観念であり、人が人であるという自然的属性に基づいて有するはずの「人権」の保障が「国籍」によって左右されるというのは理屈にあわないではないか、ということである。

　実体面からの疑問として、「日本に在留する外国人の圧倒的多数が、日本社会に生き日本を生活の本拠とする、いわゆる『定住外国人』であり、しかも、そのなかでさらに圧倒的多数を占める人々は、もともと本人の意思にかかわりなく、日本が勝手に『日本国民』（『帝国臣民』）にし、その挙げ句、また勝手に『外国人』にしてしまった人々、および、それらの人びととの子孫で日本で生まれ育った人びとである、という現実である。これらの人びとは、実際に日本社会の一員として生きており、日本国民と全く変わりない生活をしている。にもかかわらず『国籍』が違うということだけで、これらの人びとに対する人権保障の問題が『外国人の人権』の問題とされ、そのことによって、現実にきわめて不合理な結果がもたらされている」ということである。

　同様の主張は哲学者の高橋哲哉の次のような見解にもうかがうことができる。国民主権なのだから、国民とそうでない人に一定の法的な区別、事実上の差別を設けるのは当然であるというような伝統的な見解もあるが、それは批判されるべきものである。それには二つの視点がありうる。1つは日本の近代の歴史、つまり大日本帝国と称して周辺の諸民族を植民地支配し、いったんは日本国民の中に組み入れた。そして敗戦後に一方的に国籍を剥奪したかたちになった。そういう人たちに対して、歴史的な背景からして一方的に憲法の外に置くということは、不条理ではないかという論点がある。もう1つは、歴史を外したとしても、今の日本列島、日本領域内に住んでいる人々のなかで、はたして国籍法で日本国民とされている人とされていない人を区別することが、どうやって正当化されるのかは疑問である。そこからさまざまな差別が生まれてきた。日本国憲法の根本を貫く原理は、前文の「人類普遍の原理」である。そうすれば、日本列島内にいるすべての人に対して、人類普遍の原理たる人権、憲法による保障が及ぼされるべき

橋崇「外国人の人権」『現代立憲主義の展開上』（有斐閣、1993年）185頁以下。

であろう[16]。

　もっとも、この点に関して、先に述べたごとく「外国人」にもさまざまな類型があり、これを考慮して、人権の性質と外国人の存在態様の相関から具体的判断が導かれるべきであるという指摘がなされてきた。「外国人」といっても、祖父母の代から日本に居住し、日本に生まれ、日本に職をもち、日本を生活の場として一生を終える「外国人」から、短期観光のために日本に滞在し、それが済めば本国に帰る「外国人」に至るまで、実態は千差万別である[17]。こうした観点からすると、日本国民と生活実態が変わらない「外国人」については、日本国民と同等の保障を受けるとするのが筋であるが、それにもかかわらず、従来の通説はこれらのことを考慮することなく、外国人に選挙権・被選挙権は保障されないし、参政権的機能を営む政治活動の自由については一定の制約を蒙ってもしかたがないとしてきたのである。

　このように、参政権については外国人に認められないとするのが支配的見解であり、外国人には公務員の選挙権・被選挙権は国政も地方も認められないとする（公職選挙法9条・10条、地方自治法18条・19条）。その制約法理は国民主権に基づくもので、「自国の主権の保持・独立および国家利益という見地から、国防、外交、内政などに関する重要事項については、原則として、自国民のみ関与させ、外国人の参加を認めない」ということである。この見解は、「国民主権」という場合の「国民」を国籍保持者と理解しているわけであるが、はたして国籍保持者に限定されるのか、「国民主権」だから当然に「外国人」が排除されるという論理が成立するのか、吟味が必要であろう。

　近時の有力説は、地方公共団体のうち市町村レベルでの選挙権を認める見解である[18]。「地方公共団体の中でも、とりわけ元来住民の日常生活に密着する市町村レベルにあって、団体ないしその機関の行使する権能の種類や性質いかんによっては、法律により定住外国人に選挙権を認めることは可能と解すべきであろう」[19]という。市町村レベルだけではなく、都道府県レベルでも認める見解は

16　高橋哲哉＝岡野八代『憲法のポリティカ―哲学者と政治学者の対話』（白澤社、2015年）212-213頁。
17　大沼保昭「「外国人の人権」論再構成の試み」法学協会百周年記念論文集2巻（1983年）365頁。
18　芦部信喜（高橋和之補訂）・前掲憲法6版92頁。
19　佐藤幸治『日本国憲法論』（成文堂、2011年）145頁。

「外交、国防、幣制などを担当する国政と住民の日常生活に密接な関連を有する公共的事務を担当する地方公共団体の政治・行政とでは、国民主権の原理とのかかわりの程度に差異があることを考えると、地方公共団体レベルの選挙権を一定の居住要件の下で外国人に認めることは立法政策に委ねられているものと解される」という[20]。また近年では、「地方公共団体は、安全保障、外交といった国家の主権にかかわる事柄についてまで自主的処理できるわけではない。94条は、地方公共団体は『法律の範囲内で条例を制定することができる』と規定しており、少なくとも、安全保障・外交といった国家主権と直結する事柄については法律が優先する。とすれば、地方公共団体において定住外国人に選挙権を認めることに対しては、国家主権との矛盾ということはあまり問題とならないであろう。住民自治は地方レベルでの国民主権原理の発現ではあるが、民衆の自己統治という国民主権の実質に着目すれば、地方公共団体の構成員である定住外国人に選挙権を認めることは、住民自治の理念に照らして望ましいといえるであろう。それゆえ部分許容説が妥当である」[21]という。最高裁判決も「我が国に在留する外国人のうちでも永住者等であってその居住する区域の地方公共団体と特段に緊密な関係を持つに至ったと認められるものについて」、地方参政権を与えることは憲法上禁止されていないとして、定住外国人への地方参政権付与に道を開いた（最判平成7（1995）・2・28民集49巻2号369頁）。こうした見解は、地方自治体レベルでは認めても、国政レベルの参政権は有しないという前提に立っているのであるが、なぜ外国人には地方選挙権だけしか認められないのか、従来の通説と同じ疑問が生じる。また、この説は、「住民自治」と「国民主権」を別個の原理として捉えるものであり、「地方自治の本旨」に照らし妥当ではないという指摘がある[22]。

　こうして日本における政治的決定に従わざるをえない生活実態にある外国人、すなわち日本に生活の本拠を有する外国人（定住外国人）には、地方・国政を問わず、選挙権および被選挙権を保障すべきであるという見解が主張される[23]。治者と被治者の自同性を要請する民主制の理念が、国民主権の一側面であると考え

---

[20] 中村睦男・野中俊彦ほか『憲法Ⅰ（第5版）』（有斐閣、2012年）225頁、樋口陽一『憲法（第3版）』（創文社、2007年）186頁など。
[21] 市川正人・前掲書76頁。
[22] 浦部・憲法学教室Ⅱ330頁。
[23] 浦部・人権理論の新展開47頁。

るなら、定住外国人への選挙権をはじめとした参政権を保障することは、その趣旨にかないこそすれ、反することにはならない。外国人の参政権否定論は再検討を迫られており、立法上の解決が要請される[24]。さらに、近時において、渋谷秀樹は、「日本国憲法が立脚する社会契約説の原点に立ち返って、国民主権原理にいう国民とは国籍保持者なのかを再考する必要がある」という。ここでの国民が、国の領域内に生活の本拠を置き、その政府の統治権に服する者と解すれば、永住者たる外国人に参政権を認めることを、この原理は本来求めていると解される、というのである[25]。

参政権は、平たく言えば、国家をつくって、国家を動かす権利である。それではその際、国家と国境についてどのように考えるべきであろうか。国家は、「社会の制度をよりよく運営するために必要な道具でしかない。……あくまでもその社会で生活している構成員がよりよく生きられる、生活を充実させるための道具であるということを思えば、そこで生活したいという人に対しては開かれた国境であるべきだ。線はあるが浸透の穴が空いている方が望ましい」[26]と考えることができる。

(2) 公務就任権

現在、外国人の公務就任が問題となっているが、一般の公務員について、憲法・法律の制限はない[27]。採用試験における受験資格を定める規則において「国籍条項」を定め（人事院規則8-18）、また、地方公共団体は募集要項で「国籍」を規定することにより外国人の受験を認めていない。このような実務における運用の基準となっているのが、「公務員に関する当然の法理として、公権力の行使または国家意思の形成への参画にたずさわる公務員となるためには、日本国籍を必要とする」という1953（昭和28）年内閣法制局見解である。この基準は広汎かつ抽象的であるため、拡張解釈されるおそれが大きいとし、より明確で限定的・具体的基準が必要とされ、公権力を行使する職務であっても、「少なくとも直接国

---

24 奥平康弘『憲法Ⅲ 憲法が保障する権利』（有斐閣、1993年）61頁。
25 渋谷秀樹『憲法（第2版）』（有斐閣、2013年）121頁。
26 岡野八代、高橋＝岡野・前掲書226頁。
27 外務公務員については、法律上、国籍を有することが就任の要件となっている（外務公務員法7条1項）。

の政策に影響を及ぼすことの少ない調査的・諮問的・教育的な職務など」には定住外国人も就任できるとする考え方が通説的立場を占めつつある[28]。しかし、より根本的問題点は、公務就任権を参政権の一種と把握し、外国人に認めることは国民主権の原則に反するとする前提である。行政事務を担当する普通の公務員になる権利は、むしろ日本国憲法22条の「職業選択の自由」において保障されていると捉えるべきものである。

　こうした観点からいうと、「公権力の行使又は国家意思の形成への参画に携る公務員」については日本国籍を有するとして、一般行政職公務員への外国人の任用を一律に排除している現在の行政実例は、職業選択の自由に対する不当な制限として、違憲とすべきものである[29]。中村義幸は、「事実上、日本で公務に付く以外にその可能性のないいわゆる『定住』外国人には全ての公務への就任を認め、不都合な場合—例えば、国籍国の公務員である場合など—に個別に立法措置を講ずることにすべきである」[30]と述べる。萩原重夫も「国民主権原理は政治過程でのみ意味がある。公務員になることは職業選択の自由の一つだから、個人の生活権という点からも外国人の排除は問題である。職業選択の自由は、経済活動の自由にとどまらず、人格の発展にも必要なものであり、少なくとも定住外国人には憲法的保障があると解されるから、国民主権原理による制約は必要最小限度でなければならない。外国人をある職から排除するには、きわめて強力な正当化事由の立証が必要である」[31]という。

　教育公務員のうち国公立大学教員については、1982年の「国立又は公立の大学における外国人教員の任用等に関する特別措置法」（昭和57法律89）によって、教授・助教授・講師に外国人を任用できることになった。これによって、大学の管理運営のための審議決定機関としての教授会、評議会の構成員となることが可能となったのである。その後、2004（平成16）年4月から国立大学が法人化され、国立大学の教員は公務員ではなくなり、同法は、公立の大学における外国人教員の任用等に関する特別措置法と改められた[32]。問題となるのが、小中高等学校の

28　芦部信喜（高橋和之補訂）・憲法6版193頁。
29　浦部法穂『新版憲法学教室Ⅱ』（日本評論社、1996年）239頁、同旨、門田孝「外国人の公務就任権をめぐる憲法問題（2）」六甲台論集34巻4号（1988年）174頁。
30　中村義幸「『定住外国人』の人権」憲法問題2（三省堂、1991年）46頁。
31　萩原重夫「憲法上の権利と内外人平等原則」愛知県立芸術大学紀要17号（1987年）68頁。
32　中村睦男・前掲226頁。

教員に外国人を任用できるかどうかである。「教育公務員に関しては、国籍を理由とする排除はきわめて不当である。教員は、教育現場で『公権力』を行使するとは言えないし、国公立だからといって私立学校と教育の性格が本質的に変わるものではない。……外国人が教員になることに何の不都合もないばかりか、単一化・画一化傾向の強い日本の教育にはむしろ好ましい」[33]ということができる。

（3）社会権

外国人の社会権については、学説は、それぞれ各人の所属する国によって保障されるべき権利であるが、外国人に社会権の保障が原理的に排除されていると解するのは妥当とはいえないとする。財政事情等の支障がない限り、法律において外国人に社会権の保障を及ぼすことは憲法上問題はない。とりわけ、わが国に定住する在日韓国・朝鮮人および中国人については、その歴史的経緯およびわが国での生活実態等を考慮すれば、日本国民と同じ扱いをすることが憲法の趣旨に合致するとする[34]。この点、国際人権規約の批准（1979年）、難民条約への加入（1981年）を契機に社会保障立法における国籍条件がほとんど撤廃され、今日では生活保護法に国籍要件が残るのみとなっている[35]。

社会保障について、大沼保昭は、「社会保障に要する金は、結局のところ、その社会で納税義務を負担するすべての人の財布から出ているわけである。外国人も国民同様、領域主権の作用に服することにより、納税義務を負担している。そうである以上、国民のみを享有主体とする社会保障とは、一国内に住むあらゆる人間から徴収した金を一部の人間にのみ還元する制度にほかならないことになる」[36]と適切な指摘をしている。

塩見訴訟最高裁判決（最判平成元年（1989）・3・2判例時報1363号68頁）は、憲法25条が外国人の生存権を保障しているかという論点に言及することなく、「限られた財源の下で福祉的給付を行うに当たり、自国民を在留外国人より優先的に扱うことも、許される」と判示して、外国人の生存権保障について、広い立法裁量を認めている。こうした判例の立場については、山内敏弘が指摘するように、

33　萩原重夫・前掲論文68頁。
34　芦部信喜（高橋和之補訂）・憲法6版94頁。
35　市川正人・前掲書74頁。
36　大沼保昭『単一民族社会の神話を超えて』（東信堂、1986年）5頁。

「社会保障に関して内外人平等原則を採用した国際人権規約 A 規約の趣旨に反するだけでなく、日本国憲法の趣旨に照らしても容認することができない」。なぜならば、「生存権の核心部分にあるのは人間としての最低限の生存を確保する権利、つまりは生命権の保障である。みずからの力では生命をも維持することができない人間には国家がその生存を確保することが生存権保障の核心にあるとすれば、そのような生存権の保障において日本人と外国人とを区別する論理は出てこない」[37]という。

(4) 入国の自由

入国、再入国、在留期間の更新、出国が問題となる。入国の自由が外国人に保障されないことは、「今日の国際慣習法上当然である」とするのが通説である。判例は憲法22条１項は、日本国内における居住・移転の自由を保障する旨を規定するに止まり、外国人の入国の自由を保障するものではない。このことは、国際慣習法上、特別の条約がない限り、当該国家が自由に決定することができるとする。また、在留の権利ないし引き続き在留することを要求しうることを保障されているものでもないとしている（前掲マクリーン判決）。

外国人の入国の自由は「在留制度の枠内で与えられているにすぎない」という、あたかも入管法が憲法の上位法であるかのような転倒した思考方法から脱却すべきである[38]。権利性の否定を原則とした上で入国の権利の付与を考えるべきか、権利性を前提とした上で公共の福祉によって制約されると考えるべきかを検討しておく必要がある。この点、今日の国際化、グローバル化された時代に、人権尊重と自由往来の原則から、原則的に外国人の出入国の自由を認め、「国家の独立と安全を侵すかあるいは公序良俗に反する現実かつ明白な恐れがある外国人の入国を拒否すれば足りる」とする説が傾聴に値する[39]。基本的にはこうした発想が妥当である。ただ、こうした見解については次のような危惧が表明されることがある。「開かれた国といって移民労働者をどんどん入れていったら、ますます『国民』のなかで貧困層が増えていったり、仕事が取られたりしていく。そこ

---

37 山内敏弘「外国人の人権と国籍の検討」『国際人権第８号』（信山社、1997年）４頁。
38 近藤敦「外国人の『人権』保障」自由人権協会編『憲法の現在』（信山社、2005年）325頁。
39 作間忠雄「外国人の基本的人権」小嶋和司編ジュリスト増刊『憲法の争点（新版）』（有斐閣、1985年）71頁。

からヘイトスピーチなり、暴力的な排外主義が出てくるので、あまり移民を入れるべきではない。それで失敗したのがヨーロッパである」[40]というような考え方である。これに対して政治学者の岡野八代は次のような反論を加えている。90年代ぐらいまで、北米でも、大量の移民を受け容れたら、経済的打撃を受けていまのリベラルな民主制が破壊されるという議論である。「しかし、それは本当にそうなのか。大げさに危険を見積もっているのではないか。移民を受け容れたら社会が打撃を受けて民主制が壊されるのかどうかを証明するのは、受入国の責任で、北米に関して言えば、移民によってここまで繁栄してきたのだから、移民を受け容れたら民主主義国家が破壊されるというのは一種のご都合主義的な口実であると、リベラルな人たちは批判していました。ただ、私は、やはり日本でも排外主義の問題が出てくるから移民を受け容れない政策の方がいい、という意見には同調できません」[41]と。この問題はあとの章で検討するが、森村進も「移民は国際的な賃金の均衡化と向上に資する。それに加えて移民は多彩な文化を作り出す。アメリカ合衆国が伝統的に移民を受け入れていなかったら、今日の経済的・文化的な繁栄はありえなかったろう」[42]という。

　また、定住外国人は在留資格をみだりに奪われないことが保障されている。関連して再入国の自由が問題となる。最高裁は、憲法22条2項を根拠に外国人の出国の自由を認める（最大判昭和32（1957）・12・25刑集11巻14号3377頁）。出国は一般的には帰国・再入国を前提とするので再入国の自由も外国人に認められるということになる。しかし、最高裁は外国人は外国へ一時旅行する自由を保障されないとして、再入国の自由を認めていない（森川キャサリーン事件最判平成4（1992）・11・16裁判集民事166号575頁）。学説は、出国の自由の根拠も国際慣習法にあるとし、再入国については、新規入国と異なる特別の配慮を加える必要はあるが、最小限度の規制は許されると説く[43]。

　在留期間の更新については、「法務大臣の裁量権は、憲法の人権規定によって制約される」とすべきであり、「在留中の人権行使を、在留期間更新の際に消極

40　萱野稔人『ナショナリズムは悪なのか』（NHK出版新書、2011年）。入管法との関係で外国人労働者の受け入れの肯否を紹介するものとして、上原陽子「日比国際児と日本社会」『社学研論集第23号』（早稲田大学大学院社会科学研究科、2014年）218頁以下。
41　岡野八代・前掲書228頁。
42　森村進『自由はどこまで可能か＝リバタリアニズム入門』（講談社現代新書、2001年）139頁。
43　芦部信喜（高橋和之補訂）・憲法6版96頁。

的事実として判断することは、許されない」と考えられる[44]。

　在留更新あるいは再入国の自由については、当該外国人が日本国内に滞在していることが前提となっているので、入国の自由一般とは問題が異なり、一定の権利性が生じていると指摘される[45]。こうした在留をめぐる外国人の人権については、さらに、非正規滞在外国人の人権が問題となり、重要な研究課題である[46]。

(5) 亡命権

　入国の自由に関連して亡命権が問題となる。亡命権とは、本国での政治的理由などによる迫害を受けるおそれがある者が、外国に逃れてその国の保護を享受する権利をいう。日本国憲法は、亡命権に関する明文の保障規定を持たず、解釈上も亡命権は憲法上の権利として認められないとするのが多数説であるとされる[47]。亡命権の内容をなす「追放・送還禁止の原則」（ノン・ルフルマンの原則）は、日本が1981年に加入した難民条約33条で規定されている。日本では難民条約加入に伴う立法措置で一時庇護のための上陸が許可される一時庇護の制度が設けられた（出入国管理及び難民認定法18条の2）。国家間の犯罪人引渡から政治犯罪人を除外する政治不引渡の原則が、確立した国際慣習法として認められるかにつき、最高裁は、尹秀吉事件で、亡命権について「いわゆる政治犯罪人不引渡の原則は未だ確立した一般的な国際慣習法であると認められない」として否認している[48]。この点について、山内敏弘が正当に指摘しているように、日本国憲法に

44　浦部・憲法学教室 I 69頁。
45　藤井俊夫『憲法と人権 I』（成文堂、2008年）62頁。
46　後藤光男「外国人政策と入国・在留・再入国の自由」大浜啓吉編『公共政策と法』（早稲田大学出版会、2005年）72頁、本書第10章参照。
47　中村睦男・野中俊彦ほか『憲法 I（第5版）』（有斐閣、2012年）224頁。難民認定および政治亡命権について藤井俊夫は次のように説明している。「これは、むしろ外国人についてだけ問題となるものである。場合によっては『難民』も『政治亡命権』も同義のものとして用いられるが、難民条約による難民とは、人種、宗教、国籍もしくは特定の社会的集団の構成員であることまたは政治的意見を理由に迫害を受けるおそれがあるという十分に理由のある恐怖を有するために、国籍国の外にいる者であって、その国籍国の保護を受けることができない者またはそのような恐怖を有するためにその国籍国の保護を受けることを望まない者をいう。これは『条約上の難民』あるいは政治難民などとよばれ、このほか、戦火、災害から避難した避難民のような広義の難民とかいわゆる経済難民などは、この中には含まれない。世界人権宣言（1948年）の第14条では避難権（いわゆる政治亡命権）が定められ、また、1951年には難民条約が採択された。わが国ではこの条約の批准が遅れていたが、昭和57年（1982年）には難民条約が発効し、この条約に基づく難民認定（入管法61条の2）が制度化されている」（藤井俊夫・前掲書65頁）。
48　最判1976（昭和51）年1月26日判例タイムズ334号105頁。

は、明示的に亡命権あるいは庇護請求権を保障した規定は存在しないが、憲法前文の「われらは、全世界の国民が等しく恐怖と欠乏から免れ、平和のうちに生存する権利を有することを確認する」という規定は、日本国憲法なりの表現で亡命権を保障したものと捉えることができる。この権利の主体は「全世界の国民」であって外国人も含まれており、また、外国人の「恐怖と欠乏から免れて生存する権利」の中にはとりわけ外国人の亡命権が含まれていると捉えることに解釈上の困難は存しない[49]といえる。

3　公共の福祉のための制約および「合理的な差別」の問題

　外国人には人権の主体性が認められる以上、その権利の制約の可否については、原則として日本国民と同じ取り扱いがなされなければならない。したがって、「とくに外国人の権利を制限するという形で差別的取扱がなされるについては、外国人であるが故の特殊な理由、とくに公共の福祉との関係での理由づけがある場合に限って許されると考えるべきである」とされる[50]。こうした事例について検討する必要がでてくる。この点について、本書の以下の各章で問題となる事例について検討する。

（1）精神的自由・経済的自由・人身の自由
　自由権は性質上外国人にも保障される。職業選択の自由や財産権については、公証人法12条、電波法5条、弁理士法2条〔現行7条。2010年の改正により、外国人に対する制約は削除されている〕、鉱業法17条・87条、銀行法47条、船舶法3条、外国人土地法1条等による制約がある。経済的自由には立法府の裁量が認められるが、合理的理由がない場合は違憲となる。人身の自由・精神的自由も当然外国人に保障される。しかし、規制が合理的にして必要最小限度のものであるかぎり違憲とはいえない。その際、精神的自由と経済的自由について違憲審査基準が異なるべきであるという「二重の基準」の理論を考慮する必要があるとされる。精神的自由は原則として日本国民と同様の厚い保障をうける。もっとも、精神的自由のうち、政治活動の自由については、参政権の行使にかかわるとして、外国人の

49　山内敏弘・前掲論文3頁。
50　藤井俊夫・前掲書65頁。

政治活動の自由を限定的に考えるのが判例・多数説である（芦部信喜・佐藤幸治説など、最高裁マクリーン事件判決）。これに対して、①参政権的機能を果たす表現活動は、主権的意思決定に影響を与えるにすぎないのに対し、参政権は主権的決定に直接関わるものであり、両者の質的相異は軽視できない、②外国人による多様な見解・視点の提起は国民の主権的意思決定を豊富化する、として、外国人の政治活動の自由を国民と等しく認める見解がある（横田耕一・浦部法穂説など）。外国人に政治的表現の自由を保障することが、民主過程の自由かつ豊かな情報の流れを確保することになると考えられる。

（2）人格権―指紋押捺を強制されない権利―

　かつて外国人には指紋押捺が強制されていた。過去の法制度について振り返ってみておこう。定住外国人が指紋押捺を拒否したことを理由に再入国の不許可処分がなされた森川キャサリーン事件で、最高裁は、マクリーン事件を引用して、憲法は在留外国人に外国へ一時的に旅行する自由を保障するものではなく、かつ、自由権規約12条4項の「自国」とは「国籍国」のみをいうと判示して、再入国の自由を保障するものではないとした。

　外国人について、特に日本国民と区別して、指紋押捺を強制する（外国人登録法）ことに合理的理由があるであろうか。かつて外国人登録法によれば日本に1年以上在留する16歳以上の外国人は、登録原票、登録証明書および指紋原紙に指紋を押さなければならないこととされた（14条、1987年の法改正により、一度指紋を押した者については、2回目以降は不要となった）。義務違反者には、1年以下の懲役もしくは禁錮または20万円以下の罰金に処せられた（18条1項8号）。1992年の法改正で、永住者・特別永住者については対象外となった。

　指紋押捺を強制されない憲法上の根拠について、プライバシー権の一種であるとする考え方と個人の尊厳そのものを根拠とする考え方がある。最高裁判決は、憲法上の根拠を13条に求めており、それは「私生活上の自由」の一つであるとして、「指紋は指先の紋様でありそれ自体では思想、良心等個人の内心に関する情報となるものではない」が、「採取された指紋の利用方法次第では個人の私生活あるいはプライバシーが侵害される危険性がある」としている[51]。後者について

51　最判1985（平成7）年12月15日判例時報1555号47頁。

は、「個人をあたかも犯罪者であるかのように取り扱うことによって人間としての価値をおとしめて、個人の尊厳を侵害する」とするものである[52]。

　指紋押捺を強制されない自由は、権利の性質説からすれば、外国人にも日本国民と同様に保障されることとなる。日本国民については指紋押捺は強制されず、外国人には写真提出のみならず、指紋押捺を強制される。はたしてこのことに合理的理由があるのかどうか問題となる。指紋押捺制度の目的として登録者の同一人性を確認することの必要性がいわれる。このことを強調する判例もある。例えば、「同一人性の識別につき現時点では、他に有効適切な代替手段も見当たらないことなどから、……必要性については合理的な理由がある」[53]。あるいは、「指紋押なつの方法を維持するか写真などという代替手段を採用するかは立法裁量の問題にとどまり、代替手段があるということで直ちに指紋押なつ制度が存在根拠を失うものとは考えられない」[54]という。

　同一人性確認のために、日本国民には要求されない指紋押捺がなぜ外国人には要求されるか、積極的な理由が示されないかぎり、人権制限を正当化することはできないと考えられる。最高裁は、みだりに指紋押捺を強制されない自由は「わが国に在留する外国人にも等しく及ぶ」「しかしながら、右の自由も、国家権力の行使に対して無制限に保障されるものではなく、公共の福祉のため必要がある場合には相当の制限を受ける」として、指紋押捺制度を合憲とした[55]。指紋押捺制度は、「戸籍制度のない外国人については、日本人とは社会的事実関係上の差異があって、その取扱いの差異には合理的根拠がある」という。判例の違憲審査基準は、概ね①立法目的の正当性、②達成手段の必要性、③手段の合理性というものであり、緩やかな審査基準＝合理性の基準を採用している。学説では、より厳格な審査基準によるべきであるとして違憲とする考え方が多い。

　その後、外国人登録法上の指紋押捺義務は撤廃されたが、2001年9月11日のアメリカ同時多発テロ後、出入国管理及び難民認定法が改正され、テロ対策として入国する外国人（特別永住者等を除く）に指紋押捺を義務づけるに至っている（同

---

[52] 藤井俊夫「演習憲法」法学教室1997年5月号、根森健「指紋押捺拒否とプライバシー」『憲法判例百選Ⅰ（第3版）』など。
[53] 横浜地判1984（昭和59）年6月14日判例時報1125号96頁。
[54] 東京地判1984（昭和59）年8月29日判例時報1125号101頁。
[55] 最判1985（平成7）年12月15日刑集44巻10号84頁。

法6条3項)[56]。

56　市川正人・前掲書78頁。

第4章　外国人の出入国の自由

1　問題の所在
2　出入国の自由に関する判例
3　出入国の自由に関する学説
4　出入国の自由の本質論
5　結　び

1　問題の所在

　フーコーのいう「再問題化」の作業―「自明なこと、公準と思われていることを再度問いなおし、さまざまな慣習、思考や行動の様式に揺さぶりをかけ、一般に通用している馴々しさを一掃し、もろもろの規則や制度をもう一度測定しなおす」（インタビュー「真実への気遣い」1984年）―を、この日本で一歩一歩積み上げる努力を続けたい。川本隆史は『ロールズ―正義の原理―』（講談社、2005年）[1]の中でこのように述べている。筆者もこうした言葉に触発され、日本の憲法学における「外国人の出入国の自由」（入国の自由・出国の自由＝移動の自由・移民の権利）に関する支配的見解の思考様式を問題にしてみようと思う。

　従来、学説では、外国人に保障されない権利として、①入国・在留・再入国の自由、②参政権（選挙権・被選挙権）・公務就任権、③社会権（生存権・社会保障権）が挙げられてきた。そして、②③については、理論的解明が比較的進んできている。しかし、①については、「在留外国人の基本的人権は出入国管理システムの枠内で保障される」という発想に影響を受けてか、まだ十分に理論的解明が行われているわけではないように思える。とりわけ、入国の自由についてはほとんど未開拓といってよい。

　周知のように、この問題に一石を投じたのは安念潤司である。大要、次のようにいう[2]。

---

[1]　川本隆史『ロールズ―正義の原理―』（講談社、2005年）240頁。
[2]　安念潤司「『外国人の人権』再考」芦部信喜先生古稀祝賀・現代立憲主義の展開上（有斐閣、

① 学説がこれまでほぼ異論なく——そして、判例とも一致して——外国人には、日本に入国・在留する憲法上の権利は認められないと解してきた。こうした見解の下では、日本は、外国人の入国・在留をまったく認めないという態度をとっても憲法上何ら問題は生じないのであるから、立法政策として外国人の入国・在留を認めるという決定をした場合でも、どのような条件を付すことも許され、外国人が日本においていかなる活動を、いかなる期間なしうるのか任意に定めることができる。だから入管法が、各種の在留資格とそれに応じた在留期間を、外国人の人権保障という観点から見れば恣意的ともいえる態様で定めても、違憲の問題は生じない。

　② しかし、「外国人の入国・在留を認めるか否かが国家の完全な自由裁量に任されている結果、入国・在留の条件を付すという意味で在留外国人の人権を自由に制限できることになるのだとすれば、外国人の入国・在留は憲法上の権利ではないという原則を前提としつつ、なお、本邦に在留している外国人の人権を論ずることが、そもそも問の立て方として正当か、という疑問が生じよう」。

　③ マクリーン事件最高裁判決に批判的な学説は、一方で、外国人には入国・在留の権利は認められないという原則は維持しつつ、他方で、一旦在留が認められた以上、引き続き在留する権利は認められるべきであると主張する。しかし、これは両立し得ない主張である。この主張は、一旦適法に入国した外国人には在留の権利が認められることにほかならない。そうだとすれば、立法者には、ただ、外国人の入国を認めるか否かの自由だけが留保されることになる。しかし、この場合、一旦入国を認められた外国人には人権の享受が保障されるべきだとすれば、入国に当たって、現行の在留資格制度のように、人権の全部または一部を行使しないことを条件とすることはもはや許されない。すなわち、入国を認めるか否かを決定するに当たって、当該外国人が日本国内でいかなる活動を行うつもりであるのかを基本的には顧慮しない制度とならざるを得ない。「もちろん、こうした入国管理制度を想定することは困難というほかないし、その実際上の帰結は、ほとんど戦慄すべきものではある。しかし、本邦に在留する外国人の人権を認めるという以上、右に述べたように、外国人には入国・在留の権利は認められないという原則自体を根本的に変更するほかないのではなかろうか。本稿として

　1993年）176頁以下。

は、この難問を突破するアイディアがない」[3]。

佐藤幸治もこの見解を支持して、次のように述べている[4]。

① 外国人の人権の問題には「難問」がつきまとっていることも思わざるをえません。それは入国管理制度にまつわる問題です。外国人の多くは、「在留期間」と活動範囲（「在留資格」）に制限を受けて上陸する一時的滞在者です。そして現在の在留資格制度は、経済的自由にせよ精神的自由にせよ、大幅かつ詳細なものであります。安念潤司教授は、こうした制度は、外国人には日本に入国・在留する憲法上の権利は認められない、換言すれば、外国人の入国・在留を認めるか否かが国家の完全な自由裁量に委ねられ、したがって入国・在留の条件を付すという意味で在留外国人の人権を自由に制限できるという前提に立っていることを指摘し、この前提に立ってそれを維持する限り、日本に在留している外国人の人権を論ずることは「そもそも問の立て方として正当か」という疑問を提起されています。

② マクリーン事件判決についての判批にあったように、在留中の適法な人権行使を在留期間中の更新の申請にあたって不利益に斟酌することが憲法上許されないということであるとすれば、それはとりもなおさずいったん入国した外国人には在留の権利が認められるということであり、ひいては、現行在留資格制度のように、入国を認めるにあたって、人権の全部または一部を行使しないことを条件とすることは許されないということになりはしないか。となれば、入国を認めるか否かを決定するにあたって、当該外国人が日本でいかなる活動を行うつもりであるかを基本的に顧慮しない制度とならざるをえないが、そうした入国管理制度は想定困難であり、他方、日本に在留する外国人の人権を認めるという以上は、外国人には入国・在留の権利は認められないという原則自体を根本的に変更するほかないのではないか、という「難問」であります。国家がまず自国の安全と繁栄を追及する現実を前提とする限り、この「難問」に対する明快な答えはありそうもありません。外国人の入国・在留を認めるか否かは各国家の主権的作用であることを前提におきながらも、個々人の差異や特性に配慮した適正な運用を図るしかないというばかりです。

---

3 安念潤司・前掲179-180頁。
4 佐藤幸治「人権の観念と主体」日本公法学会『公法研究第61号』（有斐閣、1999年）34-35頁。

入国の自由、在留期間の更新についてリーディングケース的な位置を占めているマクリーン事件の最高裁判決は[5]、外国人の人権について、次のような一般論を展開した。「憲法第3章の諸規定による基本的人権の保障は、権利の性質上日本国民のみをその対象としていると解されるものを除き、わが国に在留する外国人に対しても等しく及ぶものと解すべきであり、政治活動の自由についても、わが国の政治的意思決定又はその実施に影響を及ぼす活動等外国人の地位にかんがみこれを認めることが相当でないと解されるものを除き、その保障が及ぶものと解するのが、相当である」。続けて、「しかしながら、……外国人の在留の許否は国の裁量にゆだねられ、わが国に在留する外国人は、憲法上わが国に在留する権利ないし引き続き在留することを要求することができる権利を保障されているものではなく、ただ、出入国管理令上法務大臣がその裁量により更新を適当と認めるに足りる相当の理由があると判断する場合に限り在留期間の更新を受けることができる地位を与えられているにすぎないものであり、したがって、外国人に対する憲法の基本的人権の保障は、右のような外国人在留制度のわく内で与えられているにすぎないものと解するのが相当であって、在留の許否を決する国の裁量を拘束するまでの保障、すなわち、在留期間中の憲法の基本的人権の保障を受ける行為を在留期間更新の際に消極的な事情としてしんしゃくされないことまでの保障が与えられているものと解することはできない」というのである。

　以上のように、学説・判例の外国人に保障される権利を、外国人在留制度の枠内に限定する議論は、実質的には外国人の人権否定論であると考える。こうした見解の帰結は、外国人の人権肯定論からいってほとんど容認しがたいものである。判例・学説の外国人の人権は「在留制度の枠内で与えられているにすぎない」という、あたかも入管法が憲法の上位法であるかのような転倒した思考方法から脱却すべきである[6]。日比野勤が正当に指摘するように、外国人在留制度（出入国管理制度）[7]は差し当たり法律によって定められるが、憲法で保障された人

5　最大判1978（昭和53）年10月4日民集32巻7号1223頁（マクリーン事件）。
6　近藤敦「外国人の『人権』保障」自由人権協会編『憲法の現在』（信山社、2005年）325頁。「あたかも入管法が憲法の上位法であるかのようなマクリーン事件最高裁判決の転倒した思考方法から脱却すべきである。憲法の人権保障が『在留制度のわく内で与えられているにすぎない』のであれば、もはや日本国憲法の人権は在留制度に関する『法律の留保』を伴うことになり、明治憲法下の『外見的人権』の評価と同様、立憲主義を外見だけのものに貶めてしまう」。
7　日本に在留する外国人は、「出入国管理および難民認定法」に定める「在留資格」を備えなければならない（2条の2第1項）。入管法は、別表第一に23種類（外交、公用、教授、芸術、宗教、

権の享有の諾否が法律に依存するとすれば、そこで保障された人権は憲法で保障された人権とは言えないからである。法律に基づいて在留を認められた外国人に保障される権利を憲法で保障された基本的人権とよぶことは背理ではないか。憲法は法律に優位しなければならない[8]。妥当な思考方法であろう。

それでは外国人に対して憲法上の権利として「入国の自由」を認めることができるであろうか。外国人の人権論は、浦部法穂の提出した議論をひとつの契機として、1990年以降の日本における憲法解釈論のなかで、例外的に大きな変化の見られた論点であり、また、まさしく「基本的人権の普遍的理念としての質を問う」(大沼保昭) 論点であったといえる。しかし、浦部法穂も、入国の権利について憲法教科書で十分に説明をしてきたわけではない。浦部法穂と山元一の「外国人の人権」に関する対論について詳しく紹介し、浦部法穂の入国の自由の見解をみておこう[9]。

●外国人の入国の権利

〈山元〉 外国人の入国の権利というのは、国際慣習法上[10]、主権国家の裁量であって、外国人は入国の権利を有しない。教科書にはこう書かれていますし、判例もそういう立場です。

実は、最高裁の少数意見のなかでは、外国人も人権として入国の権利があるということが認められています。1957年最高裁判決[11]の小林および入江意見によると、「多数意見のように、旧来の『国際慣習法上』という前提により、たやすく外国人の入国を憲法の保障外に置くことは、新しき理想を持ったわが憲法の基本的原理をまったく無視するもの」、と指摘されています。浦部さんはこの点については、私の見落としでなければ教科書では議論されていなかったように思います。

〈浦部〉 この場合にまずポイントとしては、外国人という場合にどういう外国人な

報道、投資・経営、法律・会計業務、医療、研究、教育、技術、人文知識・国際業務、企業内勤務、興行、技能、文化活動、短期滞在、留学、就学、研修、家族滞在、および特定活動)、別表第二に4種類(永住者、日本人の配偶者等、永住者の配偶者等、および定住者)、以上、27種類の在留資格を定めている。

8 日比野勤「外国人の人権(1)」法学教室1998年3月号40頁。その他、長谷川恭男「『外国人の人権』に関する覚書—普遍性と特殊性の間—」『憲法の理性』(東京大学出版会、2006年)116頁以下参照。
9 浦部法穂=山元一「外国人の人権」井上典之・小山剛・山元一編『憲法学説に聞く』(日本評論社、2004年)145頁以下。
10 「国際慣習法—条約のように一定の手続によって定められた成文規範ではなく、多くの国家が現実に行ってきた行為を基礎として成立した不文の国際法であるが、条約と同様に主権国家を拘束する法的効力を有する」浦部=山元・前掲書149頁。
11 最高裁大法廷1957(昭和32)年6月19日判決。

のかということがあります。日本の外にいる外国人が自由に日本に入国できる権利を、憲法が認めているかどうかということになると、これはむずかしいと思います。少なくとも日本の国として、どういう外国人をどういう資格で受け入れるか。これは国の政策になります。たとえば国際条約、あるいは国際法上、受け入れが義務づけられるような外国人については、当然受け入れなければいけない。たとえば政治亡命ですね。それは当然受け入れなければなりませんから、そういう人たちについては権利があるといえばあるということになります。しかし、そうでない外国人について無条件に受け入れる義務があるという解釈は、私はとりません。

〈山元〉　なぜ、誰でも welcome ですよとは言えないのかというと、それは、いわば国民共同体を守るための入口のところにあるのが入国の権利である。だから、もしこれを憲法上の権利として認めると共同体そのものが破壊されてしまう、と考えられていると思います。浦部さんの場合は、そういう発想は取らないけれども、入国の権利は憲法上の権利として認めるのはむずかしいといわれる。このような考え方は、果たして整合的なのか。もう少し説明していただきたいと思います。

〈浦部〉　最初にもいったように、主権国家という枠組み、あるいは国家というものを全部解体すべきだといっているわけではありません。ただし、国民共同体を守るという発想は、私のなかでは好みません。要するに、この国をどういう国にしていくのか、そういう問題は、そこに住んでいる人たちが基本的に決めていく、ということです。

〈山元〉　たとえばある県が、ある人について、この人を県民として受け入れるとか、この人は県民としては受け入れられないとは、言いませんよね。国の場合はなぜそれができるのか、つまり目的や資格において、この人は入ってほしくないとか、この人は入ってきていいと言えるのか、都道府県と国を分けるものというのは何になるのでしょうか。……

〈浦部〉　ですから、その決めた資格なり、あるいは国として決めた政策なりに合致する人は、権利があるといえばある。そういう人たちの入国は認めるべきだと思います。県の場合と国の場合とどう違うのかという、非常にむずかしい質問をぶつけられたのですが、要するに、国際社会というものがまだ完全にルール・オブ・ローにはなっていないということでしょうね。たとえば国際条約などで、こういう人たちは受け入れると決まったものは受け入れなければならないはずですが、現在の国際法では、まだそういうルールは、たとえば難民条約とか、一部分についてしかない。要するに、まだ法がきちんとできていないということではないですか。

● 外国人在留制度と人権

〈山元〉　外国人の在留制度についてお聞きしたいと思います。これについては、安念潤司教授が書かれた「『外国人の人権』再考」という論文があります。安念教授によると、要するに在留資格制度というのは、人権の配慮とはまったく無関係に、この人はダンサーとして来たとか、この人は宗教家として来たとか、そういった非常にセグ

メントされた範囲での活動の自由を認めているにすぎない。資格外の活動をすると、論理的にはそれは在留資格制度に反したということになって、法務大臣が過去に何をしたかということを調べたときに、あなたは在留資格外のことをやりましたね。では、もう在留できません。あるいは退去してください。こういうかたちになってくる。とすれば、人権というものと在留資格制度は全然かみ合わない。安念教授自身は、ではこれをどう説明したらいいのかということについては、自分としては答えがないというかたちでこの論文は終わっていて、それを受けるかたちで、佐藤幸治教授は、これは非常に難問であるというようなことで、安念教授のこのような理解に非常に共感を示していらっしゃいます。佐藤先生は、むしろ基本的にはいまの国家主権や国民国家の問題に関しては非常に伝統的な立場に立たれながら、そういうことを言っておられます。

　通説の側は、在留資格制度を何とか憲法に反しないような運用は可能であろう。芦部先生もそうおっしゃっていますし、日比野教授などもそういう観点から、安念教授に反論しておられます。

　さらに、もう一人、外国人の人権・参政権保障をかなり広く認める立場をとってきた奥平康弘の入国の自由に関する見解を憲法テキストの中でどのように説明しているのか、見ておく[12]。奥平は、外国人にとっての出入国管理体系について、国民にとっては、入国の権利（帰国の権利）があるのは、別に憲法明文の保障規定が存在するわけではないのに、概念必然的で空気みたいにあるのが当たり前と考えられてきている。そういうものとして、この種の権利は、暗黙のうち「憲法が保障する権利」と理解して一向にさしつかえあるまい。ところが外国人は、日本国民でないという理由にもとづき、逆な意味で概念必然的に、この種の権利を有しない、と伝統的に解されてきている。確かに入国の権利について言えば、外国人には憲法上この権利があるとは言えない。したがって入国許可のありようをきめるのは、日本政府の裁量に属すると言うべきだろう。相手側に入国の自由がないということは、入国にさいし滞在期間・滞在条件について日本政府が裁量的な決定権限を有するということを意味する。

　このように伝統的な国民国家、国家主権の理解の立場に立っている安念潤司、佐藤幸治だけでなく、外国人の人権・参政権を大幅に認める見解をとってきた浦部法穂、奥平康弘にあっても、こと外国人の入国の自由については、「国の政策の問題」あるいは「日本政府の裁量の問題」として捉えられているのである。そ

12　奥平康弘『憲法Ⅲ　憲法が保障する権利』（有斐閣、1993年）65頁。

れでは、入国の権利に関するこうした理解は何に由来するのであろうか。少しでも窓を開けて、外国人の入国の自由といい出したら、どんどん外国人が入ってくるという極端な事態を思い描き、政府がイニシアティブをとってやることではじめて秩序・安全・福祉・平和を保つことができるのだというのであろうか。入国の自由が国家に混乱を引き起こすかのように理解することは、短絡的であろう。そこで、本章では出入国の自由について、先ず判例の考え方を整理し、次にこれに関する従来の学説を紹介して、これを踏まえて、出入国の自由の本質論に迫ってみたい＊。

2　出入国の自由に関する判例

　出入国の自由の法的性格について、日本の判例はどのように理解してきたのであろうか、整理しておこう[13]。

（1）入国の自由

　1951（昭和26）年に不法入国を企て外国人登録令違反に問われた中国人が、入国の自由を制限しており違憲であるとして争った事件がある。当時、連合国最高司令官の承認を受けた外国人以外の外国人は入国を禁じられていた。最高裁は、これに関する1957（昭和32）年判決で[14]、憲法22条について、同条は「居住・移転及び外国移住の自由のみに関するものであつて、それ以外に及ばず、しかもその居住・移転とは、外国移住と区別して規定されているところから見れば、日本国内におけるものを指す趣旨であることも明らかである」と述べ、「これらの憲法上の自由を享ける者は法文上日本国民に局限されていないのであるから、外国人

＊　国際人権規約の、市民的及び政治的権利に関する国際規約（いわゆる自由権規約）2条1項は、「この規約の各締約国は、その領域内にあり、かつ、その管轄の下にあるすべての個人に対し、人種、皮膚の色、性、言語、宗教、政治的意見その他の意見、国民的若しくは社会的出身、財産、出生又は他の地位等によるいかなる差別もなしにこの規約において認められる権利を尊重し及び確保することを約束する」と規定する。
　経済的、社会的及び文化的権利に関する国際規約（いわゆる社会権規約）2条2項・3項も同趣旨の規定を置き、外国人を含めてすべての個人に人権を保障すべきことを規定している。

13　出入国の自由の判例を詳しく分析するものとして、日比野勤「外国人の人権（1）」法学教室1998年3月号43頁以下、「外国人の人権（2）」1998年10月号35頁以下、「外国人の人権（3）」1998年11月号65頁以下参照。
14　最大判1957（昭和32）年6月19日刑集11巻6号1663頁。

であつても日本国に在つてその主権に服している者に限り及ぶものであることも、また論をまたない」としたうえで、「されば、憲法22条は外国人の日本国に入国することについてはなにら規定していないものというべきであつて、このことは、国際慣習法上、外国人の入国の許否は当該国家の自由裁量により決定し得るものであつて、特別の条約が存しない限り、国家は外国人の入国を許可する義務を負わないものである（下線、引用者。以下、判例の下線は引用者による。）ことと、その考えを同じくするものと解し得らる」と判示し、外国人の入国の自由を否定した。

本判決では、四裁判官（真野毅、小林俊三、入江俊郎、垂水克己）の少数意見があり、入国の自由は憲法22条に含まれており、外国人もこの自由を享有すると述べている。戦後の早い段階で最高裁少数意見は入国の自由を主張していたのである。今日まで、この見解についてあまり言及されていないので、その見解をここでは詳しく見ておく。

① 真野毅裁判官の少数意見は次のとおりである。

憲法22条1項は、「何人も、公共の福祉に反しない限り、居住、移転……の自由を有する」と定めている。この規定の保障を受ける者は、日本国民に限定されているわけではなく、「何人も」本条の保障を受けるのである。すなわち外国人もまた本条の保障をうける。

多数意見は、本条の保障は日本国内における居住、移転のみに限るとしているが、その居住、移転という中には入国も当然含まれている。（イ）旅行その他で海外に滞在していた日本国民が帰つて来て入国する場合及び（ロ）海外にあつて日本の国籍を取得した日本国民が初めて入国する場合において、入国の自由は、本条によつて憲法上保障されているとするのが相当である（（イ）（ロ）の表記は引用者、以下（ハ）も同様）。けだし、国内だけの居住、移転の自由については憲法上の保障があるが、入国の自由については憲法上保障がないとすることは、著しく物の均衡を害し条理に反することとなる。

このように日本国民の入国の自由について本条の保障があると解する以上、外国人の入国についても同様に本条の保障があるとしなければならぬ。かように憲法は、近代的な国際交通自由の原則の立場を採ったことを示している（世界人権宣言13条参照）。しかし、同時に憲法は、公共の福祉を保つ見地から前記自由に適当の制限を立法上加えることを定めている。そして所論の外国人登録令の規定

は、公共の福祉を保つために設けられたものであつて、合憲性を有するものと解すべきである。

② 小林俊三、入江俊郎裁判官の少数意見は次のとおりである。

憲法の基本原理といわれる国民主権、恒久平和、基本的人権尊重の三つの理想に通じて根底に横たわるものは、人類普遍の原理ということであり、国境を越え世界を通じて恒久平和を達成せんとする念願でもある。これらのことは憲法の前文によつて明らかであり、特に「いづれの国家も自国のことのみに専念して他国を無視してはならない」ことを宣言していることからも確認することができる。この趣旨から考えてみると、憲法は、外国人の権利義務についても、正常の国際関係に立つかぎり、国民としての地位と相容れないものを除くほか、できるかぎりこれをひとしくしようとする原則に立つていると見なければならない。従つて憲法の条規中「何人も」とある場合は、常にこの趣旨を念頭において解することを要する。

ところで多数意見は、本件について憲法22条の保障するところを解して、居住、移転及び外国移住の自由のみに関するものであつて、それ以外には及ばず、そして居住、移転とは日本国内におけるものを指すといい、また同条は、外国人の日本国に入国することについてはなにら規定していないのであつて、このことは、国際慣習法上外国人の入国の許否は、その国家の自由裁量の事項であつて、国家は外国人の入国を許可する義務を負わないという考え方と趣旨を同じくすると判示している。しかしながら、まず居住、移転の保障を日本国内にのみ限るという解釈は、右同条がこれら二つを外国移住と区別して規定していることを主たる理由としているが、（イ）国民で海外に旅行し又は居住していた者が帰国することは、入国であつて、この自由が右同条の保障に含まれないと解することは、国民が一たん海外に出るときは帰国については憲法の保障を欠くこととなり著しき背理たるを免れない。（ロ）このことは海外にあつて日本の国籍を取得した者が、わが国に入国する場合においても同様である。このような結論は多数意見もおそらく是認しないところであろう。

本来入国ということは、条理の上からいつても、外国移住についてはもちろん、外国との関連において考えるかぎり、居住、移転についても、通常その観念の半面に存するものであつて、これを除外すべき特段の理由はみとめられない。（ハ）特に世界各国民の交通が著しく頻繁容易となり、地球が狭小となつたとい

われる現状において、「入国」という辞句のないことをもつて除外の理由とするのは、ことさらに条理を無視するのそしりを免れないであろう。このように前記法条が、当然「入国」を含むと解すべきものである以上、本件の問題はただ「何人も」の解釈によつて定まるものといわなければならない。そこで冒頭にくりかえし強調したわが憲法の基本原理は、ここにおいても当然前提として考慮せらるべきものであつて、その結論はおのずから明らかであろう。すなわち本条の「何人も」のうちには外国人を含むと解してもわが国民の地位と相容れないものではないというまでもなく、従つて外国人も入国についてわが国民と同じ保障を受ける地位に立つという原則をまず是認しなければならないのである。

多数意見のように旧来の「国際慣習法上」という前提によりたやすく外国人の入国を憲法の保障外に置くことは、新しき理想を盛つたわが憲法の基本原理を全く無視するものといわなければなるまい。……われわれの意見としては、多数意見が、無条件に外国人の入国は、本来わが国の自由に制限し得る事項であるという原則に立つ点において見解を異にするのであつて、現行憲法の解釈としては、いわゆる「国際慣習法上」なる前提に無批判に立脚することを、一たん脱却すべきものであると要請したいのである。

③　垂水克己裁判官の少数意見は次のとおりである。

憲法22条は、出入国、居住、移転及び職業選択の自由については、日本国民に対しては公共の福祉に反しない限り広くこれを認め、また、外国人に対しても事柄の性質上当然日本国民と異なる厳格な制約をつけるべきことを前提としつつ、しかも、公共の福祉に反しない限り僅かでもその自由を認める主義をとつたものと解せられる。この理由から、同条は（イ）在外日本国民には広い入国の自由を、また、（ロ）国内日本国民並びに在留外国人には広い外国旅行、移住等出国の自由（及びわが国内に住所を有する外国人の外国旅行からの帰還の自由）を認めるものであつて、無制限にこれを拒否することはなく、また一般外国人の入国も全般的に永く禁止し鎖国するようなことはせず、ただ公共の福祉上暫定的にのみ禁止することができるとするもの、すなわち、外国人にも入国の自由を、どちらかといえば、認めるに傾いた主義をとつたもの、と考えられる。

各少数意見、とりわけ小林＝入江意見は入国の自由について含蓄のある説示をしている。こうした考え方が学説ではほとんど注目されることなく、その後におい

て、十分に吟味検討して展開されることにならなかったのは残念なことである（もっとも、尾吹善人は小林＝入江意見を「国家の本質を忘れ、国境を消去した、日本国憲法の理念の『コスモポリタン的なイデオロギー的解釈』でなくて何であろう」と批判している。しかし、尾吹善人の国家の捉え方に筆者は違和感を覚える）[15]。学説では、後で詳しく見るが、最高裁多数意見と同じように、外国人に入国の自由が保障されないことの根拠は国際慣習法に求めるのが通説である。国家が自国の安全と福祉に危害を及ぼすおそれのある外国人につき入国を拒否するのは、当該国家の主権的権利であり、入国の諾否は当該国家の裁量によるというのが国際慣習法であるとされるのである。小林・入江意見が指摘しているように、「国際慣習法上」の意味について十分に検討することなく無批判に立脚しているのである。

　その後の判例としてバーバラ・バイ事件がある。上陸許可を与えられなかったアメリカ合衆国国籍の外国人バーバラ・バイが処分の取消を求めて係争中、上陸審査手続のための待機場所とされたホテルから外出することが認められないのは憲法34条に違反するとして争われた事件である。最高裁は1971（昭和46）年1月25日決定の中で[16]、「国際慣習法上、外国人の入国の許否は当該国家の自由裁量によって決定しうるものとされており、憲法は外国人の本邦への入国についてなんら規定していないのであって、右国際慣習法に従うことが憲法の理念に反するものではなく、したがって、出入国管理令が外国人の入国の公正な管理・規制を目的として、入国および上陸のための条件ならびにその審査手続を定め、右条件に適合しているものとして上陸許可の証印を受けないかぎり、原則として外国人の上陸を禁止していることの結果として、外国人が自由に本邦に上陸することをえない状態におかれているからといって、憲法の保障する自由を制限するものということができないことは、当裁判所大法廷の判例（最高裁大法廷昭和32年6月19日判決）の趣旨に徴して明らかである」という。

　さらに、最高裁1978（昭和53）年10月4日のマクリーン事件判決につながっていく[17]。事案は、適法に在留するアメリカ合衆国国籍を有するマクリーンが、法

15　尾吹善人「外国人と人権」清宮四郎＝佐藤功＝阿部照哉＝杉原泰雄編『新版憲法演習Ⅰ（総論・人権Ⅰ）』（有斐閣、1979年）118頁、及び、高橋正俊「日本国民の観念」佐藤幸治先生還暦記念『現代立憲主義と司法権』（青林書院、1998年）541頁。
16　最決1971（昭和46）年1月25日判例時報617号25頁―バーバラ・バイ事件―。
17　最大判1978（昭和53）年10月4日民集32巻7号1223頁―マクリーン事件―。

務大臣に対し在留期間の更新を申請したところ、在留中の政治活動等を理由にこれを拒否されたので、その取消を求めた。最高裁は「憲法22条1項は、日本国内における居住・移転の自由を保障する旨を規定するにとどまり、外国人がわが国に入国することについてなんら規定していないものであり、このことは、国際慣習法上、国家は外国人を受け入れる義務を負うものではなく、特別の条約がない限り、外国人を自国内に受け入れるかどうか、また、これを受け入れる場合にいかなる条件を付するかを、当該国家が自由に決定することができるものとされていることと、その考えを同じくするものと解される。したがって、憲法上、外国人は、わが国に入国する自由を保障されているものではない」と述べた。

(2) 出国の自由

出国の自由について、最高裁多数意見は、1957（昭和32）年12月25日判決[18]で、「憲法22条2項は『何人も、外国に移住し、又は国籍を離脱する自由を侵されない』と規定しており、ここにいう外国移住の自由は、その権利の性質上外国人に限って保障しないという理由はない」と述べて、外国人の出国について、出入国管理令25条が、入国審査官から旅券に出国の証印を受けることを要件としているのは、「出国それ自体を法律上制限するものではなく、単に、出国の手続に関する措置を定めたものであり、事実上かかる手続的措置のために外国移住の自由が制限される結果を招来するような場合があるにしても、……すべての人の出入国の公正な管理を行うという目的を達成する公共の福祉のために設けられたものであつて、合憲性を有するものと解すべきである」と判示した。

この判決には、①河村大助、下飯坂潤夫裁判官の次のような意見が付いている。

憲法22条2項は外国人には適用がないものと解する。憲法第3章の権利宣言は、その表題の示すとおり国民の権利自由を保障するのが原則であつて、外国人に対しても凡ての権利自由を日本国民と同様に保障しようとするものではない。国民はすべて法の下に平等であることが保障されているが、その権利自由の性質いかんによつては法律で外国人を合理的な範囲で差別することも許されなければならない。

---

18 最大判1957（昭和32）年12月25日刑集11巻14号3377頁。

ところで憲法22条2項は外国移住及び国籍離脱の自由を保障しているのであるが、同条の「何人も」とは日本国民を意味し外国人を含まないものと解すべきである。かつては国民の兵役義務や国防関係等から国籍離脱の自由は相当の制限を受け、外国移住についても特別の保障はなかつたのであるが、近世に至つてかかる自由を制限する必要もなくなつたのと国際的交通の発達に伴い、国民の海外移住とそれに伴う外国への帰化が盛んに行われるようになつて来た状勢に鑑み、また日本人を在来の鎖国的傾向から解放せんとする意図の下に、憲法は海外移住と国籍離脱の自由を保障することになつたものと解すべきである。即ち、同条は国籍自由の原則を認め国民は自国を自由に離れることを妨げられないことを保障されたものであるから、同条の外国移住は国籍離脱の自由と共に日本国民に対する自由の保障であることは、同条の成立に至るまでの改革に徴しても明らかである。従つて同条2項は外国人に適用がないものと解するを正当とする。なお同条1項の居住移転の自由には外国人の入国を含まないことは既に判例の存するところである（昭和32年6月19日大法廷判決）。然るに外国人の出国については同条2項に包含されると解するが如き、両者を別異に取扱うべき実質上の理由も存在しないものというべきである。

　外国人の出入国について、その自由が憲法上保障されないことになると国家はこれを自由に禁止制限することができ、憲法の理想とする平和主義国際主義に反するのではないかとの論を生ずるかも知れない。しかし、後に公布された平和条約前文にも「世界人権宣言の目的を実現するため努力」する旨が宣言され、その人権宣言では13条及び15条において国籍自由の原則や出国の自由が認められているのであるから、国家は出入国管理に関する法令を制定するに当たつても、右条約及び人権宣言を尊重して合理的にして公正な管理規制が行われるべきであることは憲法98条2項に照し明らかである。従つて憲法上の保障がないからと謂つて、外国人に対し国政上不当な取扱いをすることは考えられない。

　ちなみに世界人権宣言の関連規定は以下のようになっている[19]。

世界人権宣言13条
　1　すべての人は、各国の境界内において、自由に移転し、居住する権利を有する。

19　後藤光男『共生社会の参政権―地球市民として生きる―』（成文堂、1999年）11頁。

2　すべての人は、自国を含むいずれの国からも立ち去る権利および自国に帰る権利を有する。

世界人権宣言15条
1　すべての人は、国籍を保持する権利を有する。
2　何人も、恣意的に自分の国籍を奪われない。また、国籍を変更する権利を否定されることはない。

この規定の問題性についてはあとで論ずる。

　本件判決は、「外国移住の自由は、その権利の性質上外国人に限って保障しないという理由はない」と述べて、外国人の出国の自由を認め、その根拠を憲法22条2項に求めている。最高裁の論理は、出国の自由はあるが入国の自由はないとするものである。

　本判決のこの論旨に対して、佐藤幸治は、河村（大）・下飯坂両裁判官の意見を正当とする[20]。「外国に移住」する自由はその半面として、当然帰国（＝入国）の自由を含むと解すべきであるから、外国に移住する自由が外国人にも適用あるとなると外国人の入国の自由も当然問題にならなければならない。しかし最高裁は、6ヶ月前に外国人の入国の自由を否定したばかりであるのに（昭和32年6月19日判決）、昭和32年12月25日判決ではいとも気軽に出国の自由は22条2項によって保障されるとした。この点、22条において外国人の入国と出国を区別すべき「実質上の理由」が存しないとする河村（大）・下飯坂両裁判官の意見の方が正当であったといわなければならない。多数意見は、外国人の入国は国家の自由裁量、出国は自由という国際慣習法的次元の問題をストレートに憲法3章の次元へ移してしまった結果であるといえるという。

　同じように、日比野勤も、最高裁のこの判決について、98条説の立場から次のような批判をしている[21]。憲法が外国移住の自由を「何人」にも保障していることを根拠に、外国人の出国の自由を認めているが、最高裁昭和32年6月19日判決と同様に、国民の出国と外国人の出国が同一平面の問題であるということから出発していることに問題がある。滞在国は外国人の出国の自由を合理的理由なしに拒否できないというのが国際慣習法であり、外国人の出国を保障することは、わ

20　佐藤幸治「人権享有の主体―外国人・法人の人権―」別冊ジュリスト『続判例展望』39号（1973年1月）9頁。
21　日比野勤・前掲注（13）「外国人の人権（1）」43頁以下。

が国の国際法上の義務である。それゆえ、その保障は日本国民の出国の自由よりも強いと解される。外国人に出国の自由が保障されるかという問題は、入国の自由と同様、憲法で保障されたある権利が権利の性質上外国人にも保障されるかという問題とはレベルを異にしている。外国人の出国の自由の問題も外国人の人権享有能力の問題とは区別して考えなければならない。河村（大）・下飯坂両裁判官の反対意見が、外国人の出入国につき、これは憲法98条2項の問題であると述べているのは正当であり、憲法第三章と無関係であると示唆しているのは興味深い。

また、日比野勤は、最高裁1957（昭和32）年の二つの判決と1978（昭和53）年のマクリーン判決では思考枠組みが違うという。昭和32年の二つの判決は、一方で外国人の入国の自由を否定し、他方で外国人の出国の自由を肯定した。この結論は一見調和しないように見えるが、両判決は、外国人の出入国と国民の出入国が同一の平面であるということから出発し、それが憲法で保障された人権の問題であるという観点からアプローチしている点で共通している。こうしたアプローチは、マクリーン事件判決において廃棄されている。マクリーン事件最高裁判決は、昭和32年12月25日判決の河村（大）・下飯坂両裁判官の反対意見と同様に、外国人の出入国は日本国民の出入国とは次元の違う問題であり、憲法第三章とは無関係であるとするもので、従来の最高裁判例とはまったく異なった考え方の枠組みを採用している。従来の判例の考え方は、外国人の出入国管理システムを限定的ではあれ原則として憲法第3章の射程に取り込むことを可能にするものであったが、マクリーン判決の考え方は出入国管理システムを憲法98条2項を媒介にして実体的には国際法の射程に委ねたという。

同様の評価をしているのが、長尾一紘である[22]。最高裁は、昭和53年のマクリーン事件判決において、それまでの考え方を大きく変え、外国人の入国・在留の可否については、国際慣習法上の権能であることを前提に、国の裁量権を認めた。このような立場からすれば、外国人の出国の問題も国際慣習法の問題とみなされることになる。昭和32年12月25日判決とマクリーン事件判決の間には、考え方の基本において構造的な相違があるという。また、次のように指摘する。出入

22　長尾一紘「外国人の出国の自由」高橋和之＝長谷部恭男＝石川健治編別冊ジュリスト『憲法判例百選Ⅰ［第5版］』（有斐閣、2007年）5頁。

国にかかわる諸権利には他の権利にはみることのできない顕著な特質がある。それは、これらの権利が国家主権、国際法（国際慣習法、条約など）と直接的な関係をもつという点にある。このような特質が外国人の権利保障のあり方に少なからざる影響を与えることになる。

それでは、こうした出入国の自由の法的性格について、学説はいかに理解してきたのであろうか。

3　出入国の自由に関する学説

出入国の自由の法的性格に関する学説の理解は次のようなものである。

宮沢俊義は言う。「外国人の入国の自由が憲法で保障されないと解すべきことは、今日の国際慣習法上当然だろう」。また、伊藤正己も「国際慣習法上は外国人の入国を許すかどうかは主権国家の裁量権の範囲内と考えられているところから、入国の自由もまた認められない。」「日本の出入国については、外国人も移転の自由を享有することから問題になる。出国の自由が保障されない理由はないが、入国の自由については、現在の国際慣習法上、外国人の入国の許否は国の裁量により決定されるものと考えられており、憲法上の保障の対象外である（最大判昭和53・10・4）」という[23]。

こうした考え方を中村睦男は次のようにまとめる。外国人の入国について、国際法上一般に認められた原則によると、条約による特別の規定がない場合に、外国人の入国を許可するか否かはその国の自由裁量に属する事柄であり、各国はその領土主権に基づいて、自由に外国人の入国を禁止し、または制限することができることになっており、このような原則に基づいて、各国は、その国内法規で外国人の入国を認める条件を定めている。

入国の自由について、通説は、憲法22条は外国人の入国の自由を保障しておらず、外国人の入国の規制は、国際慣習法上、主権の属性として国家の裁量に委ねられていると解している。最高裁マクリーン事件判決は、「憲法22条1項は、日本国内における居住・移転の自由の自由を保障する旨を規定するにとどまり、外

23　宮沢俊義『憲法Ⅱ［新版］』（有斐閣、1971年）390頁、伊藤正己『憲法［新版］』（弘文堂、1990年）198頁、357頁。

国人がわが国に入国することについてはなんら規定していないものであり、このことは、国際慣習法上、国家は外国人を受け入れる義務を負うものではなく、特別の条約がない限り、外国人を自国内に受け入れるかどうか、また、これを受け入れる場合にいかなる条件を付するかを、当該国家が自由に決定することができるものとされていることと、その考えを同じくするものと解される」と判示して、入国の自由が外国人に保障されないことが、昭和32年6月19日判決（刑集11巻6号1663頁）以来、最高裁の確定した判例になっていることを明らかにしている、という（中村睦男）[24]。

　以上のように、代表的憲法教科書においても、入国の自由については簡単な説明になっており、また単に、「国際慣習法上」と「マクリーン事件最高裁判決」を引用するのみである。そこには深い理論的言及がない。

　長尾一紘は、出入国の自由について、次のように理解する[25]。権利性質説を前提として個々の基本権について、（A）外国人に保障することが憲法上要請されているもの（保障しなければ違憲になる）、（B）外国人に保障することが憲法上禁止されているもの（保障すれば違憲になる）、（C）外国人に保障することが憲法上許容されているもの（保障しても、保障しなくても合憲。いずれをとるかは立法裁量の問題になる）、に三分する必要がある。（A）の例としては、信教の自由、（B）の例としては、国政選挙権、（C）の例としては、社会権を挙げることができる。外国人の出入国についていえば、入国の自由、在留権は（C）にあたり、出国の自由は（A）にあたる。入国の自由は国家の裁量の問題、出国の自由は憲法上の権利とするものであり、最高裁と同じ結論をとる。

　それでは次に、『憲法学Ⅱ人権総論』（有斐閣、1994年）、『憲法学Ⅱ人権総論（増補版）』（有斐閣、2000年）で人権に詳しい検討を加えてきた芦部信喜は、この問題をどのように理解しているのであろうか、その見解をみておこう[26]。

　（1）入国の自由が外国人に保障されないことは、今日の国際慣習法上当然であると解するのが通説・判例（最大判昭和32・6・19）である。国際法上、国家が

24　中村睦男「居住移転の自由」芦部信喜編『憲法Ⅲ人権（2）』（有斐閣大学双書、1981年）31頁、
　　中村睦男「第5章人権総論」野中俊彦＝中村睦男＝高橋和之＝高見勝利共著『憲法Ⅰ（第4版）』
　　（有斐閣、2006年）220頁。
25　長尾一紘「外国人の出国の自由」別冊ジュリスト『憲法判例百選Ⅰ［第5版］』（有斐閣、2007
　　年）5頁。
26　芦部信喜（高橋和之補訂）『憲法（第4版）』（岩波書店、2007年）92頁。

自己の安全と福祉に危害を及ぼすおそれのある外国人の入国を拒否することは、当該国家の主権的権利に属し、入国の拒否は当該国家の自由裁量によるとされている。ただし、それは、決して、国家が恣意的に許否を決定できることを意味しない。不法入国者であっても、人身の自由（たとえば憲法31条の適正手続）は保障されなければならない。入国の自由がない以上、在留の権利も憲法上保障されているとは言えない（最大判昭和53・10・4民集32巻7号1223頁）。もっとも、正規の手続で入国を許可された者は、とくに定住外国人は、その在留資格をみだりに奪われないことを保障されていると解される。……学説では、外国人の出国の自由が認められる根拠も国際慣習法にあるとし、再入国については、外国人の場合は、在留地である「外国」への入国という性質をもつので、新規の入国と異なる特別の配慮を加える必要はあるが、最小限度の規制は許され、「著しくかつ直接にわが国の利益を害することのない限り、再入国が許可されるべきである」と説く見解が有力である。（2）出国の自由は[27]、外国人にも憲法上保障されている、と一般に理解されている。何人に対しても「自国を含むいずれの国からも離れる（leave）」自由および「自国に戻る（enter）権利」を保障する国際人権規約（自由権規約12条2項・4項）の精神から言えば、国際（協調）主義を高く掲げる日本国憲法の下では、外国人の出国の自由の保障は一般国民のそれよりも強いと解することすら可能である。もっとも、外国人の出国の自由の憲法上の根拠については、大別して二つの考え方が対立している。①第一は憲法22条説である。この説は、根拠を2項の「外国に移住」する自由に求める見解（通説）と、1項の「居住・移転の自由」に求める見解（宮沢説）とに分かれるが、両者は条文上の根拠の違いにすぎず、結論には実質的な相違は存しない。判例は前説をとる（最大判昭和32・12・25）。②第二は憲法98条説である。この説は、①説が外国人の出国の自由を憲法上の権利だとしながら、入国の自由を国家の自由裁量だと解するのは論理的に一貫しないとし、出国の自由も国際慣習法上の問題とみるべきであるという説である（佐藤幸治、尾吹善人[28]など）。国際人権規約（自由権規約）はそれを実定化したものであるから、②説では、外国人の出国の自由の憲法上の根拠は、「条約及び確立された国際法規」を「誠実に遵守する」ことを宣言する98条2項

---

27 芦部信喜『憲法学Ⅱ　人権総論』（有斐閣、1994年）139頁。
28 尾吹善人「外国人の基本的人権」ジュリスト1971年7月1日号24頁「外国人の出国の自由については、……憲法上の人権ではないとした河村（大）、下飯坂裁判官の意見が正当と思われる」という。

にある、ということになろう。以上二説の結論は、具体的な事件において異なることはほとんどないが、解釈の筋道としては②説が妥当であるといえる。

このように芦部信喜は入国の自由も出国の自由も根拠を憲法98条に求め国際慣習法上の問題とみるのである。

高見勝利も学説を整理して以下のようにいう[29]。日本から出国する自由については、一般には、──入国の場合とは異なり──外国人にも憲法上保障されているものと解される。出国の自由の憲法上の根拠について、(ア) 憲法22条2項の外国移住の自由に含める説 (成田頼明)、(イ) 外国人の出国の自由は憲法22条1項で保障されていると解する説 (宮沢俊義)、(ウ) 外国人の出国の自由は憲法第3章の関知するところではなく、憲法98条2項の「条約及び確立された国際法規」として誠実に遵守されるべきものとする説 (尾吹善人) がある。考え方としては、① (ア) および (イ) 説、ともに、出国の自由を憲法上の権利とし、入国の自由を国際慣習法上認められた国家の裁量とする点で、出国と入国の間で論理的一貫性を欠き問題であること、②憲法は、「すべての者は、いずれの国 (自国を含む) からも自由に離れる」権利を保障する国際人権規約 (自由権規約12条) を98条2項の「日本国が締結した条約」として「誠実に遵守」するとの立場に立つことから、(ウ) 説が妥当である (芦部信喜)。

ちなみに、国際人権規約B規約の規定は次のようなものである。

市民的及び政治的権利に関する国際規約第12条
1 合法的にいずれかの国の領域内にいるすべての者は、当該領域内において、移動の自由及び居住の自由についての権利を有する。
2 すべての者は、いずれの国 (自国を含む。) からも自由に離れることができる。
3 1及び2の権利は、いかなる制限も受けない。ただし、その制限が、法律で定められ、国の安全、公の秩序、公衆の健康若しくは道徳又は他の者の権利及び自由を保護するために必要であり、かつ、この規約において認められる他の権利と両立するものである場合は、この限りではない。
4 何人も、自国に戻る権利を恣意的に奪われない。

同じ思考方法は前述した佐藤幸治のとるところでもある[30]。

外国人の人権とは、わが国に既に入国している外国人についての問題であっ

---

[29] 高見勝利・野中ほか『憲法Ⅰ (第4版)』(有斐閣、1996年) 447頁。
[30] 佐藤幸治『憲法 [第3版]』(青林書院、1995年) 418頁。外国人の人権を幅広く認める立場を

て、異説はあるけれども、憲法上外国人の入国の自由は問題となりえず、「国際慣習法上、外国人の入国の諾否は当該国家の自由裁量により決定し得るもの」（最大判昭和32年6月19日刑集11巻6号1663頁）と解される。したがって、また、滞在も入国の継続とみられるから、「外国人の在留の諾否は国の裁量にゆだねられ、わが国に在留する外国人は、憲法上わが国に在留する権利ないし引き続き在留することができる権利を保障されているものではない」（マクリーン事件に関する最大判昭和53年10月4日民集32巻7号1223頁）と解される（裁量であるといっても、恣意的なものであってはならないことはもちろんである。したがって、例えば、正当な理由がないのに、人によって著しく差別的な取扱い方をすることは許されない。マクリーン事件においては、「転職」の扱い方にそうした差別がなかったかどうか問題の余地がある）。出国の自由も、国際慣行ないし国際慣習法上の問題であって（なお、世界人権宣言13条2項、国際人権規約（B規約）12条2項参照）、憲法上の自由の問題ではないと解される。この点、出国の自由は、憲法22条の「外国に移住」する自由（2項）ないし「居住、移転……の自由」（1項）によって保障されるとする有力な説があるが（最大判昭和32年12月25日は「移住の自由は、その権利の性質上外国人に限って保障しないという理由はない」という）、いずれの自由にせよ、帰りたいときに帰る自由を当然内包していると解すべきであって、外国人の出国の自由が憲法上の権利だというなら、外国人の入国の自由も憲法上の権利だといわなければ、論理的に一貫しないことになろう。実際これに関連して再入国の自由が問題となり、そして、再入国は憲法上保障された人権であるとする説もあるが、入国が憲法的次元の問題と解すべきでない以上、再入国も憲法的次元の問題と解するのは妥当でないと思われる。

とっている横田耕一は、「国際慣習法上、外国人が他国へ入国する権利は認められておらず、国際人権規約にも特定の規定はない。わが国憲法にも外国人の入国については明示の規定は存在しない。憲法22条1項を根拠に外国人の入国の自由が認められているとする説はあるが（最判昭32・6・19の判決における小林・入江・真野判事の説）、多数説はそれについて規定されていないとしており（例えば、佐藤（幸））、判例もこの立場をとる（前掲昭32年判決、マクリーン判決）。この場合、外国人の入国の諾否は当該国家の自由裁量により決定することになるが、仮に入国の自由規定説にたっても、それは公共の福祉による制限を認めるのであるから、結果的に両説の間には実質的な差異はほとんどないことになろう」という（「人権の享有主体」芦部信喜＝池田政章＝杉原泰雄編『演習憲法』（青林書院、1984年）144-145頁）。両説に実質的差異がほとんどないとするなら、入国の自由は移動の自由であるから権利性を認める方向性も考えられるが、外国人の人権肯定説もなぜか、入国の権利性ということになると躊躇を覚えるようである。

佐藤幸治は、このように外国人の出国の自由が憲法上の権利であるというなら、外国人の入国の自由も憲法上の権利だといわなければ論理的に一貫しないとして、出国の自由と入国の自由の対称性を説いている。しかし、なぜかこの考え方の当否は問題にしないで、入国の自由が憲法的次元の問題でないと解すべきである以上、出国の自由も憲法的次元の問題ではないとして、その権利性を希薄化する形での対称性を説くのである。

　学説はこのように、①外国人の出国の自由は人権、入国の自由は国際慣習法上の問題と解する説、②出国の自由も入国の自由も国際慣習法上の問題と解する説、が一般的である。③出国の自由も人権、入国の自由も人権であると解する説はきわめて少ないのが現状である。このように学説は、入国の自由について必ずしも深い理論的解明を行ってきたというものではない。小林＝入江少数意見が適切に指摘したように、「国際慣習法」という前提に無批判に立脚して、思考停止に陥ってきたといっても過言ではない。

4　出入国の自由の本質論

　「国民国家（nation state）」の揺らぎの一つの象徴的な現れが、定住外国人参政権訴訟であると小泉良幸は判断する[31]。学説においては、更に思考を進めて、この最高裁判決が前提とする思考、すなわち、「憲法の国民主権原理における国民とは、日本国民すなわち我が国の国籍を有する者」とする思考を疑い、「憲法上の国民」概念を下位法である国籍法による決定から相対的に開放し、「定住外国人」または「永住者（市民）」を「憲法上の国民」概念の中に含める試みも有力な潮流となりつつある。しかし、他方で、「にも拘らず盤石であるように見えるのが、マクリーン事件最判にいう『憲法上、外国人は、わが国に入国する自由を保障されているものではない』とする命題である。通説においても、『憲法22条は外国人の入国の自由を保障しておらず、外国人の入国の規制は、国際慣習法上、主権の属性として国家の裁量に委ねられている』とされる。けれども、この議論の道徳的正当性は、頗る疑わしい（下線、引用者）。「『外国人は入国の自由を

31　小泉良幸「入国の自由」『法学67巻5号』（東北大学法学会、2004年）152頁、167頁。定住外国人参政権訴訟については、後藤光男「外国人の地方参政権」別冊ジュリスト『憲法判例百選Ⅰ［第5版］』（有斐閣、2007年）12頁参照。

有しない』とする議論は、リベラリズムにとって正当化困難である。」「全ての個人の、道徳的人格としての自由・平等という原理にコミットするリベラリズムの『内的論理（inner logic）』は、（入国）移民を希望する『外国人』へのシティズンシップの付与を原則として要請する地点にまで、われわれを導く」という。

　最高裁は1957年6月19日判決以来、入国の自由が外国人に保障されないという立場をとっている。こうして、外国人は、入国の自由も、在留の権利も、引き続き在留する権利も保障されないとした。学説においても、国家が、自己の安全と福祉に危害を及ぼすおそれがある外国人の入国を拒否することは、当該主権国家の主権的権利に属し、入国の諾否は当該国家の自由裁量によるとされている。しかし、それは国家の恣意的な諾否の権能を認める趣旨ではないと注意書がつけられるのではあるが。

　憲法22条の定める「居住・移転の自由」は、日本国内での移動の自由を指すものと解され、権利主体が「何人も」とされているにもかかわらず、外国人の移動の自由、入国の自由については、学説・判例とも一般に認めていない。入国の自由について、入国の自由が外国人に保障されないことは、「今日の国際慣習法上当然」であるとするのが、通説・判例であった。

　それでは入国の自由は、どのような権利の性質をもつがゆえに、無保障の人権領域とされてきたのであろうか。日本の国家や国民の安全や福祉にかかわるものであるという、きわめて観念的で形式的な管理に基づく発想、また抽象的な「国際慣習法」をもちだすことによって、権利制限が正当化されているように思える。この問題について、必ずしも根元的な問いや疑問が発せられてきたわけではない[32]。

　従来の伝統的な議論には次のような指摘が妥当する[33]。外国人の大幅な権利制約の論理は、もっぱら、論者の、「（主権）国家」ないし「国家主権」理解や、「国民主権」理解によるところが大きい。すなわち、①主権国家の対等を前提に成り立つ国際社会では、主権国家の国家主権の尊重が原則であること、②国家主権＝統治権の対人高権は、国民に及ぶものであること、③他方、領土高権は領土内の外国人を支配するものであること、④そのような高権を独占し行使できるの

32　後藤光男「外国人政策と入国・在留・再入国の自由」大浜啓吉編『公共政策と法』（早稲田大学出版部、2005年）74頁。
33　根森健「『外国人の人権』論はいま」法学教室1995年12月号（183号）45頁。

は、国家目的として、国家および国民の安全と福祉の確保というものがあること、また、そのような主権国家にあっては、⑤国民主権にいう国民とは、国籍保持者としての国民であること、以上から、外国人の人権・権利は大幅に制約されてもやむを得ないとするものである。

通説・判例のように、入国の自由に関する人権領域を「国際慣習法」「国家主権」を盾に憲法の保障のらち外とするのは適切ではない。もっとも、こうした考え方に対して、作間忠雄によって入国の自由の権利性が早くから唱えられていた。「入国の自由については、学説上否定論が支配的である。この否定論の主な理由は、憲法22条は入国の自由について規定していないから、入国の諾否は慣習国際法に基づいて、国家の自由裁量に属するという点にある。しかし、今日の国際的な人権の尊重傾向と自由往来の原則からするならば、原則的には外国人の出入国の自由を認めたのちに、国家の独立と安全を侵すかあるいは公序良俗に反する現実かつ明白なおそれがある外国人の入国を拒否すれば足りると考えることができよう」という。傾聴に値する見解であるといえる[34]。

秋葉丈志が指摘するように、近代国民国家の憲法は、他者から区別された「国民」による国家を生成するための装置として出現し、国民の権利を定めることを主眼としてきた。一方で、他者の権利については黙することが多く、もっぱら国際法にその規定を委ねる傾向があった。しかし、情報、交通手段の発達や市場の国際的融合により、人の活動が活発化し、いずれの国家もその内部に恒常的に他者、すなわち「外国人」を抱える事態となっている。そうした中で、国民の権利保護を主眼とした憲法と、身分上は外国人であるものの国民生活に相当融合して

---

34 作間忠雄「外国人の基本的人権」小嶋和司編ジュリスト増刊『憲法の争点（新版）』（有斐閣、1985年）71頁、作間は最高裁昭和32・6・19判決を批判して、「外国人の入国の諾否は当該国家の自由裁量により決定し得る」と判示しているが、このような「切り捨て御免」的な出入国管理は許されないところで、入国の諾否についても「公共の福祉」への適合性を基準として判断されるべきであろうという。後藤光男「外国人の人権」高橋和之＝大石眞編ジュリスト増刊『憲法の争点［第3版］』（有斐閣、1999年）64頁、同「外国人の人権」大石眞＝石川健治編新・法律学の争点シリーズ3『憲法の争点』（有斐閣、2008年）75頁。同様の発想は、宮崎繁樹にもみられた。最高裁は「外国人の在留の諾否は当該国政府の全くの自由裁量にゆだねられている」という命題を「自国内に外国人を受け入れるか否かはその国の自由裁量である」という前提から導いている。かつては、領土主権に対する絶対的信仰からこのような考え方も存在していたが、現在ではむしろ、「国家は、国家の安全、公共の秩序維持、自国民の産業保護などの必要から外国人の入国を規制しうるのであり、全く理由のない入国拒否は権利の濫用と考えられつつある」（「在日外国人の政治的人権と退去強制」法学セミナー1978年12月号8頁）という。

いる住民の生活実態との軋轢が一層目立つようになっている[35]。国際的な自由移動の権利（入国、定住、出国・渡航、再入国）については、人権として認知されるには至っていない。EU 諸国が域内での労働者の自由移動について、また国際社会が難民の移動や各国における取り扱いについて権利保障の強化を進めている。しかし、外国人一般について自由移動の権利を人権として認める考え方はまだ発展途上である。それは、境域のコントロールを核とした、これまでの国民国家と国家主権の体系を根本的に変更することになるとする考えによるのであろう。個人の立場から見れば、国際的な自由移動の権利こそ、あらゆる権利の根底にあるものである[36]。

　こうした出国の権利、入国の権利に関する根元的な問いは、政治学者の岡野八代によって発せられてきた。この問題を従来から考究している岡野の議論を詳しく見ておく[37]。岡野は、現在の国境によって寸断された状態での諸権利の実現は、つねに国境内外に差異を作り出してしまうために、権利の実現を妨げる人々を生み出している近代国民国家の根本的矛盾を批判的に論ずる、という問題意識をもっている。

　現在の国境を越えたひとびとの動きを目のあたりにするとき、より深刻な問いとなる。国家間の貧富の差が広がり続ける流れに押し出されるようにして、あるひとびとは、自らの善き生活を求めて自国から離れ、別の国家に新たに参入しようとする。これに関して、近代人権宣言の結晶ともいえる世界人権宣言は、その第13条で人びとの移動の自由を国家の境界内に限定している。

世界人権宣13条
1　すべての人は各国の境界内において、自由に移転し、居住する権利を有する。
2　すべての人は、自国を含むいずれの国からも立ち去る権利および自国に帰る権利を有する。

　ここで岡野の注目するのは、すべてのひとにあらゆる国家を出国する権利を認める第 2 項である[38]。すべての個人は、出国の権利を人権として認められている

35　秋葉丈志「アメリカ合衆国における外国人の権利と司法審査」『社学研論集 5 号』（早稲田大学大学院社会科学研究科、2005年）223頁。
36　秋葉丈志「市民権概念の比較研究（1）1 アメリカ合衆国における市民権概念」『比較法学39巻 1 号』（早稲田大学比較法研究所、2005年）135頁。
37　岡野八代『シティズンシップの政治学［増補版］―国民・国家主義批判』（白澤社、2009年）18頁。
38　岡野八代・前掲79頁。

が、入国の権利は、彼女／かれの自国への「帰国」に限定されている。こうした出国の権利と入国の権利との非対称性は、個人の移動の自由と国家主権との間になんとか折り合いをつけようとした結果であり、それとして評価されるべきものではある。しかし、ひとがある国家を離れたときには、公海上にでも居住を定めない限りすでに彼女／かれは他の国家に入国しているのだとわたしたちが思い至れば、あらゆる者に出国の権利を認めながら、自国以外に入国の権利を保証しないことは、ある意味で欺瞞である。彼女／かれらは自国を離れ、どこへ行くというのだろうか。

　日本の判例・通説も、先に見たごとく、世界人権宣言と同じように入国の権利と出国の権利の非対称性を正当化してきた。あるいは、権利性を薄める形での対称性を説いてきた。また、こうした理解は日本に限られることではない。

　移民の大量入国が受け入れ国にもたらす帰結と、自国民の大量出国が送り出し国家にもたらす帰結を統計上比較し、あるいは入国のさいの権利主張と出国のさいの権利主張の相違に訴えることで、多くのリベラリストたちは入国の権利と出国の権利の非対称性を正当化してきた。岡野はいう。私たちはあまりに、移民の大量入国は受け入れ国にコストをもたらすはずだ、という偏見に囚われてはいないか。これまでの歴史は、国家が移民を受け入れることで、多くの便益を受け入れてきたことを示しているのではないか。

　岡野は、出国の権利と入国の権利の非対称性を正当化する理論の危険性を指摘する。移民に関するリベラリストによる議論のほとんどは、非対称性を正当化する論理が、人権の一部とされた個人の出国の権利さえ奪う論理であることを無視してきた。たとえば、その論理にしたがえば、もし送り出し国が自国民が出国することによって国益が著しく損なわれると判断すれば、国家は個人の出国の自由を規制してもよいのではないか。すなわち、「出国の権利は、基本的人権であるが、移民の権利などという権利は存在しない、と論理一貫して論じることはできない。非対称性を擁護するリベラルな立場は、倫理的観点からだけでなく、論理的にも破綻しているのだ。……もし、国家が入国する移民を規制する権利を持つことを示しうるのであれば、それは必然的に、国家は出国を規制する権利を持つということになるので」[39]（Cole Phillip, Philosophies of Exclusion: Liberal Political

---

39　出国の自由に関する1957（昭和32）年12月25日判決の中で、河村（大）・下飯坂意見が、「かつて

Theory and Immigration 46)。

　こうした問題意識を共有するのは法哲学者の森村進であり、移動の自由・移民の自由を次のように理解する[40]。人身の自由や精神的自由や経済的自由といった基本的自由は、政府の有無にかかわらず認められるべき道徳的権利でもある自然的人権である。移動の自由はこれらのすべてに係わる人権である。人権は特定の国家への所属によって与えられる権利ではなしに、すべての人間がもつ権利である。移動の自由は、「明らかに危険な人物を例外として、外国からの入国や移民も受け入れるべきである。その禁止は『移動の自由』という、人身の自由の重要な構成要素を外国人に対して制限するだけではなく、これらの人々と取り引きしたり交際したりしようとする自国人の経済的・社会的自由も制限することになる。また移民のおかげで、労働力はそれが余った地域から需要のある地域に自然に移動して、一層生産的に活用されることになる。移民は強制的に連行されたわけではない。移民は、行った先で今よりもましな生活ができると思わなかったら、そもそも母国を離れなかっただろう。かくして移民は国際的な賃金の均衡化と向上に資する。それに加えて移民は多彩な文化を作り出す。アメリカ合衆国が伝統的に移民を受け入れなかったら、今日の経済的・文化的な繁栄はありえなかったろう」。「……外国人労働者に門戸を開く方がはるかによい。ところが、モノやカネや情報でなく人が国境を越えることになると消極的な論者がいる。これは奇妙なことである。……そもそも移民の大部分は就労のチャンスにひかれて来るのであって、社会保障のお世話になろうと思ってやってくるわけではない。移民は受け入れ国の富を横取りするのではなく、富の生産に寄与するのである」[41]。「要するに、民主主義や人民（国民）主権以上に、基本的人権が重要なのである。人権は国家主権に優先する」[42]。

5　結　び

　人間にとって、移動の自由はもっとも基本的な自由・人権である。人権の前国

　　は国民の兵役義務や国防関係等から国籍離脱の自由は相当の制限を受け、外国移住についても特別の保障はなかったのである」と指摘している。
40　森村進『自由はどこまで可能か＝リバタリアニズム入門』（講談社、2001年）138頁。
41　森村進・前掲139-140頁。
42　森村進・前掲130頁。

家性からいって、移動の自由は「国内の自由」に限定されるものではない。人権はすべての人間がもつ自由であって、国家主権に優越する。外国からの入国の自由が認められるべきである。移動の自由を制限することは、人身の自由や経済的自由、精神的自由の制限につながる[43]。移動の自由は、経済的自由の一環をなすとともに、自己の移動したいところに移動できるという点で人身の自由としての側面をもつ。のみならず、自己の選択するところに従い様々な自然と人に接し、コミュニケートすることは、個人の人格形成・精神的活動にとって決定的重要性を持つことであって、精神的自由としての性格をもつ[44]。

根森健も日本国憲法の考え方として、外国人にも日本への移動の自由＝「入国の自由」は保障されるという。この自由も制限を受けるのであり、国の安全や国民の福祉に危害が及ぶ可能性を考察して、外国人に対して最低限度の規制を行うことは許される、と考えてよいと思っている。続けて、入国の自由が保障されると言い、その理由として、①「人権は国家を超える」という人権に内在する論理（いわゆる人権の前国家性）、②日本国憲法前文の「全世界の国民」に開かれた「平和のうちに生きる権利」の保障という日本国憲法固有の人権保障の論理、それに関連して、③国際協調主義の採用、を挙げている[45]。

藤井俊夫が整理したように、従来は次のような考え方が支配的であった[46]。本来自由権は国家によって与えられるものではなく、人間が一般的には移動の自由を有するものであることは否定できない。そして、出入国は、要は国境を越えた移動ということであるから、日本国民、外国人を問わず、放置すれば、勝手に出入国することは可能である。その意味では、出入国に関する管理法制は、本質論としては、人間一般のもつ国境を越えた移動の自由に対する「公共の福祉」（ここでは、国家の領土に関する主権の保持）のための制限の問題にあたると考えるべきである。現在のように各国家が分立し、各国の国家主権が尊重前提とされるべき国際社会の状況下で、当面は、外国に居住する外国人の日本への入国に対する制限のしかた、逆にいえば、入国の許可の仕方に関しては、国に大幅な裁量権が与

---

43 後藤光男「市民権概念の比較研究（２・完）」『比較法学40巻1号』（早稲田大学比較法研究所、2006年）147頁。
44 佐藤幸治『憲法［第３版］』（青林書院、1995年）554頁。
45 根森健・前掲注（33）論文50頁。
46 藤井俊夫『憲法と人権Ⅰ』（成文堂、2008年）58頁。

えられていると考えられてきたといえる。

　しかし、経済活動の国際化とともに、外国人を憲法体制の中にどう取り込むか、特に権利保障の面で検討を要する。また様々な問題が国境を越えて起こる中、国際的な自由移動の権利について新たな発想が求められている[47]。出入国に関する本質論としては、「日本国外に居住する外国人一般に入国の自由があることを前提として、それが『公共の福祉』のために必要な限りにおいて制限されるとし、また、その制限は必要最小限度にとどめるべきである」とする発想をとることが要請されるようになってきているといえる[48]。

　本章では、従来、憲法学において、出入国の自由の原理的考察がほとんど行われてこなかったことを考慮して、出入国の自由に関する思考方法を辿るために、それぞれの論理（判例・学説）について多くの引用をして読者に理解していただけるよう、思考枠組みをできるだけ平易に紹介するよう心がけた。その意味では、若干、資料的側面が強いものであり、出入国の自由の本質論に関する予備的考察ともいえるものである。

　日本における出入国の自由の肯否に関する議論の思考方法の大枠を提示し、問題提起をすることに力点を置いたが、次なる課題は、結論的に提示した「憲法上、外国人には、出入国の自由（移動の自由・移民の権利）が保障される」という命題の論証を、現代リベラリズムの思想家、とりわけB・アッカーマン（Ackerman, Bruce）、カナダの政治理論家J・カレンズ（Carens, Joseph）等を取り上げることによって、より詳細に展開したいと考えている。

47　秋葉丈志「経済的自由」後藤光男＝北原仁編『プライム法学・憲法』（敬文堂、2007年）157頁。
48　藤井俊夫・前掲書59頁、小泉良幸・前掲論文における「カレンズの議論」160頁以下参照。

第5章　条例による外国人地方選挙権付与の合憲性

1　はじめに
2　外国人への地方選挙権付与の合憲性
　(1)　外国人の類型
　(2)　外国人の権利保障
　(3)　外国人地方選挙権の保障
　(4)　「地方自治の本旨」と外国人地方選挙権
3　条例による外国人地方選挙権付与の合憲性
　(1)　憲法上の「法律の留保」との関係
　(2)　法律と条例との関係
4　残された課題―外国人の被選挙権付与について―

1　はじめに

　外国人の参政権（選挙権）について、最高裁裁判所1995年2月28日判決は、地方自治体レベルで付与することの可能性に言及し、次のように判示した[1]。
　憲法にある地方自治の保障は、地方自治が民主主義社会において重要であるということを前提に、「住民の日常生活に密接な関連を有する公共的事務」は、その地域の「住民の意思」に基づいて、「その区域の地方公共団体が処理する」政治形態を憲法上の制度として保障しようとするものである。それゆえ、日本に在住する外国人のうちでも、永住者など、「その居住する区域の地方公共団体と特段に緊密な関係」をもつ人に、地方参政権を与えることは憲法上禁止されていない[2]。
　これを受けて、それ以後、定住外国人に対して地方参政権を付与すべきであるとの意見が強まり、1999年には、自民、自由、公明の与党三党によって、定住外

1　最判1995（平成7）年2月28日民集49巻2号639頁、判例時報1523号49頁。
2　渋谷秀樹『憲法への招待［新版］』（岩波新書、2014年）39頁。

国人に地方選挙権を付与する法律案の提出が合意された。しかし、さまざまな政治的事情により、その法案の提出は遅れているというのが現状である[3]。

しかし、こうしたことを解決するひとつの方法として次のようなことが考えられないであろうか。渋谷秀樹は「地方公共団体が条例を制定してその長と議会の議員の選挙権を付与することができるであろうか？」(『日本国憲法の論じ方 [第2版]』2010年)[4]と問うている。また、それ以前には、和田進が外国人選挙権条例として、「歴史的事情から在日朝鮮・韓国人の居住者の多いA市では、日本に3年以上居住し、A市に3か月以上住所を有する外国人に対して、市長および市議会議員の選挙権を与える条例を制定した。この条例は、憲法に反しないか」と問うている(『別冊法学セミナー憲法司法試験シリーズ憲法Ⅰ［総論・統治（第3版）]』1994年)[5]。同様に、戸波江二も次のようなケースを考えている。「歴史的事情から在日朝鮮・韓国人の居住者の多いA市では、1年以上市内に居住している外国人に対して、市長および市議会議員選挙の選挙権を与える条例を制定しようとしている」。この条例にはどのような憲法問題が含まれているか。条例制定権の範囲と限界との関係でこの条例を制定することができるか（公職選挙法9条2項、地方自治法18条参照）、また、市長および市議会議員の被選挙権を与える条例の場合はどうか、というものである（「条例制定権の範囲と限界」法学セミナー1993年7月号［463号］)[6]。

この問題の関連法令は以下である。

公職選挙法
（選挙権）

3　「1999年、自民・自由・公明連立政権の合意事項を公明党が主導した、……共産党も被選挙権すら認める法案を作成した。国際社会では、すでにEUが92年にマーストリヒト条約で『EU市民権』を確立し、加盟27カ国のいずれに居住しようとも、加盟国市民は地方参政権を行使できるようになった。2005年6月に韓国もアジアで最初に先行した。」徐龍達「外国人地方選挙権—アジア市民社会への道」『世界』（岩波書店）2010年4月号51頁、藤井俊夫『憲法と人権Ⅰ』（成文堂、2008年）52頁、『歴史教科書・在日コリアンの歴史』（明石書店、2006年）122頁、及び、田中宏「疎外の社会か、共生の社会か―外国人の参政権はなぜ必要か」『世界』（岩波書店）2010年4月号41頁以下参照。
4　渋谷秀樹『日本国憲法の論じ方［第2版］』（有斐閣、2010年）434頁。
5　和田進『別冊法学セミナー憲法司法試験シリーズ憲法Ⅰ［総論・統治（第3版）]』（日本評論社、1994年）215頁。
6　戸波江二「条例制定権の範囲と限界」法学セミナー1993年7月号［463号］76頁。

第 9 条　日本国民で年齢満二十年以上の者は、衆議院議員及び参議院議員の選挙権を有する。
2　日本国民たる年齢満二十年以上の者で引き続き三箇月以上市町村の区域内に住所を有する者は、その属する地方公共団体の議会の議員及び長の選挙権を有する。
3　（略）

（被選挙権）
第 10 条　日本国民は、左の各号の区分に従い、それぞれ当該議員又は長の被選挙権を有する。
　一　衆院院議員については年齢満二五年以上の者
　二　参議院議員については年齢満三十年以上の者
　三　都道府県の議会の議員についてはその選挙権を有する者で年齢満二五年以上のもの
　四　都道府県知事については年齢満三十年以上の者
　五　市町村の議会の議員についてはその選挙権を有する者で年齢満二五年以上のもの
　六　市町村長については年齢満二五年以上の者
2　前項各号の年齢は、選挙の期日より算定する。

地方自治法
（住民の選挙権）
第 11 条　日本国民たる普通地方公共団体の住民は、この法律の定めるところにより、その属する普通地方公共団体の選挙に参与する権利を有する。

（選挙権）
第 18 条　日本国民たる年齢満二十年以上の者で引き続き三箇月以上市町村の区域内に住所を有するものは、別に法律の定めるところにより、その属する普通地方公共団体の議会の議員及び長の選挙権を有する。

（被選挙権）
第 19 条　普通地方公共団体の議会の議員の選挙権を有する者で年齢満二五年以上のものは、別に法律に定めるところにより、普通地方公共団体の議会の議員の被選挙権を有する。
2　日本国民で年齢満三十年以上のものは、別に法律に定めるところにより、都道府県知事の被選挙権を有する。
3　日本国民で年齢満二五年以上のものは、別に法律の定めるところにより、市町村長の被選挙権を有する。

　本章では、この問題に焦点を当て、条例による外国人選挙権付与の可能性について一定の検討を行ってみよう。

2　外国人への地方選挙権付与の合憲性

(1) 外国人の類型

外国人にも、一時的旅行者などの一般外国人のほか、日本に生活の本拠をもち、しかも永住資格を認められた定住外国人、難民など類型を著しく異にするものがあることに特に注意しなければならない。

具体的には次のように類型化されている。

① 　観光や会議出席などの旅行で短期間滞在するもの、
② 　ビジネスや技術研修・留学・研究などの目的で1年以上滞在するもの、
③ 　在留を更新して5年以上にわたり「帰化」(日本国籍取得)を申請するのが可能になるほど日本社会に密着して長期間滞在するもの、
④ 　「帰化」せずに永住権を取得したもの(「一般永住者」という)、
⑤ 　戦前の旧植民地(旧「外地」)出身者で戦前(連合国との降伏文書に調印した1945年9月2日以前)から「本邦」(旧「内地」)に居住するもの、および、戦後(同9月2日以後)から平和条約発効日(1952年4月28日)までに出生したもの(「平和条約国籍離脱者」)ならびに「平和条約国籍離脱者の子孫」(これらの人々を併せて「特別永住者」という)。

「定住外国人」とは、この類型のうち「一般永住者」と「特別永住者」を指すが、5年以上の長期滞在者を含める場合もある[7]。特に、特別永住者の場合、植民地支配時には「帝国臣民」とされ、第2次大戦後には、一方的な法的措置によって「外国籍」とされているのである。日本を生活の本拠にしているのであり、生活実態からみると同等の権利保障が必要とされる。ここで問題となるのは、日本に生活の本拠をおいて一定の居住年数を経た外国人である。

(2) 外国人の権利保障

外国人の権利保障について、最高裁は、外国人の人権享有主体性を認める立場をとっており、「いやしくも人たることにより当然享有する人権は不法入国者といえどもこれを有する」とする(最大判1950[昭和25]年12月28日)[8]。さらに、政

7 　古川純「外国人の政治参加(参政権)」法学教室1999年5月号40頁。
8 　最大判1950(昭和25)年12月28日民集4巻12号683頁。

治活動等を理由に在留期間の更新を拒否されたマクリーン事件判決で、「憲法第3章の諸規定による基本的人権の保障は、権利の性質上日本国民のみを対象としていると解されるものを除き、わが国に在留する外国人に対しても等しく及ぶものと解すべきであり、政治活動の自由についても、わが国の政治的意思決定又はその実施に影響を及ぼす活動等外国人の地位にかんがみこれを認めることが相当でないと解されるものを除き、その保障が及ぶものと解するのが相当である」（最大判1978（昭和53）年10月4日）[9]として権利の性質説を採用しているが、外国人一般の選挙権については認められないとするのが判例の立場である。

（3）外国人地方選挙権の保障

国政選挙権については公職選挙法9条1項、地方選挙権については同条2項、両者の被選挙権については同10条1項が規定しており、そこでは選挙権・被選挙権の資格として「日本国民」という要件が課されている。地方自治体の選挙権について規定している地方自治法11条・18条においても同様である。

外国人の参政権を考察する場合、

① 外国人の権利が憲法上禁止されている（禁止説—憲法は国政・地方とも「日本国民」以外に参政権を付与することを禁止しているので、法律を制定すれば違憲となる）、

② 外国人の権利が憲法上肯定されている（要請説—憲法は外国人に参政権付与を要請しており、それが実現されていない現行法または立法不作為は違憲となる）、

③ 外国人の権利は禁止も肯定もされておらず立法によって容認することができる（許容説—憲法は外国人参政権付与をなんら禁止していないので、国会の立法政策に委ねられている）、

を明確に区別して論じなければならないことが指摘される[10]。

参政権については、国民主権原理を根拠にして、国のレベル、地方自治体のレベルともに、選挙権・被選挙権を否定するのが通説となってきた。

しかし、近年の有力説は、地方自治体のうち市町村レベルでの定住外国人の選挙権を認める見解である。芦部信喜は次のように述べている。参政権は、国民が

---

9 最大判1978（昭和53）年10月4日民集32巻7号1223頁、判例時報903号3頁。
10 長尾一紘『外国人の選挙権　ドイツの経験・日本の課題』（中央大学出版部、2014年）9頁。

自己の属する国の政治に参加する権利であり、その性質上、当該国家の国民にのみ認められる権利である。したがって、狭義の参政権（選挙権・被選挙権）は外国人には及ばない（公職選挙法9条・10条、地方自治法18条参照）。しかし、地方自治体、とくに市町村という住民の生活に最も密着した地方自治体のレベルにおける選挙権は、永住資格を有する定住外国人に認めることができる、と解すべきであろう。判例も、定住外国人に法律で選挙権を付与することは憲法上禁止されていないとする（最判1995［平成］7年2月28日）[11]。また、佐藤幸治は、憲法93条2項も国民主権の原理を基礎に考えるべきであるが、地方公共団体の中でも、とりわけ元来住民の日常生活に密着する市町村レベルにあって、団体ないしその機関の行使する権能の種類や性質いかんによっては、法律により定住外国人に選挙権を認めることは可能であると解すべきであろう、という[12]。

　都道府県レベルでも認める見解は樋口陽一、中村睦男等のとるところである。樋口陽一は次のように述べる。参政権については、それを外国人に認めることが国民主権の伝統的理解と抵触する、という意味で憲法問題が生ずる。近代国民国家の枠組を前提とする限り、国政についての選挙権・被選挙権を外国人に認めることは、国民主権原理と両立し難いとしても、地域社会構成員としての性格に着目して、地方自治体の選挙につきそれらをみとめることは、一般的にいって、違憲の問題を生じないと解することができよう、という[13]。中村睦男も次のようにいう。日本国憲法の枠組みのなかでの国民主権原理は伝統的な国民主権原理を維持しているものと解されるので、国政レベルの参政権は日本国民に限られるのである。地方公共団体レベルの選挙権については、選挙権が禁止されていないとする禁止説、選挙権の保障が憲法上要請されており、外国人を排除するのは違憲とする要請説、外国人に選挙権を保障するか否かを立法政策に委ねられているとする許容説に分類されている（長尾一紘・外国人の参政権94頁注（2）［2004年］）。禁止説は、地方公共団体レベルの選挙権も国政レベルの選挙権と同様に国民主権の原理に基づくものであり、憲法93条2項の「住民」は、憲法15条1項の日本「国民」を前提にしていることを理由としてあげている。しかしながら、外交、国

---

[11] 芦部信喜（高橋和之補訂）『憲法（第5版）』（岩波書店、2011年）92頁、最判1995（平成7）年2月28日民集49巻2号639頁。
[12] 佐藤幸治『日本国憲法論』（成文堂、2011年）145頁。
[13] 樋口陽一『憲法（第3版）』（創文社、2007年）186頁。

防、幣制などを担当する国政と住民の日常生活に密接に関連を有する公共的事務を担当する地方公共団体の政治・行政とでは、国民主権の原理とのかかわりの程度に差異があることを考えると、地方公共団体レベルの選挙権を一定の居住要件の下で外国人に認めることは立法政策に委ねられている。最高裁も、憲法93条2項が外国人の選挙権を保障したものではないが、「我が国に在留する外国人のうちでも永住者等であってその居住する区域の地方公共団体と特段に緊密な関係を持つに至ったと認められるものについて」、法律で地方公共団体での選挙権を付与する措置を講ずることは、憲法上禁止されるものではないとして、許容説の立場に立っている（最判平成7年2月28日民集49巻2号639頁）[14]。

以上の説は、市町村レベル、都道府県レベルの違いはあるものの、法律で定住外国人に地方選挙権を付与することは憲法上可能とするものである。しかし、こうした説にあっても条例で定住外国人に地方選挙権を付与できるかどうかについては言及がなされていない。この点については後述する。なお、山内敏弘は、定住外国人に選挙権を認めるか否かは当該自治体が地方自治の本旨、あるいは住民自治の原則に則って決めればよいのであって、法律で一義的に定住外国人の選挙権を剥奪することは、やはり憲法の趣旨にそぐわないと思われる、と指摘している[15]。

このように地方自治体の選挙については外国人にも認められるとするのが近年の有力説である。その理由として、和田進は以下の点を挙げて整理する[16]。

（1）地方自治体は、外交、防衛などの対外的な関係での事務を処理せず、地域住民の日常生活に密着した事務を取り扱うのであり、その地域共同体の一員としての生活を送っている外国人に対して、当該地域の管理・運営についての共同決定に参加資格を認めることは許容される。

（2）憲法15条1項は「公務員を選定し、及びこれを罷免することは、国民固有の権利である」と規定するが、他方、93条2項は「地方公共団体の長、その議会の議員及び法律の定めるその他の吏員は、その地方公共団体の住民が、直接これを選挙する」と規定している。ここにいう「住民」とは必ずしも「国民」の部

---

14 中村睦男・野中俊彦ほか『憲法Ⅰ [第5版]』（有斐閣、2012年）225頁。
15 山内敏弘「人権の国際化」樋口陽一ほか『憲法判例を読みなおす』（日本評論社、1994年）195頁。
16 和田進・前掲216頁。

分を指すものではなく、地方自治法10条1項が「住民」を「市町村の区域内に住所を有する者」と定義しているように、「国民」とは異なる概念と理解することが可能である。

（3）憲法92条にいう「地方自治の本旨」の基本的構成要素である「住民自治」の確保の実現にとって、当該地域に生活の本拠を持ち、地域共同体の一員である外国人に選挙権を保障することは「住民自治」に適合的なこととなる。

選挙権に関する判例では、イギリス国籍を有する外国人が起こした参議院議員選挙権訴訟がある。この原告は、1981年に日本人女性と婚姻し、翌年から日本に定住して、1987年に永住許可を取得。同人との間に日本国籍を有する二人の子どもがいる。原告は、1989［平成元］年7月23日施行の参議院議員選挙での投票を行うことができなかったため、公職選挙法9条1項の規定が国民の参政権を保障した憲法15条1項の規定及び法の下の平等を保障した憲法14条の規定に反するとして、国に対し、国家賠償を求めて出訴した。最高裁判決は、「国会議員の選挙権を有する者を日本国民に限っている公職選挙法9条1項の規定が憲法15条、14条に違反するものではないこと」は、1975（昭和50）年10月4日のマクリーン事件最高裁大法廷判決の趣旨に徴して明らかであるという簡単な理由のもとで、外国人の選挙権を否定し、参議院議員選挙における選挙権の行使は認められないとしている（1993［平成5］年5月26日判例時報1452号37頁）。

その後、日本で生まれ、日本に生活の本拠をおいている永住資格を有する在日韓国人が起こした地方選挙権訴訟がある。原告らは、いずれも日本で生まれ、日本に生活の本拠をおいている永住資格を有する在日韓国人である。原告らは、自分たちは地方公共団体における選挙権は憲法上保障されているとして、1990［平成2］年、居住地の選挙管理委員会に対して、選挙人名簿に登録することを求めて異議の申出をした（公選法24条）。しかし、選挙管理委員会により却下されたので、この却下決定の取消しを求めて訴えを提起した（公選法25条［名簿訴訟]）[17]。

原審（大阪地判1993［平成5］・6・29判タ825号134頁）は、（1）憲法15条により参政権を保障されている「国民」とは、「日本国籍を有する者」に限られるので、定住外国人には公務員の選定・罷免権は認められない、（2）憲法93条2項

17　後藤光男「外国人の地方参政権」別冊ジュリスト『憲法判例百選Ⅰ［第5版]』（2007年）12頁。

の「住民」と憲法15条1項の「国民」とは別個の概念でとらえるのは適切ではなく、93条2項の「住民」は日本「国民」であることが前提となっている、(3)以上によれば、日本国籍を有しない定住外国人は参政権を憲法が保障していると認めることはできない、として請求を棄却した。

これに対して、最高裁は、1995年2月28日、本章の冒頭で紹介したごとく次のような趣旨の判決を下した。①「憲法の国民主権原理における国民とは、日本国民すなわち我が国の国籍を有する者を意味することは明らかである。そうとすれば、公務員を選定罷免する権利を保障した憲法15条1項の規定は、権利の性質上日本国民のみをその対象とし、右規定による権利の保障は、我が国に在留する外国人には及ばない」、②国民主権の原理と憲法15条1項の趣旨と、地方公共団体が国の統治機構の不可欠の要素であることからすると、憲法93条2項にいう「住民」は、地方公共団体の区域内に住所を有する日本国民を意味する。日本に在留する外国人は、地方公共団体の長、議会の議員等の選挙の権利を保障したものということはできない、とする。

それでは外国人には、地方選挙権は認められないということになるのか。最高裁は次のように述べる。③「憲法第8章の地方自治に関する規定は、民主主義社会における地方自治の重要性に鑑み、住民の日常生活に密接な関連を有する公共的事務は、その地方の住民の意思に基づきその区域の地方公共団体が処理するという政治形態を憲法上の制度として保障しようとする趣旨に出たものと解されるから、我が国に在留する外国人のうちでも永住者等であってその居住する区域の地方公共団体と特段に緊密な関係を持つに至ったと認められるものについて、その意思を日常生活に密接な関連を有する地方公共団体の公共的事務の処理に反映させるべく、法律をもって、地方公共団体の長、その議会の議員等に対する選挙権を付与する措置を講ずることは、憲法上禁止されているものではないと解するのが相当である」として、定住外国人の地方選挙権付与に道を開いた（許容説）。

最高裁は、地方レベルの場合には、「日常生活に密接な関連を有する」とか、「特段に緊密な関係」をもつというように、地域への事実上の帰属関係がありさえすれば、国籍がなくても、地方参政権を認めることを憲法は禁止していない、つまり法律でそれを認めることができる、といっている。

渋谷秀樹は、この点を次のように評価している。最高裁は、参政権の根拠には、国籍という法的帰属関係、つまり約束事の世界における帰属関係のみなら

ず、日常生活における事実上の帰属もありうることを指摘した。このことは、現実に統治される人が政策決定に参加するという社会契約説の原点への覚醒、つまり「国家の領域に暮らす人々＝国民」の論理への復帰と見ることができる。つまり「ある地域に住む国籍保有者＋ある地域の居住者」＝「住民」→地方参政権、という図式が成り立つからである。そして、この論理は、国政レベルでも地方政治レベルでも質的な違いはないはずである[18]。筆者も同様な理解をしている。すなわち、立憲主義の原点にある社会契約思想の理念の地方自治体への適用ということである。その地方自治体に生活の実態を有するもの、生活の本拠を有するものが、その地方自治体の政治に参加するのが筋である。地方自治体という共同社会の自治と捉えるのである。

　藤井俊夫も同様であろう。「代表なきところ課税なし」は民主主義のスローガンであり、憲法上納税の義務は「国民」の義務となっているが、日本では納税義務は居住地主義によっている。そもそも本質的には「民主主義」というのは必ずしも「国籍」のみを単位として考えなければならないわけではなく、国籍にかかわらず、そこに「生活の本拠をもつ住民」を単位として考えることもできないわけではない。民主主義を「共同体の自治」であると考えるならば、「生活の本拠をもつ住民」を単位とすることの方が当然である。とくに代表制民主主義および選挙権の問題を原理的にさかのぼって、「社会契約論」の観点から考え直してみると、そこで重要なことは「共同体の一員」であるかどうかが基本的なものであって、「国籍」の有無はむしろそれに付随した技術的なものである[19]。また、渋谷秀樹は、地方参政権のあり方は、本来は全国一律ではなく地方住民がそれぞれに考えるべき問題で、全国一律に否定されているという現実こそがおかしいという発想が重要であるといえるという[20]。

（4）「地方自治の本旨」と外国人地方選挙権

　「地方自治の本旨」とは、団体自治と住民自治の二つの要素からなり、団体自治とは地方政府の地方統治権であり、住民自治とは地方選挙権であると把握できる。95条は、地方特別法について地方住民の意思が中央政府の議会の意思に優越

18　渋谷秀樹『憲法への招待』（岩波新書、2001年）40頁。
19　藤井俊夫『憲法と人権Ｉ』（成文堂、2008年）48頁。
20　渋谷秀樹『日本国憲法の論じ方［第2版］』（有斐閣、2010年）384-385頁。

することを定め、地方参政権の地方における最高性を示している。地方参政権のあり方を定めるのは、地方公共団体の専権的事項ということができる。地方定住者がその地で行われる公共政策の決定プロセスに参加することは憲法の要請であり、なんら憲法に反するものではない。

　筆者は以前の論稿で日本国憲法における「国民」概念を検討したことがある。とりわけ特別永住者についての検討を行い、そこにおける一定の結論として、「国民」という概念の中に含まれ、二重国籍的地位を有することを指摘した。こうした理解に立てば、特別永住者の国政・地方の選挙権、被選挙権行使を排除している現行制度は論理的には違憲ということになる[21]。

　この点、一歩譲って、定住外国人は外国人という範疇に属するとしたうえで、最高裁判決の論理に立った場合、国政選挙権は認めることはできないが、地方選挙権については、ある一定の特性を備える外国人（「日常生活に密接な関連を有する」外国人、地方公共団体と「特段に緊密な関係」をもつ外国人）には認めることができるのではないか。この問題を憲法上、どのように位置づけ理解するかということである。

　この問題に関連して、渋谷秀樹は次のように述べている。明治憲法から現行憲法になって、天皇の臣民（subjects）、すなわち、天皇の統治権に服する、日本領土内に生活の本拠を有する者が主権者となった、つまり定住外国人を含む住民（citizen）すべてが国民主権でいう国民であると理解するのが憲法の論理であろう。このように理解すると、国籍法の規定はともかく定住外国人に選挙権を付与していない公職選挙法の規定（9条等）は論理的に違憲と解されることになる[22]。

　定住外国人参政権付与条例は、国会の法律の定立あるいは改正の不作為を地方公共団体が条例で補おうとしたものと理解できる。

3　条例による外国人地方選挙権付与の合憲性

　近年の有力説、最高裁判例の「許容説」に立つと、公職選挙法や地方自治法を

21　後藤光男「憲法10条・国籍法と旧植民地出身者」早稲田社会科学総合研究13巻3号（2013年）19頁以下、同「日本国憲法制定史における『日本国民』と『外国人』」比較法学45巻3号（早稲田大学比較法研究所、2012年）1頁以下参照、本書第1章、第2章に収録。
22　渋谷秀樹『日本国憲法の論じ方［第2版］』（有斐閣、2010年）436頁。

改正して外国人に選挙権を付与することは憲法上認められるということになる。憲法では外国人の地方選挙権付与が許容されるのにかかわらず、法律が未だ制定されていない状況において、その不備を条例で補うことができるであろうか、ということである。この問題についてどのように考えるべきであろうか。

日本国憲法は二つの政府を予定している。一つは中央政府であり、一つは地方政府である。中央政府の参政権の主体は、日本の領域内に生活の本拠を有するものであり、定住外国人をも含む。地方政府の参政権の主体は、その地方自治体内に生活の本拠を有するものであり、定住外国人を含む。

日本国憲法の地方自治に関する規定は次のようなものである。

日本国憲法　第8章　地方自治
第92条　地方公共団体の組織及び運営に関する事項は、地方自治の本旨に基いて、法律でこれを定める。
第93条　地方公共団体には、法律の定めるところにより、その議事機関として議会を設置する。
②地方公共団体の長、その議会の議員及び法律の定めるその他の吏員は、その地方公共団体の住民が、直接これを選挙する。
第94条　地方公共団体は、その財産を管理し、事務を処理し、及び行政を執行する権能を有し、法律の範囲内で条例を制定することができる。
第95条　一の地方公共団体のみに適用される特別法は、法律の定めるところにより、その地方公共団体の住民の投票においてその過半数の同意を得なければ、国会は、これを制定することができない。

外国人に地方選挙権を付与する条例の問題点として、（1）憲法92条で「地方公共団体の組織及び運営は、地方自治体の本旨に基いて、法律でこれを定める」とし、93条で「法律の定めるところにより、その議事機関として議会を設置する」としていることとの関係（憲法上の「法律」の留保）、次に、（2）公職選挙法9条2項、地方自治法11条、18条が地方選挙権の行使について「日本国民」を要件としていることとの関係（法律との関係）、の二点があげられる[23]。

23　戸波江二・前掲79頁。

（1）憲法上の「法律の留保」との関係

　外国人選挙権条例について、戸波江二は、積極・消極の両説ともに成り立つと思われるが、おそらく実務や学説の多数は違憲論に立つものと推測されるという[24]。そこでは次の理由が主張される。①憲法92条が「法律で定める」としている趣旨は「地方公共団体は、国から完全に独立な存在ではあり得［ない］」（宮沢俊義・憲法コメ761頁）ことを示すことであり、地方公共団体の基本的組織についても法律で定めなければならない。②選挙権者の範囲の確定は重要事項であり、また、全国で統一的に規制されるべきであるので、条例の規制は許されない。

　しかし、戸波江二は、外国人選挙権条例を適法とすることは十分可能であるとして、次の理由をあげている。①憲法92条の力点は「地方自治の保障」にあり、法律の規定が「地方自治の本旨」に適合すべきことにあるのであって、「法律」という定めに条例制定権を限定する意味を読み込むことは妥当ではないこと、②地方自治の基本組織の前提をなす「住民自治」の理念からすれば、組織・運営のあり方について住民の意思を尊重することは認められるべきこと、という理由からして、条例で地方自治の組織および運営について定めることを、憲法92条は必ずしも否定していない[25]。

　この点について、和田進も「憲法92、93条の規定の趣旨は、『地方自治』の理念に基づいて地方公共団体が設置されること、地方公共団体には『議事機関として議会』が設置されなければならないことを規定するものであり、『地方公共団体の組織及び運営』について法律以外に何らかの規定をすることを否定するという趣旨のものではなく、条例によって定めることも認められると解すべきである。条例制定権は、地方自治の本旨から派生する本質的な要素であり、地方の実情に応じて住民の意思に基づき、地方自主法たる条例により組織・運営に関する事項を規定することも当然に認められると解すべきである」という[26]。

　こうした見解に立てば、選挙に関する事項は法律の留保事項であるが、条例で外国人に地方選挙権を付与することは認められるということになる。

　地方公共団体の基本的組織については、基本構造は憲法で規定されている。憲法の規定と異なる条例を制定することには限界があることが確認されなければな

24　戸波江二・前掲79頁。
25　戸波江二・前掲80頁。
26　和田進・前掲217頁。

らない。例えば、憲法が規定するものと異なる組織構造を定めることは認められないと解される。憲法は、地方自治のレベルでは中央政治のレベルよりも強力な民主主義（住民による参加・自治）を保障しており、かつ、中央政府から独立した団体として自治能力を発揮すること（団体自治）を期待している。そうだとすると「地方自治の本旨」とは、こういった観点を踏まえたものであるといわなければならない。ともあれ、憲法はつぎのことだけは自ら命じている。第1、地方公共団体には、「その議事機関として議会を設置する」こと（93条1項）、第2、「地方公共団体の長、その議会の議員及び法律の定めるその他の吏員は、その地方公共団体の住民が直接これを選挙する」こと（同条2項）、である。「地方公共団体」であるからには、憲法上この二つの要件だけはみたさなければならない。としても、その組織を作動させる選挙権については、その地方政府に生活の基盤を有する住民が、住民自治によって画定することができるとすることは十分可能であるように思われる。

（2）法律と条例との関係

公職選挙法9条2項、地方自治法11条・18条は、地方選挙権の行使につき、「日本国民」を要件としている。憲法94条は「地方公共団体は、・・・法律の範囲内で条例を制定することができる」と規定し、これを受けて地方自治法14条1項は「普通地方公共団体は、法令に違反しない限りにおいて第2条第2項の事務に関し、条例を制定することができる」と規定している。条例制定事項として「2条2項の事務」であるという条件をあげ、さらに「法令に違反しない限り」ということを要求している。

条例は、地方公共団体の事務に関しなければならないという点について、戸波江二が指摘しているように、「結局、何が地方公共団体の事務に該当するかは、条例制定権ひいては地方自治権を広く理解することを基本にして、具体的な事務の内容に応じて地方公共団体の任務かどうかを考えていくべきことになろう」という[27]。

法律と条例の効力関係について、徳島市公安条例事件最高裁判決の示した基準が支配的な見解になっている。同判決は「……普通地方公共団体の制定する条例

27　戸波江二・前掲78頁。

が国の法令に違反する場合には効力を有しないことは明らかであるが、両者の対象事項と規定文言を対比するのみでなく、それぞれの趣旨、目的、内容及び効果を比較し、両者のあいだに矛盾抵触があるかどうかによってこれを決しなくてはならない」と判示している（最大判1975［昭和50］年9月10日）。

例えば、①ある事項について国の法令中にこれを規律する明文の規定がない場合でも、当該法令全体から見て、右規定の欠如が特に当該事項についていかなる規制をも施すことなく放置すべきものとする趣旨であると解されるときは、これについて規律を設ける条例の規定は国の法令に反することとなるとし、②逆に特定事項についてこれを規律する国の法令と条例とが併存する場合でも、後者が前者とは別の目的に基づく規律を意図するものであり、その適用によって前者の規定の意図する目的と効果をなんら阻害することがないときや、両者が同一の目的に出たものであっても、国の法令が必ずしもその規定によって全国的に一律に同一内容の規制を施す趣旨ではなく、それぞれの普通地方公共団体において、その地方の実情に応じて、別段の規制を施すことを容認する趣旨であると解されるときは、国の法令と条例とのあいだにはなんらの矛盾抵触はなく、条例が国の法令に違反する問題は生じえない。

学説においては、次のような見解が支配的である。法令先占論は問題を単純化しすぎていたのであって、各法律の趣旨を地方自治のかかわりで解明すると、次の二つに大別される[28]。

A　規制限度法律（最大限規制法）、
B　最低規制基準法律（全国的な規制の最低基準法）

Aパターンの法律は取締りの限度・最大限を合憲的に定めていると解すべき場合だから、規制「上乗せ条例」を原則的に違法とする。これに対し、Bパターンでは、国の法律はゆきすぎ規制にならないように全国的な最低規制を定めた趣旨なので（ナショナル・ミニマム）、地方自治的な上乗せ条例をむしろ容認・予定していると解される。

人身の自由を抑える身体強制の定めは限度法になりやすいが、住民の生存権・人間らしい生活の保障のために企業の財産権を制限し、しかも行政需要に地域差があるような、産業公害規制の法令にあっては、AではなくBパターンの解釈

28　兼子仁『新地方自治法』（岩波新書、1999年）194頁以下。

が適合しやすい。

　それでは本条例をどのように考えるべきであろうか。地方選挙権についての法律の規定は、地方の実情にかかわらず全国一律に守るべき基本的基準を設定したものと解すべきであるとし、従って、条例によって選挙権を制限したり、年齢要件を18歳に低下したりすることは許されないが、定住外国人に選挙権を認めることは、法律で定める選挙資格要件の積極的侵害ではなく、選挙資格を付与することであり許されると解すべきである、とする理解がある[29]。

　条例によって既存の権利を制限する条例は憲法上認められないが、外国人に地方選挙権を付与するような権利を拡大する条例は認められるということになる。この点について、戸波江二は次のように指摘している。地方自治法、公職選挙法との抵触について、法律と条例との関係については基本的に弾力的解釈によるべきであるという立場から、①たしかに選挙権の要件は統一的に定められるべき重要事項といえるが、しかし、問題が地方選挙に関することがらである以上、各地方自治体の自主的な判断を尊重することには理由があること、②とくに在日朝鮮・韓国人が多いというような地方自治体の特質などを考慮に入れることは可能かつ必要なこと、③市内在住の外国人に選挙権を付与するという条例は、法律で定められた基本要件を変更するものではなく（たとえば選挙権者を18歳に下げることは選挙権の要件一般に関する規律であり、条例には適さないであろう）、一般の選挙資格はそのままにして特別の選挙権者を付加するにとどまること、という理由をあげ、外国人地方選挙権条例を容認している[30]。

　法律による付与が許容され、あるいは望ましいにもかかわらず、法律がそれを制定していない状況において、条例でその不備を整備することは、憲法上どのように評価されるか、という問題である。最高裁が、地方選挙権について許容説をとっている（最判平成7・2・28）ことを考え合わせれば、条例による当該地方公共団体の参政権の付与は、法律の規定を横出し的に広げて定める規定ということになる。

　法律の沈黙をどのように理解するかということになるが、権利を制限する範囲を広げる条例の規定であれば、憲法との整合性を慎重に判断する必要がある。し

29　和田進・前掲217頁。
30　戸波江二・前掲80頁。

かし、そのような場合とは異なり、定住外国人に地方参政権を付与するような場合、つまり、権利付与を広げる条例の規定を同視しなければならない必要性はない、といえる[31]。

地方参政権のあり方は、本来は全国一律ではなく地方住民がそれぞれに考えるべき問題で、全国一律に否定されているという現実こそがおかしいという発想が重要である[32]。法律や条例で選挙権者の範囲を定めるというのは法技術上の問題に過ぎないといえる。筆者もこうした理解が正当であると考える。前述の戸波江二、和田進は、条例により外国人参政権付与は認められると解しており基本的に妥当なものである。ただ、そこにおいて、両説ともに選挙権年齢を18歳に引き下げることは認められないという。しかし、条例によって18歳にするということは認められないのであろうか。権利を拡大する条例ということにはならないのか、検討の余地があると考える。

地方政府を構成するのはそこで生活している住民である。住民自らの生命・自由・財産を守るために契約を結んで地方政府をつくるのである。このように考えるならば、地方政府をつくる住民が契約によってその範囲を18歳に設定したとしても特段支障は生じないのではないか。また、当然被選挙権についても可能と考えられるであろう。

日本国憲法は「そもそも国政は、国民の厳粛な信託によるものであつて、その権威は国民に由来し、その権力は国民の代表者がこれを行使し、その福利は国民がこれを享受する」（前文1段）と規定している。地方政府については、「そもそも地方政治は、住民の厳粛な信託によるものであって、その権威は住民に由来し、その権力は住民の代表者がこれを行使し、その福利は住民がこれを享受する」と読み込むことになるであろう。

中央政府について、憲法44条は「両議院の議員及びその選挙人の資格は、法律でこれを定める」とするのみで、地方選挙権の資格を定めることについては法律に留保していない。それゆえ地方政府は本来的には「長・議会の議員及びその選挙人の資格は、条例でこれを定める」ということになろう。

最高裁は、日本に在留する外国人のうちでも、永住者など、「その居住する区

31　渋谷秀樹『日本国憲法の論じ方［第2版］』（有斐閣、2010年）438頁。
32　渋谷秀樹・前掲書439頁。

域の地方公共団体と特段に緊密な関係」をもつ人に、地方参政権を与えることは憲法上禁止されていない、とした（最判1995・2・28）。社会契約論の原点に立ち返って考えた場合、その地方政府と特段に緊密な関係をもつ人には、地方政府（選挙権・被選挙権、公務就任権など）が与えられているということにならざるを得ないであろう。つまり、立憲主義の原点にある社会契約思想の理念からすると、地方政府の統治権の及ぶ空間内に生活の本拠を有する者（定住者、特別永住者などを含む）が、統治に参加する権利（参政権）を有するということになる。

参政権は、政府の公共政策の作成と遂行に参加する権利であり、その具体的な内容として、選挙権・被選挙権、公務就任権（公務員になる権利）がある。こうした権利は地方政府に生活の本拠を有する者（定住者、特別永住者など）は、当然保有しているというのが筋ということになる。

4　残された課題——外国人の被選挙権付与について——

外国人に被選挙権を付与する条例をどのように考えるべきであろうか。公務就任能力に関し、政府は、1953年の内閣法制局見解（「公権力の行使または国家意思の形成への参画にたずさわる公務員となるためには、日本国籍を必要とする」）により、資格を制限してきた。

被選挙権の問題は未解明の問題であるが、多くの説は消極に解するものと思われる。例えば、戸波江二は、被選挙権については、外国人の公務就任能力の問題とも関連するが、長・議員が公権力の行使に直接参与する地位である以上、否定されざるをえないであろうという[33]。

もっとも少数ながら積極的に解する説もある。選挙権と並んで問題となるのが被選挙権であるが、憲法の「地方自治」の観点からすれば、選挙権と被選挙権を区別して論じなければならない理由は基本的にはないと思われる。最高裁判決の表現を使えば、自治体の公共的事務への住民の意思の反映の仕方は、選挙権行使と並んで、被選挙権行使という形で行うこともできるからである（山内敏弘）[34]。根森健は、未解明のまま残された問題として、地方参政権のうちの地方議会議員

33　戸波江二・前掲77頁。
34　山内敏弘『人権・主権・平和—生命権からの憲法的省察』（日本評論社、2003年）238頁。

選挙や首長選挙での被選挙権の付与の問題が重要である、という。最高裁判決の論理は、被選挙権の付与を否定するものになっていない点に注目する。なぜなら、「その意思を日常生活に密接な関連を有する地方公共団体の公共的事務の処理に反映させる」には、どうしても地方議会へ議員を送ること、都道府県知事、市町村長といった首長になることは必要だからである[35]。

　筆者は以前の著書『共生社会の参政権─地球市民として生きる─』（成文堂、1999年）において、次のような紹介を行った。スウェーデンでは外国人の籍のまま地方公務員になることができる。18歳以上で3年間スウェーデンに住めば、外国人でも選挙権、被選挙権が地方レベルで与えられる。現に外国人で地方議員になっている人がかなりいる。現在、多くの国で選挙権はすでに18歳であるが、スウェーデンでは被選挙権も18歳である。選挙公職の違いによる被選挙権年齢に格差は一切ない。どの選挙公職も18歳である。「選ぶ能力」があれば「選ばれる能力」もあるに違いないという発想がこの思想の背景にある。国籍よりも「いま現にどこに住んでいるのか」という事実を重視して選挙権に新しい意味を付け加えた。〈地球選挙権〉〈地球市民権〉の発想と表現できる[36]。

　現実に統治される人が政策決定に参加するという社会契約説の原点に立ち返って被選挙権の問題を考えた場合、その社会の構成員は、当然肯定されるということにならざるを得ないのである。条例による外国人参政権付与の問題は、社会契約を核心とする近代立憲主義の観点から原理的に考究することが求められているといえる。

35　根森健「『外国人の人権』論はいま」法学教室1995年12月号（183号）47頁。
36　岡沢憲芙『スウェーデンを検証する』（早稲田大学出版部、1993年）28頁、後藤光男『共生社会の参政権─地球市民として生きる─』（成文堂、1999年）116頁、岡沢憲芙『スウェーデンの政治』（東京大学出版会、2009年）250頁参照。

第6章　外国人の選挙権・被選挙権

1　序　説
　（1）外国人選挙権否定説
　（2）外国人選挙権肯定説とそれを根拠づける実質論
2　外国人の選挙権
　（1）外国人の地方選挙権―地方政治の選挙権だけを認める限定承認説―
　（2）外国人の地方選挙権付与論の問題点
　（3）新しい学説の流れ―外国人の国政選挙権付与の論理―
3　外国人の被選挙権
　（1）地方自治体における外国人の被選挙権
　（2）国政における外国人の被選挙権
4　結　び

1　序　説

　筆者は、本書第5章において、外国人の地方選挙権付与の問題を検討した[1]。この問題について、最高裁はすでに20年前、1995年2月28日判決において、次のような見解を表明した。「憲法第8章の地方自治に関する規定は、民主主義社会における地方自治の重要性に鑑み、住民の日常生活に密接な関連を有する公共的事務は、その地方の住民の意思に基づきその区域の地方公共団体が処理するという政治形態を憲法上の制度として保障しようとする趣旨に出たものと解されるから、我が国に在留する外国人のうちでも永住者等であってその居住する区域の地方公共団体と特段に緊密な関係を持つに至ったと認められるものについて、その意思を日常生活に密接な関連を有する地方公共団体の公共的事務の処理に反映させるべく、法律をもって、地方公共団体の長、その議会の議員等に対する選挙権を付与する措置を講ずることは、憲法上禁止されているものではないと解するの

---
[1] 後藤光男「条例による外国人地方選挙権付与の合憲性」『早稲田社会科学総合研究15巻1号』（2014年）。

が相当である」と[2]。このことが追い風になって、1999年、自民・自由・公明連立政権の与党三党によって、定住外国人地方選挙権付与法案の提出が合意された。共産党は、被選挙権すら認める法案を作成したといわれている[3]。しかし、さまざまな事情により、その法案は今日まで成立していない。

そこで筆者は、社会契約論に立ち返って、地方自治体が条例を制定して、その長と議員の選挙権を付与することができるかどうかを検討した。そして、結論として、地方参政権のあり方は、本来は全国一律ではなく地方住民がそれぞれ考えるべき問題で、全国一律に否定されているという現実こそがおかしいという発想が重要であるとした[4]。

地方政府を構成するのはそこで生活している住民である。住民自らの生命・自由・財産を守るために契約を結んで地方政府をつくるのである。このように考えるならば、地方政府をつくる住民が契約によって選挙権付与を設定するのは当然のことであるし、被選挙権付与についても当然可能となる、という結論を導いたのである。

最高裁の前述の見解は、民主主義のきわめて常識的なことを述べているにすぎない。社会契約論から考えた場合、その地方政府と特段に緊密な関係をもつ人（その地方団体の構成員）には、地方政府の参政権（選挙権・被選挙権・公務就任権など）が与えられることにならざるを得ないのである。しかし、外国人選挙権の理論的積み重ねはなされてきているものの、被選挙権についてはほとんど議論がなされていないというのが現状である。

本章では、日本における外国人の選挙権・被選挙権の問題を検討する。先ず外国人の選挙権に関する判例・学説を整理し、それと不可分の関係にある被選挙権の問題について焦点を当てて検討してみよう。

第5章では、外国人参政権の残された課題として被選挙権の問題があることを指摘した。被選挙権の問題は未解明の問題であるが、多くの説は消極的に解するものと思われる。例えば、戸波江二は、被選挙権については、外国人の公務就任能力の問題とも関連するが、長・議員が公権力の行使に直接参与する地位である

2　最判1995（平成7）年2月28日民集49巻2号639頁、判例時報1523号49頁。
3　徐龍達「外国人地方選挙権―アジア市民社会への道」『世界』（岩波書店）2010年4月号51頁。
4　渋谷秀樹『日本国憲法の論じ方（第2版）』（有斐閣、2010年）438頁。

以上、否定されざるを得ないであろうと述べる[5]。

もっとも、少数ながら、外国人の被選挙権付与を積極的に解する説もあったのである。例えば、山内敏弘は、2003年の著書『人権・主権・平和―生命権からの憲法的省察』（日本評論社）[6]の中で次のように述べた。選挙権と並んで問題となるのが被選挙権であるが、憲法の「地方自治」の観点からすれば、選挙権と被選挙権を区別して論じなければならない理由は基本的にはない。最高裁判決の表現を使えば、自治体の公共的事務への住民意思の反映の仕方は、選挙権行使と並んで、被選挙権行使という形で行うこともできるからである。

それより以前では、根森健が、1995年の論文の中で、未解明のまま残された問題として、地方参政権の中の地方議会議員選挙や首長選挙での被選挙権付与の問題が重要であることを指摘した。最高裁判決の論理は、被選挙権の付与を否定するものになっていない点に注目し、「その意思を日常生活に密接な関連を有する地方公共団体の公共的事務の処理に反映させる」には、どうしても地方議会へ議員を送ること、都道府県知事、市町村長になることは必要だからとしたのである[7]。

また、1995年の同時期に、萩原重夫も次のように指摘している。「国民主権」原理の再構成により、一定の資格を満たす（たとえば5年以上の居住要件、ただし納税条件はとらない）外国人に、あらゆる段階の選挙権・被選挙権が認められる。外国籍の国会議員など考えられないとするのは、「国籍」の機能を国家への忠誠義務といった旧い観点から見ているためである。「国民代表」としての国会議員は、拡大された「国民」の信託により国権を行使するのだから、その者の「国籍」は問題とならない。「国民」の信託をうけているかどうかが問題なのであると[8]。筆者もこうした見解に共感を示し、現時点における判例・学説を整理し、永住外国人の選挙権・被選挙権の問題点を探ってみたい。

国政選挙については公職選挙法9条1項、地方選挙権については同条2項、両

---

5 戸波江二「条例制定権の範囲と限界」法学セミナー1993年7月号（463号）77頁。
6 山内敏弘『人権・主権・平和―生命権からの憲法的省察』（日本評論社、2003年）238頁。
7 根森健「『外国人の人権』論はいま」法学教室1995年12月号（183号）47頁。
8 萩原重夫「『外国人の選挙権論』の課題―1995・2・28判決にふれて―」法学セミナー1995年7月号（487号）19頁。

者の被選挙権については同10条1項が規定しており、そこでは選挙権・被選挙権の資格として「日本国民」という要件が課されている。地方自治体の選挙権について規定している地方自治法11条・18条においても同様である。

公職選挙法（下記、下線筆者）
(選挙権)
第9条① <u>日本国民</u>で年齢20年以上の者は、衆議院議員及び参議院議員の選挙権を有する。
② <u>日本国民たる年齢満20年以上の者で引き続き3箇月以上市町村の区域内に住所を有する者</u>は、その属する地方公共団体の<u>議会の議員及び長の選挙権</u>を有する。
(被選挙権)
第10条① <u>日本国民</u>は、左の各号の区分に従い、それぞれ<u>当該議員又は長の被選挙権</u>を有する。
一 衆議院議員については年齢満25年以上の者
二 参議院議員については年齢満30年以上の者
三 都道府県の議会の議員については<u>その選挙権を有する者</u>で年齢満25年以上のもの
四 都道府県知事については年齢満30年以上の者
五 市町村の議会の議員については<u>その選挙権を有する者</u>で年齢満25年以上のもの
六 市町村長については年齢満25年以上の者

地方自治法
(住民の選挙権)
第11条 <u>日本国民たる普通地方公共団体の住民</u>は、この法律の定めるところにより、その属する普通地方公共団体の選挙に参与する権利を有する。
(選挙権)
第18条 <u>日本国民たる年齢満20年以上の者で引き続き3箇月以上市町村の区域内に住所を有するもの</u>は、別に法律の定めるところにより、その属する普通地方公共団体の議会の議員及び長の選挙権を有する。
(被選挙権)
第19条① 普通地方公共団体の議会の議員の選挙権を有する者で年齢満25年以上のものは、別に法律の定めるところにより、普通地方公共団体の議会の議員の被選挙権を有する。
② <u>日本国民</u>で年齢満30年以上のものは、別に法律の定めるところにより、都道府県知事の被選挙権を有する。
③ <u>日本国民</u>で年齢満25年以上のものは、別に法律の定めるところにより、市町村長の被選挙権を有する。

このように外国人の選挙権・被選挙権を認めていない現行公職選挙法の違憲性を争う訴訟が全国各地で提起され、今日までいくつかの裁判所の判断が示されてきた。

外国人の参政権を考察する場合、地方自治体レベルと国政レベル（衆議院・参議院選挙）が区別される。認められるとした場合、地方自治体では、議員と長について検討されなければならない。

その場合、①外国人の権利が憲法上禁止されているか（禁止説―憲法は国政・地方とも「日本国民」以外に参政権を付与することを禁止しているので、法律を制定すると違憲となる）、②肯定されているか（要請説―憲法は外国人に参政権付与を要請しており、それが実現されていない現行法または立法不作為は違憲となる）、あるいは、③禁止も肯定もされておらず立法によって容認することができるか（許容説―憲法は外国人参政権付与を何ら禁止していないので、国会の立法政策に委ねられている）、を明確に区別して論じなければならないことが指摘されている。

（1）外国人選挙権否定説

参政権については、国民主権原理を根拠にして、国のレベル、地方自治体のレベルともに、選挙権・被選挙権を否定するのが通説となってきた[9]。選挙権・被選挙権などの参政権は、国政レベルに関するかぎり、いずれの国においても外国人には認められておらず、国民主権の憲法の下では、選挙ないし「自国の公務に携わる」政治的権利の主体が、その性質上、当該国家の「国民」に限定されるのはきわめて当然のことと言わねばならず、外国人の選挙権を認めることは国民主権の原理に反する。日本でも、実定法上、選挙権・被選挙権とも外国人には否定されている（公職選挙法9条、10条、地方自治法18条）。伊藤正己は端的に次のように述べている。

外国人に保障されない性質をもつ人権の典型的なものとしてあげられるのが、参政権である。参政権は、その国の政治に参加する権利であり、とくに選挙権と被選挙権とは国家意思の形成に参与する国民固有のものと考えてよい。その意味で主権者である国民の人権といってよい。世界人権宣言は「自国の政治に参与する権利」（世界人権宣言21条1項）とし、国際人権規約（B規約）25条（a）も、すべ

---

9 宮沢俊儀、伊藤正己など多数。

ての者ではなく、すべての「市民」の権利としていることも、これを示していよう。さらに参政権を広く考えて「公務に就く権利」をとりあげてみても、外国人に全面的に排除することの合理性は別として、憲法上の権利として外国人に及ぶと解する必要はないであろうという[10]。

確かに、この命題を一応首肯するものとして、ここで言われている「国民」とは一体だれのことをさしているのであろうか。国民概念は論者により異なり、それほど自明なこととはいえないように思える。

このような支配的な見解の論拠は次のように整理されている。

①国会議員の選挙権（15条1項）と地方議会の選挙権（93条2項）は、ともに国民主権条項（1条）から派生する。

②15条1項における「国民」と93条2項における「住民」とは、全体と部分の関係にあり、両者は質的に等しいものと把握される。すなわち、「国民」と「住民」との相違は、地域的広がりにのみかかわるものである。

③前者に外国人を含ませることが不可能である以上、後者に外国人を含ませることも不可能である。

このような通説の根底には、「外国人に対して自国の国家意思形成に決定的に関与することを認め、外国人が国政を動かしうる状況をつくることを、主権国家の憲法論は容認するのであろうか」[11]という考え方がある。しかし、ここでいわれている「外国人」とはいったい誰なのか、また、「国民」は誰なのか、という解明が必要であるように思える。

1993年（平成5年）2月26日最高裁判決[12]は、イギリス国籍を有する定住外国人の提起した参議院議員選挙権訴訟で、マクリーン事件大法廷判決に徴して、「国会議員の選挙権を有する者を日本国民に限っている公職選挙法9条1項の規定が憲法15条、14条の規定に反するものではない」ことは明らかであるという簡単な理由のもとで、外国人の選挙権を否定し、国会議員の選挙権は権利の性質上日本国民のみに限るとする[13]。

10　伊藤正己『憲法』（弘文堂、1982年）195頁。
11　大石眞「定住外国人と国会議員の選挙権」ジュリスト『平成5年度重要判例解説』1046号（1994年6月10日号）17頁。
12　最判1993（平成5）年2月26日判例時報1452号37頁。
13　後藤光男「外国人の選挙権」別冊ジュリスト『憲法判例百選Ⅰ（3版）』8頁。

（２）外国人選挙権肯定説とそれを根拠づける実質論

　外国人の選挙権否定説は、「国民主権」という場合の「国民」を国籍保持者と理解しているわけであるが、はたして国籍保持者に限定されるのか、「国民主権」だから当然に「外国人」が排除されるという論理が成立するのか、従来、十分な検討がなされてきたわけではなかった。外国人の選挙権保障を根拠づける実質論として以下の根拠をあげることができる[14]。

　①本来、選挙権は国家と国民との関係に関する基本原理である国民主権（地方自治においては住民主権）と結びつけられたものであり、その意味では、選挙権は国民にのみ与えられるべきものである。そして、本来、国籍をもった国民とそこに住む住民が一致している場合には、民主主義は「国民」主権およびそれに基づく代表制民主制であったといえる。しかし、日本においては、こうしたことを前提として考えることのできない事情がある。かつては「帝国臣民」とされ、一方的に「外国人」とされるという在日韓国人・朝鮮人などに関する歴史的経緯をみれば、以上の論拠を純粋な形で前提とすることができなかったということに留意する必要がある。

　②資本や情報やモノだけでなく、ヒトもまた国家の制約をこえて移動するボーダーレス時代の今日、人間の自由や平等以上に国籍が重視されなければならない理由はない。人々は多重国籍を認めあうほうが望ましい歴史を生きており、日本も例外ではない[15]。「今日では、国籍とそこに住む住民とが必ずしも一致しなくなりつつある。一つの国家社会の構成員とか運命共同体の一員などという点では、その一員たる住民は、国籍にはかかわらなくなってきている」[16]。

　③「代表なきところ課税なし」は民主主義の一つのスローガンであり、憲法上も納税の義務は「国民」の義務となっているが、日本では納税義務は居住地主義によっている。そして、そもそも本質的には、「民主主義」というのは、必ずしも「国籍」のみを単位として考えなければならないというものではなく、国籍にかかわらず、そこに「生活の本拠をもつ住民」を単位として考えることもできないわけではない[17]。定住外国人から税金を徴収する以上、その税金をいかに使う

14　藤井俊夫『憲法と国際社会』（成文堂、2000年）277頁以下。
15　後藤光男「外国人の人権」法学セミナー1996年11月号37頁。
16　藤井俊夫『憲法と国際社会』（成文堂、2000年）233頁。
17　藤井俊夫・前掲書234頁。

かを決める最低限度の権利を与えるのは当然である。どう使うかの決定過程に参加させないというのでは筋が通らない[18]。義務と権利との相関を説く近代法の「当然の法理」に立つかぎり、「外国人」の参政権を否定する根拠はなくなる。例えば、納税の義務を課しながら、その税がどのように使われるかの決定に参加し、それがどのように使われるかをチェックする権利を認めないことは、ほとんど詐欺に近い不法行為である[19]。

④民主主義を「共同体の自治」であると考えるなら、そこに「生活の本拠をもつ住民」を単位とすることの方が当然であるといえる。とくに、代表民主制および選挙権の問題を、原理的にさかのぼって、「社会契約論」の観点から考え直してみると、そこで重要なことは「共同体の一員」であるかどうかが基本的なものであり、「国籍」の有無は、それに付随した技術的なものである。本質論としては、憲法の前提とする民主主義＝国民主権（住民主権）は、日本に生活の本拠をおく住民たる外国人（いわゆる定住外国人）に対して選挙権を付与することを禁じてはいないと解することもできる[20]。

2 外国人の選挙権

（1）外国人の地方選挙権—地方政治の選挙権だけを認める限定承認説—

〔1〕最近の有力説は、地方自治体のうち市町村レベルでの選挙権を認める見解である。「地方自治体、とくに市町村という住民の生活に密着した地方自治体のレベルにおける選挙権は、永住資格を有する定住外国人に認めることもできると解すべきであろう」という[21]。

佐藤幸治は近著で次のように述べている。地方公共団体レベルについては、憲法が「地方公共団体の長、その議会の議員及び法律の定めるその他の吏員は、その地方公共団体の住民が、直接これを選挙する」（93条2項）と定めていることとも関連して（傍点、佐藤幸治）、様々な議論がある。当初は国政レベルと当然のご

---

18 後藤光男『共生社会の参政権』（成文堂、1999年）115頁。
19 加藤節「国を開くということ」朝日新聞1996年5月15日夕刊。
20 藤井俊夫・前掲234頁。
21 芦部信喜『憲法学Ⅱ人権総論』（有斐閣、1994年）131頁、芦部信喜（高橋和之補訂）『憲法（第5版）』（岩波書店、2011年）92頁、佐藤幸治『日本国憲法論』（成文堂、2010年）145頁。

とく同一視する傾向があった（A説。否定説）。が、いわゆる国際化などの状況変化も反映して、むしろ地方公共団体にあっては定住外国人にも選挙権を認めるべきであるとする見解（B説。要請説）や少なくとも法律でこれを定めることは憲法上排除されないとする見解（C説。許容説）が主張されるようになり、現在C説が次第に有力になってきている」。「憲法93条2項も<u>国民主権の原理を基礎に考えるべきであるが、地方公共団体の中でも、とりわけ元来住民の日常生活に密着する市町村レベルにあって、団体ないしその機関の行使する権能の種類や性質いかんによっては、法律により定住外国人に選挙権を認めることは可能と解すべきであろう</u>（下線、筆者）。また、広く公務就任権を参政権的な権利と捉えた場合、教育的・調査的・技術的等の職務についてまで外国人を排除するのは行き過ぎというべきである」[22]。

　また、芦部信喜の理解は次のようなものである。選挙権・被選挙権などの参政権は、国政レベルに関するかぎり、1、2の特殊な例外を除き、いずれの国においても外国人には認められていない。国際人権規約（自由権規約）も政治的権利の主体だけは、「市民」（citizen すなわち、わが国で言う「国民」）であると定める（25条）。国民主権（ないし民主化された立憲君主制）の憲法の下では、選挙ないし「自国の公務に携わる」政治的権利の主体が、その性質上（傍点、芦部）、当該国家の「国民」に限定されるのはきわめて当然のことと言わなければならない。それを認めることは<u>国民主権の原理に反する</u>（下線、筆者）と言えよう。わが国でも、実定法上、選挙権・被選挙権とも外国人には否定されている（公選法9条・10条、地方自治法18条参照）。しかし、次の点は問題であろう。地方自治体レベル（傍点、芦部）における参政権まで国政レベルのそれと同じように、権利の性質上、「日本国民」に限定されなければならないものであるのかどうか、具体的には、公選法・地方自治法を改正して地方自治体レベルで一定の類型の外国人に選挙権を法律上認めることも、憲法解釈上許されないのかどうか、という問題である。まだ学説上の議論はそれほど熟していないが、とくに市町村という住民の生活に最も密着した地方自治体レベルの参政権を一定の類型の外国人（とくに永住権保有者およびそれに準じる外国人）に認めることは可能であると考える説が漸次増えつつある。しかし、その立場が正当だとしても、被選挙権は、地方公共団体の

22　佐藤幸治・前掲書145-146頁。

長および議員のように国家意思の形成に参与する公務に携わることを認められることになるので、選挙権と同じように考えることはできないという問題は残るであろう。

　これらの見解のキーワードは「国民主権」原理の理解であろう。地方自治体レベルの選挙権を与えても国民主権原理には反しないとする。被選挙権について、芦部説は端的に言及して認められないとしているが、こうした説明をする見解は少ない。佐藤幸治説は被選挙権については直接的には言及せず、公務就任権の文脈で認められないと考えている。本章では、他の説も紹介していくが、多くの説が必ずしも選挙権と被選挙権を対のものとしては考えない、あるいは言及しないで、公務就任権の文脈で「公権力行使を担当する職」には外国人はつけないとして、被選挙権を否定するような説明になっているのである。

　〔2〕次に、都道府県レベルでも認める見解は「外交、国防、幣制などを担当する国政と住民の日常生活に密接な関連を有する公共的事務を担当する地方公共団体の政治・行政とでは、国民主権の原理とのかかわりの程度に差異があることを考えると、地方公共団体レベルの選挙権を一定の居住要件の下で外国人に認めることは立法政策に委ねられている」と述べている[23]。

　二人の見解を詳しく見ておこう。中村睦男は次のように理解している。日本国憲法の枠組みの中で国民主権原理は伝統的な国民主権原理を維持している（下線、筆者）ものと解されるので、国政レベルの参政権は日本国民に限られるのである。地方公共団体レベルの選挙権については、選挙権の保障が憲法上禁止されているとする禁止説、選挙権の保障が憲法上要請されており、外国人を排除するのは違憲とする要請説、外国人に選挙権を保障するか否かを立法政策に委ねているとする許容説に分類されている。禁止説は、地方公共団体レベルの選挙権も国政レベルの選挙権と同様に国民主権の原理に基づくものであり、憲法93条2項の「住民」は、憲法15条1項の日本「国民」を前提にしていることを理由にあげている。しかしながら、外交、国防、幣制などを担当する国政と住民の日常生活に密接な関連を有する公共的事務を担当する地方公共団体の政治・行政とでは、国民主権の原理とのかかわりの程度に差異があることを考えると、地方公共団体レ

23　中村睦男・野中俊彦ほか『憲法Ⅰ（第5版）』（有斐閣、2012年）225頁以下、樋口陽一『憲法（第3版）』（創文社、2007年）186頁。

ベルの選挙権を一定の居住要件の下で外国人に認めることは立法政策に委ねられているものと解される。最高裁も、憲法93条2項が外国人の選挙権を保障したものではないが、「我が国に在留する外国人のうちでも永住権者等であってその居住する区域の地方公共団体と特段に緊密な関係を持つに至ったと認められるものについて」、法律で地方公共団体での選挙権を付与する措置を講ずることは憲法上禁止されるものではないとして、許容説の立場に立っている（最判平成7年2月28日民集49巻2号639頁）。被選挙権への言及はない。

　次に樋口陽一の理解は次のようなものである。参政権については、それを外国人に認めることが<u>国民主権の伝統的理解と抵触する</u>（下線、筆者）、という意味で憲法問題を生じる。近代国民国家の枠組みを前提とする限り、国政についての選挙権・被選挙権を外国人にみとめることは、国民主権原理と両立し難いとしても、地域社会構成員としての性格に着目して、地方自治体の選挙につきそれらを認めることは、一般的にいって、違憲の問題を生じないと解することができよう。在留外国人のうちでも永住者等であってその居住する地方公共団体と特別に緊密な関係を持つ者について、地方選挙の選挙権を与える立法裁量を講ずることは憲法上禁止されていない、とした最高裁の判断がある（最判1995・2・28）。

　ここでもキーワードは、「伝統的な国民主権原理」とか「国民主権の伝統的理解」であろう。それでははたして国民主権原理の伝統的理解の内実はいかなるものであろうか。中村睦男の場合、被選挙権についての言及はない。樋口陽一の場合、国政レベルでは選挙権・被選挙権は認められないとするが、地方自治体レベルでは、選挙権には直接言及していても被選挙権については言及されていない。

〔3〕それでは最高裁はどのように理解しているのであろうか。1995年2月28日最高裁判決（最判平成7・2・28民集49巻2号369頁）は「我が国に在留する外国人のうちでも永住者等であってその居住する区域の地方公共団体と特段に緊密な関係を持つに至ったと認められる者について」、法律で地方参政権を与えることは憲法上禁止されていないとして、定住外国人の参政権付与に道を開いた（許容説）。しかし、国民主権を根拠に、国籍を保有しない外国人には国政レベルの選挙権を否定するものとなっている。判決は次のように説いている。

① 「公務員を選定罷免する権利を保障した憲法15条1項の規定は、権利の性質上日本国民のみをその対象とし、右規定による権利の保障は、我が国に在留す

る外国人には及ばないものと解するのが相当である」。

② 「国民主権の原理及びこれに基づく憲法15条１項の規定の趣旨に鑑み、地方公共団体が我が国の統治機構の不可欠の要素をなすものであることをも併せ考えると、憲法93条２項にいう『住民』とは、地方公共団体の区域内に住所を有する日本国民を意味するものと解するのが相当であり、右規定は、我が国に在留する外国人に対して、地方公共団体の長、その議会の議員等の選挙の権利を保障したものということはできない」。

③ 憲法第８章の地方自治に関する規定は、民主主義社会における地方自治の重要性に鑑み、住民の日常生活に密接な関連を有する公共的事務は、その地方の住民の意思に基づきその区域の地方公共団体が処理するという政治形態を憲法上の制度として保障しようとする趣旨に出たものと解されるから、我が国に在留する外国人のうちでも永住者等であってその居住する区域の地方公共団体と特段に緊密な関係を持つに至ったと認められる者について、その意思を日常生活に密接な関連を有する地方公共団体の公共的事務の処理に反映させるべく、法律をもって、地方公共団体の長、その議会の議員等に対する選挙権を付与する措置を講ずることは、憲法上禁止されているものではないと解するのが相当である。しかしながら、右のような措置を講ずるか否かは、専ら国の立法政策にかかわる事柄であって、このような措置を講じないからといって違憲の問題を生ずるものではない。

④ 「以上検討したところによれば、地方公共団体の長及びその議会の議員の選挙の権利を日本国民たる住民に限るものとした地方自治法11条、18条、公職選挙法９条２項の各規程が憲法15条１項、93条２項に違反するものということはでき」ない。

国民主権の原理を根拠に、国籍を保有しない外国人には国政レベルの選挙権を否定するものとなっている。本判決は被選挙権との関係については言及していない。

以上が最高裁の外国人地方選挙権付与の論理であり、定住外国人の地方選挙権付与の論理が浸透しつつある。前述した学説における地方自治体レベルでの外国人の選挙権を認める説の論拠をまとめておこう。それは次のようなものである。

①日本国憲法は、選挙権の主体について、15条１項では「国民」とし、93条では「住民」としている。学説は「住民」について、「その地方公共団体を構成する者、すなわち、その地域内に住所を有する者をいう」としており、国籍要件を

特に付加していないのが通例である。文理解釈の観点からすれば、93条における「住民」概念は必ずしも外国人を排除するものではない。

②地方自治の理念は、自治体の高権行為が国家意思と区別される「住民」意思による地域的正当性（「下から」の正当性）によって支えられることを必要とするが、外国人に選挙権を認めても、地方自治体の高権行為は法律に基づき法律の枠内で行われる以上（条例も「法律の範囲内」で制定される自主法である）、正当性の淵源が「国民」に存するという国家的正当性（「上から」の正当性）の契機が切断されてしまうわけではないから、93条の「住民」に外国人を含める解釈は「国民主権原理との関係で何らの不都合も生じない」。

③15条1項が国民主権原理（1条）から派生するものであるとすれば、93条2項は、直接的には地方自治の原則（92条）から派生するものである。地方自治体レベルにおける外国人の選挙権を認めても「国民主権」原理に反するものではなく、地方自治の本旨からすれば、住民である外国人の選挙権を排除することは「地方自治の本旨」に反するとする。

最高裁判決にしても最近の有力説にしても、外国人に地方参政権を与えるのは立法政策の問題であると言っているのであるが、しかし、永住外国人には立法政策の問題といわれても、自分たちは意見表明権をもたないわけであるから、一体どうすればよいのであろうか。選挙権のある人すべての責任があらためて意識されるのである[24]。

（2）外国人の地方選挙権付与論の問題点

こうした見解は、外国人は国政レベルの参政権は有しないという前提に立っているのであるが、なぜ外国人には地方選挙権だけしか認められないのか十分な解明が行われていないように思える。従来の通説と同じ疑問が生じる。

また、この説は、「住民自治」と「国民主権」を別個の原理として捉えるものであり、地方における住民自治の積み上げによって国のレベルの民主政治が実質化するという「地方自治の本旨」に照らし妥当ではないという指摘がある[25]。国政における国民主権論も、地方政治における住民主権論も、選挙権の保障によっ

---

[24] 石田雄『一身にして二生、一人にして両身―ある政治研究者の戦前と戦後―』（岩波書店、2006年）3頁。
[25] 浦部法穂『憲法学教室［全訂第2版］』（日本評論社、2006年）583頁。

て民主主義の実現を目指すという点では同じ本質のものである。主権に関する本質論からは両者に差異を設ける根拠はない[26]。

　民主主義を「共同体の自治」であると考えるなら、「生活の本拠をもつ住民」を単位とすることの方が当然である。「共同体の一員」であるかどうかが基本的なものであり、「国籍」の有無はそれに付随した技術的なものである[27]。

　前述①について、限定承認説の根拠の一つとして、憲法93条は「住民」としているだけで「国民」とはしていないということが挙げられる。「しかし、そのような形式論ですむのかどうかは問題である。現実に、従来は、93条にいう『住民』とは『日本国民たる住民』として理解されてきたのである。その意味では、この区別はあくまでも実質論で根拠づけられる必要があろう」。

　前述②、③について、この考え方は、国政における選挙権と地方自治における選挙権とは「質」が違う、いいかえれば、国民主権と住民主権は質が異なるということを前提としている。しかし、これについては、これらの民主主義の「質」がどのように異なるのかという点が必ずしも説得的に説明されているとは思われないという難点がある。また、この説では、国政と地方政治を区別しながらも、「住民」の範囲の拡大を各自治体に任せるのではなく、国の法律で決めるとする考え方に問題がないわけではない。

　また、通説的見解からも、「日本国憲法における国民主権原理は、日本国の統治の最終的決定権が日本国民に存するということであるとすれば‥地方自治についてもこの原理に導かれているのであり、地方自治であるがゆえに国民主権原理とは別の原理で統治が行われるわけではない」[28]とする批判が加えられている。

（3）新しい学説の流れ―外国人の国政選挙権付与の論理―

　こうして日本における政治的決定に従わざるをえない生活実態にある外国人、すなわち日本に生活の本拠を有する外国人（定住外国人）には、地方・国政を問わず、選挙権および被選挙権を保障すべきであるという見解が主張される[29]。治者と被治者の自同性を要請する民主制の理念が、国民主権の一側面であると考え

26　藤井俊夫・前掲236頁。
27　藤井俊夫『憲法と人権Ⅰ』（成文堂、2008年）48頁。
28　初宿正典「外国人と憲法上の権利」法学教室1993年5月号53頁。
29　浦部法穂「外国人の人権再論」『人権理論の新展開』（敬文堂、1994年）47頁。

るなら、定住外国人への選挙権をはじめとした参政権を保障することは、その趣旨にかなうこそすれ、反することにはならない。外国人の参政権否定論は再検討を迫られており、立法上の解決が要請される[30]。

地方自治体レベル、国のレベルともに外国人に選挙権を認める説の有力な唱道者は浦部法穂である。

この見解によると、「国民主権」原理の「国民」がどの範囲をさすかは、どの範囲の者が主権者であるべきかによるのであって、当然に「国籍保持者」に限定されるものではない。政治理念としての民主主義は、人民の自己統治であり、自己の政治決定に自己が従うということである。したがって、政治決定に従うものは、当然、その決定に参加できるものでなければならない。「国民主権」が民主主義と同義としての実質を持つものであるとするなら、そこでの主権者は、民主主義の観点から、その政治社会における政治的決定に従わざるをえないすべての者であるということである、その政治社会を構成するすべての人である。日本における政治的決定に従わざるをえない「生活実態」にある外国人には選挙権を保障すべきである。日本国民と全く同じように日本の政治のあり方に関心をもっているであろうし、もつことが当然である。国民主権の原理は、こういう外国人の参政権を否定するものとして理解しなければならないものではない。「日本における政治的決定に従わざるをえない生活実態にある外国人」すなわち「日本に生活の本拠を有する外国人」(いわゆる「定住外国人」)には、地方・国政を問わず、選挙権および被選挙権を保障すべきである[31]。

日本国憲法は、常に開かれた社会をつくることを目ざしているのであり、外国人でも一定の資格(居住要件など)を満たせば参政権付与が可能である。外国人の選挙権・被選挙権をどのように実現していくかは、日本の民主主義の質・水準が問われる問題である。参政権を開放することはむしろその内実を豊かにすることになる。

外国人の権利制約を大幅に認める説は、それぞれ論者の在来型の古い「国家主権」「国民主権」理解によるところが大きいが、こうした理論を克服する時期に

---

30 奥平康弘『憲法Ⅲ』(有斐閣、1993年) 61頁。
31 浦部法穂・注 (29) 47頁。

きているように思える。「外国籍の国会議員など考えられないとするのは『国籍』の機能を国家への忠誠義務という観念から見ているためであり、『国民代表』としての国会議員は、拡大された『国民』の信託により国権を行使するのだからその者の『国籍』は問題とならない。『国民』の信託をうけているかどうかが問題なのである」[32]といえる。

3　外国人の被選挙権

　被選挙権の法的性格については、従来は、「選挙人団によって選定されるとき、これを承諾し、公務員となりうる資格」であると説明してきた[33]。最判1955（昭和30）年2月9日刑集9巻2号217頁[34]の斎藤・入江補足意見は、「権利ではなく、権利能力であり、公務員全体の奉仕者である公務員となり得べき資格」と理解してきた。しかし、その後、最高裁が三井美唄炭鉱事件判決で、「立候補の自由は、選挙権の自由な行使と表裏の関係にあり、自由かつ公正な選挙を維持するうえで、きわめて重要である。このような見地からいえば、憲法15条1項には、被選挙権者、特にその立候補の自由について、直接には規定していないが、これもまた、同条同項の保障する重要な基本的人権の一つと解すべきである」[35]とした。

　こうして学説においても、被選挙権の内容を立候補の自由として捉え、被選挙権は選挙権と同様、15条1項を根拠として、立候補権を中心とする個人的権利として捉えられるようになった（もっとも被選挙権の憲法上の根拠については明文規定がないので憲法13条説、44条説などがある）[36]。

　第5章で、「外国人に被選挙権を付与する条例をどのように考えるべきであろうか」という問題に言及したが、多くの説は公務就任権の文脈で外国人の被選挙権を扱っていることが判明した。政府は、1953年の内閣法制局見解（「公権力の行使または国家意思の形成への参画にたずさわる公務員となるためには、日本国籍を必要とする」）により、資格を制限してきた。

32　萩原重夫「『外国人の選挙権論』の課題」法学セミナー1995年7月号19頁。
33　清宮四郎『憲法Ⅰ（第3版）』（有斐閣、1979年）142頁。
34　最判1955（昭和30）年2月9日刑集9巻2号217頁、判例時報45号2頁。
35　最判1968（昭和43）年12月4日刑集22巻13号1425頁。
36　後藤光男「選挙権・被選挙権の本質と選挙の公正」別冊ジュリスト『憲法判例百選Ⅱ（第6版）』322頁。

被選挙権の問題は未解明の問題であるが、多くの説は消極に解するものと思われる。例えば、戸波江二は、前述のごとく、被選挙権については、外国人の公務就任能力の問題とも関連するが、長・議員が公権力の行使に直接参与する地位である以上、否定されざるをえないであろうという[37]。外国人の人権論に一石を投じたのは国際法学者の大沼保昭であった。外国人の人権を広く認める大沼保昭にあっても、公務就任権の観点から、「主権または統治権を直接行使する職務」（国会議員、国務大臣、裁判官など）には外国人は就任できないという。こうして外国人は国会議員の被選挙権を有しないと述べているのである[38]。

山内敏弘も公務就任権の文脈で、「国民主権」の担い手に定住外国人を含めることにはにわかには賛成できないが、自治体レベルでは、「住民自治」の観点から外国人は被選挙権をも持ちうるとすれば、自治体の意思形成に一般職の公務員（管理職を含めて）として参画することがあったとしても、「住民自治」に抵触することはないと思われるという。問題は、国家公務員の場合であるが、たしかに国家公務員で「国家意思の形成」に直接的に参画するポスト（国会議員、国務大臣、裁判官など）については、国民主権の原則との抵触の問題が出てくることは否めないであろう、という。山内敏弘は、自治体レベルの外国人被選挙権は「住民自治」の観点から認められるが、国政レベルにおいては「国民主権」の観点から認められないと述べている[39]。

そこで、外国人の被選挙権の問題を検討してみよう。判例・学説において、外国人の選挙権に関する言及は多いのであるが、被選挙権についてはほとんど言及されていないというのが現状である。選挙権と被選挙権が表裏一体のものであることを考えると、このことは奇異というほかない。地方自治体レベルと国政レベルに分けて、外国人の被選挙権の問題を見てみよう。

（1）地方自治体における外国人の被選挙権

少数ながら外国人被選挙権を積極的に解する説が唱えられてきた。ここでは外国人の被選挙権につき、地方自治体レベルでは認められるが、しかし国政レベルでは認められない学説の代表的な論者として山内敏弘の見解から先ず見ていこ

37　戸波江二・（注5）77頁。
38　大沼保昭「『外国人の人権』論再構成の試み」法学協会百周年記念論文集2巻（1984年）361頁。
39　山内敏弘『人権・主権・平和―生命権からの憲法的省察』（日本評論社、2003年）231頁、238頁。

う。参政権の観点から次のような理解を示している。

　選挙権と並んで問題となるのが被選挙権であるが、選挙権に関する国政禁止地方許容説をとる学説においても、これを消極に解するのが有力説である。しかし、憲法の「地方自治」の観点からすれば、選挙権と被選挙権を区別して論じなければならない理由は基本的にはないと思われる。最高裁判決の表現を使えば、自治体の公共的事務への住民の意思の反映の仕方は、選挙権行使と並んで、被選挙権行使という形で行うこともできるからである。

　また、山内敏弘は、地方議会議員と首長を分けて、長には被選挙権は認められないという見解に言及し、地方議会議員の被選挙権については肯定しつつ、知事・市町村長にあっては「国の事務をおこなう地位にあるため、外国人がその地位に就くことは、憲法上許されない」という見解もあるが、しかし、このような理由で地方議会議員の被選挙権と知事・市町村長の被選挙権を区別することは困難であろう。知事や市町村長が国の事務を行うことがありうるとしても、その職務は本来的には自治体の事務を行うことにあるのであり、その点では地方議会議員とは異ならないからであるという。

　山内敏弘は、自治体レベルでは「住民自治」の観点から被選挙権は認められるが、国政レベルでは「国民主権」の原理から被選挙権は認められないというのである。ここでは国民主権の原理をどのように理解しているのかが問題となる。この点は後に検討する。

　根森健は、未解明のまま残された問題として、地方参政権のうちの地方議会議員選挙や首長選挙での被選挙権の付与の問題が重要である、という。最高裁判決の論理は、被選挙権の付与を否定するものになっていない点に注目する。なぜなら、「その意思を日常生活に密接な関連を有する地方公共団体の公共的事務の処理に反映させる」には、どうしても地方議会へ議員を送ること、都道府県知事、市町村長といった首長になることは必要だからである[40]。

　スウェーデン現代政治を分析している政治学者の岡沢憲芙は、1993年の著書『スウェーデンを検証する』（早稲田大学出版部）[41]において、在住外国人の選挙権・被選挙権について次のような紹介を行った。スウェーデンでは外国人の籍のまま

40　根森健・（注7）47頁。
41　岡沢憲芙『スウェーデンを検証する』（早稲田大学出版部、1993年）28頁。

地方公務員になることができる。18歳以上で3年間スウェーデンに住めば、外国人でも選挙権、被選挙権が地方レベルで与えられる。現在、多くの国で選挙権はすでに18歳であるが、スウェーデンでは被選挙権も18歳である。選挙公職の違いによる被選挙権年齢に格差は一切ない。どの選挙公職も18歳である。「選ぶ能力」があれば「選ばれる能力」もあるに違いないという発想がこの思想の背景にある。国籍よりも「いま現にどこに住んでいるのか」という事実を重視して選挙権に新しい意味を付け加えた。〈地球選挙権〉〈地球市民権〉の発想と表現できる[42]。

（2）国政における外国人の被選挙権

次に国政における外国人の被選挙権を認める論者として、萩原重夫と根森健を取り上げる。

萩原重夫は、外国人の地方選挙権を認めた最高裁1995年2月28日判決について言及し、この判決が被選挙権との関係について言及していないことは理論上問題を回避したことになる、という[43]。続けて、地方選挙権は、国政選挙権とは質的に異なるので、外国人に地方選挙権を認めても差し支えないという考え方が支配的になりつつあるが、しかし、理論的には、外国人の地方選挙権、国政選挙権および両方の被選挙権を区別する根拠は薄いという。

萩原の理解は大要、以下のようなものである。「国民主権」原理は、「国民」の自己決定を内容とし、治者と被治者の同一性を要請する。「自己統治」に参加する者の範囲を確定する基準として「国籍」が従来用いられてきた。日本国憲法もそのようなものとして制定されたと解される。しかし、日本国民の決定の下で、一定範囲の外国人を「主権者」に加える可能性を排除しているとは思わない。とりわけ対象となる外国人が、国籍国との政治的関係が切断され、日本以外に政治過程に参加する可能性がない場合、日本においてこそ政治的決定に参加できるようにすべきであろう。「国籍」という形式的基準だけに拠るのではなく、「国民」と同視しうる生活実態を備えているかどうかも、外国人については基準に加えてよい[44]。要するに、日本の政治過程に「定住外国人」を参加させるべきかどうか

---

42 後藤光男『共生社会の選挙権』（成文堂、1999年）116頁。
43 萩原重夫「『外国人の選挙権論』の課題―1995・2・28判決にふれて―」法学セミナー1995年7月号（487号）16頁。
44 萩原重夫・前掲17頁。

が問われているのである。「国民主権」原理がそのことの制約となるかどうかが、憲法解釈論の焦点である。ただし、その際、国と地方とを区別して、後者のみ許容するという方策は、「被選挙権」についてみると、外国人は地方議員や首長にはなれても、国会議員や閣僚にはなれないという線引きをすることになる。そのような解釈は妥当であろうか。「定住外国人」は、憲法の言う「国民」に含まれるとする包括的解釈が望ましく、憲法はそれを許容している[45]。

萩原重夫は同年の別の論文において、「国民主権原理」にいう国民は日本国籍保有者に限定すべき必然性はないと解されるから、国・地方の何れにおいても、外国人の選挙権・被選挙権を認めることができる、という。国政はだめだが、地方ならいいとする見解は、「日本国の構成員ではない地方住民」という類型をつくり出すもので、疑問であると述べている[46]。

根森健の理解は次のようなものである。①一定の居住要件を満たす外国人には人権として国政レベルの選挙権・被選挙権も付与可能である。最高裁1995年2月28日判決の論理は、定住外国人と国政との密着性について論証できるなら、言い換えると、裁判所を説得できる（裁判所に共感を持たせられる）なら、国政レベルでの参政権の立法による付与を認めざるをえない可能性を内包している。②地方参政権のうちの地方議会議員選挙や首長選挙での被選挙権の付与の問題が重要である。「その意思を日常生活に密接な関連を有する地方公共団体の公共的事務の処理に反映させる」には、どうしても地方議会へ議員を送ること、都道府県知事、市町村長といった首長になることが必要だからである[47]。参政権とは、政治における自己実現・自己統治が個人の尊厳にとって不可欠であるがゆえに（基本的な）人権のカタログに属するようになったものである[48]。

最高裁1995年2月28日判決以前において、地方自治体レベル、国政レベルにおける被選挙権の容認を説いてきた代表的な主唱者は浦部法穂と奥平康弘である。

45　萩原重夫・前掲18頁。
46　萩原重夫「日本の〈国際化〉と外国人の権利保障」平野武ほか編『日本社会と憲法の現在』（晃洋書房、1994年）204-205頁。
47　根森健・注（7）47頁。
48　根森健・注（7）49頁。

先ず、浦部法穂の外国人の選挙権・被選挙権の理解から見ていこう。1992年の論文[49]において、次のような理解を示している。

① 法律上の用語としての「国民」は、日本国籍保持者を意味する場合もあれば、日本の統治権に服する者、日本に住む者を意味する場合もあるのであって、憲法でも法律でも「国民」と書いてあるから、日本国籍を有する者のことであって外国人を含まないと簡単にいってしまうわけにはいかない。

② 「国民主権」の原理は、「君主主権」論に対抗する概念として登場した。「神の意思」にもとづく君主の権力ではなく、「国民の意思」にもとづく権力こそ最高のものであるというのが「国民主権」という考え方の出発点であった。そこでいう「国民」は君主および封建特権階級以外の人びと（人民）を総称するもので、それは「外国人」に対する国籍保持者という意味の「国民」ではなかった。「国民主権」原理の前に「国籍」が確定されていたのではなく、主権者たりうる者に「国籍」が付与されたという関係である。「国籍」が「国民主権」の内容を規定したのではなく、「国民主権」が「国籍」の内容を規定したとみるべきである。こうした見方からすれば、「国民主権」原理を「国籍をもつ者」による権力の正当化原理ととらえるのは正確なとらえかたではない。

この見解によると、前述したごとく「国民主権」原理の「国民」の範囲は、どの範囲の者が主権者であるべきかであり、当然に「国籍保持者」に限定されるというものではない。民主主義とは、人民の自己統治であり、自己の政治的決定に自己が従うということである。したがって、政治的決定に従うものは、当然、その決定に参加できるものでなければならない。主権者とは、民主主義の観点から、その政治社会における政治的決定に従うすべての者である。すなわち、その政治社会を構成するすべての人である。日本における政治的決定に従わざるをえない「生活実態」にある外国人には当然に選挙権が保障される、ということになる。浦部はまた、次のようにも述べている。少なくとも、日本以外に生活の本拠をもたない「定住外国人」に対しては、選挙権・被選挙権を保障することが、要請される。定住外国人に選挙権・被選挙権を保障すべきであるというような議論は、常識はずれだと感じられるかもしれないが、逆に、外国人だから選挙権・被

---

[49] 浦部法穂「日本国憲法と外国人の参政権」『共生社会への地方参政権』（日本評論社、1995年）93頁以下。

選挙権をもたないのは当然だという常識は、その昔の「天動説」と同じ類の、誤れる常識ではないかと思われる[50]。

奥平康弘は1993年の著書『憲法Ⅲ』[51]において、国民主権と外国人の参政権について次のような理解を示している。

①　国民主権の原則にとって、国籍のあるなしはけっして重要ではない。当該国家社会を構成し、当該国家権力に服属する・ふ・つ・う・の・ひ・と（傍点、奥平）（シェイエスのいわゆる「第三身分」＝「すべてのひと」）が、国家意思の最高決定者であるという点にこそポイントがある[52]。

②　たまたま、ふつうの圧倒的多数は同時に同一国人であるから、自国中心主義的な統治制度が出来上がった。参政権は自国民のみが保持し外国人には与えないという制度になった。しかし、このことが参政権を外国人に与えることは国民主権の原則に反するということに結びつくわけではない。その外国人が・ふ・つ・う・の国民と違わないのだとすれば、そのひとを仲間に加えても、国民主権の原則は、全然ゆがむところがない[53]。

外国人の被選挙権について、的確に、次のような指摘を行っている。

③　積極論者は、参政権の観念のもとで主として選挙権を念頭に置き、被選挙権付与については、それほど雄弁ではない。しかし、積極論の論理に即して言えば、選挙権と被選挙権とは全然違うという議論は容認されてはならないであろう[54]。

④　国政・地方いずれを問わず、よく練り上げた立法であれば、参政権を与えるのに憲法上の困難はない。しかしながら、それが立法的に可能であると考えるものの、積極論者と違って、立法を媒介するまでもなく、憲法自身が命じているという見解をとらない。参政権拡張の理論は選挙権・被選挙権のいずれにも妥当する性格のものである。前者はいいが後者はだめだというのは、理論では十分に説明できない、妥協の産物（すなわち政治論）である[55]。

50　浦部法穂『憲法学教室（全訂第2版）』（日本評論社、2006年）514頁。
51　奥平康弘『憲法Ⅲ—憲法が保障する権利』（有斐閣、1993年）49頁以下。
52　奥平康弘・前掲書55頁。
53　奥平康弘・前掲書56頁。
54　奥平康弘・前掲書58頁。
55　奥平康弘・前掲書61頁。

その後の注目すべき見解として、辻村みよ子の永住市民権論を紹介しておく。辻村は2002年の著書『市民主権の可能性』（有信堂）[56]の中で次のような理解を示している。

先ず、従来から使用されている「定住外国人」という概念について、今後は「定住外国人」の用法をさらに厳密にするか、この用法に代えて現行法制上の「永住者」の概念を明確にして用いることが求められる。日本の問題を考察する際には、特別永住者と一般永住者のうち、政治的意思決定能力をもつ年齢に達した者に対して「永住市民」の位置づけを与え、この「永住市民」を主権者の構成員に含める立論が有効である。

「永住者」たる成年の外国人を「永住市民」として認めて国政・地方をとわずその参政権を承認し、公職選挙法を改正して選挙権・被選挙権者のなかに国民とならんで「永住者」ないし「永住市民」を加えることで解決することが妥当である。「永住市民」の理論を用いるにしても、歴史的特殊事情を根拠に特別永住者を一般永住者と区別すべきか、また、自己の民族的アイデンティティーから同化政策に反対したい事情をどう扱うかなどを慎重に議論しなければならない。

要は、国民とも住民とも異なる「市民」概念を定立し、とくに「永住市民」を主権者＝選挙権者に含めることで、国民主権原理を根拠に国籍保持者以外の主権行使を排除してきた議論をまず克服することが先決である。「人民（プープル）主権」論の立場からすれば、主権行使の一貫性から、地方と国政は区別せず、選挙権と被選挙権も区別せずに扱うことが理論的帰結となる。

以上の辻村見解を含めた国政・地方レベルで選挙権・被選挙権を認める考え方について、これを批判的に検討しているのが長尾一紘の2014年の著書『外国人の選挙権　ドイツの経験・日本の課題』（中央大学出版部）[57]である。この見解については別稿をもって検討することとしたい。

筆者は日本国憲法の背景にある社会契約論に基づいて考える。憲法では二種類の政府が予定されている。一つは中央政府であり、一つは地方政府である。ここにおける選挙権・被選挙権は、国、地方自治体におけるその社会の構成員によって行使される。選挙権があれば、当然被選挙権が認められるのであり、選ぶ権利があれば選ばれる権利もある。それが国民主権の内実であり、すなわち国民とは

56　辻村みよ子『市民主権の可能性』（有信堂、2002年）240頁以下。
57　長尾一紘『外国人の選挙権　ドイツの経験・日本の課題』（中央大学出版部、2014年）。

その社会の構成員である。その社会の構成員を他の社会の構成員と区別するための指標として国籍が使われているのである。国籍は後からついてくる指標であり、基本は社会の構成員であるかどうかが基本であると考えるべきであろう。

4　結　び

　政治学者の宮田光雄は、選挙権を歴史形成の主体として生きる権利であり、自己実現を果たし、十分に発達した成熟した人格となることを可能にする権利であると位置づけた。筆者は、従来より、この選挙権の捉え方に共感を示し、日本で生活する永住外国人にこうした歴史形成の主体として生きる権利が否定されるべきではないと指摘してきた。

　宮田光雄の人権理解は次のようなものである。人権は、人間をして人間的存在たらしめる本質であり、それは、人間を人類の一員たらしめるもの、いわば人間のしるしである。人権を保障することは、人間であることの本当の内容を形づくることなのである。特に重要なのは、思想の自由、選挙権、労働権であり、思想の自由＝人間のアイデンティティの根幹をなすもの、選挙権＝歴史形成の主体として生きる権利、労働権＝自己自身の能力を開発し社会に貢献していく権利、これらの人権を含めた自由や人権は、私たち一人びとりにとって自己実現をはたし、そして十分に発達した成熟した人格となることを可能にするものといえる。これらの人権を侵害することは、まさに人間から、人間として生きていく、あるいは人間としての成熟のチャンスを奪うことであり、人間性そのものを侵害することにほかならない。また、宮田光雄は、真のナショナル・アイデンティティは普遍的な人間の価値に開かれていなければならないと述べ、人間であることは〈地球市民〉として生きる責任と結びついているという。人類の共生ということを、単なる理想や義務の問題としてではなく、のっぴきならない現実の課題とされているのである[58]。

　選挙権を歴史形成の主体として生きる権利という趣旨について、高柳信一は次のような見解を述べている。1969年の「戦後民主主義と『人権としての平和』」[59]という論文の中で、日本国憲法の基調は、人が精神的な、物理的な諸能

58　宮田光雄『いま人間であること』（岩波ブックレット312号、1993年）参照。
59　高柳信一「戦後民主主義と『人権としての平和』」『世界』1969年6月号32頁。

力を、最大限に展開して、その人のみが作れる、その人自身のかけがえのない生を、どう作り上げていくか、それをその人自身に任せるということ、そういう人間が相集まって、どういう社会を作っていくか、それを人民にまかせる、これが憲法の思想である点を指摘し、人民が歴史をつくるのであって、国家や政府が歴史をつくるのではない、それが憲法の基調であり、それを志向することを宣言しているのが憲法である、と。こうした人民の中に日本社会を構成する永住外国人は当然に含まれると筆者は考えるのである。

　また高柳信一は1970年の「民主主義における人権の問題」[60]という論文の中で、戦後民主主義が、その定着過程において、自覚的に対決せずに、存続を許してきたところの人権侵害の諸事態（未解放部落、在日朝鮮人、沖縄、ベトナム戦争加担等）を十分に克服していないことを指摘していたが、その後、40年を経た今日の時点においても残念ながら未だ十分に克服されていないことを指摘せざるをえないのである。本書主題の関連でいえば、在日韓国・朝鮮人を含む永住外国人の人権問題である。これは人権論だけでは解決できる問題ではないので、今いちど、近代憲法を確認しておこう。

　近代憲法を理解しようとする場合、ビル・オヴ・ライツ（権利章典）と、フレイム・オヴ・ガヴァメント（統治機構）の二つに分けて考察する。統治機構＝民主主義を人権の理念と切り離すことなく密接不可分の関係において、統一的に把握する必要がある。「元来、典型的にはロックにおいてみられるように、人の自然権が政治に関するあらゆる議論のアルファであり、オメガであった。そこでは、政治のしくみに関する諸原則は、この自然権を保全するための理論的提案としての役割を担った。議会制も多数決も権力分立も法治主義も、すべての人権保障に奉仕するためのものであった」[61]。日本国憲法は生命・自由・幸福追求権（憲法13条＝ロックのいう生命・自由・財産）を保全するために、政府のしくみに関する諸原則を規定し（憲法第4章以下）、政府が人権保障に奉仕することを謳っているのである（憲法前文）。「人民の政治的自由が剥奪されている時、議会の審議は意義をもちうるはずがない。人民の政治的自由にさらされることのない議会の審議は有名無実化し、茶番化するのである」[62]。こうした人民の中には、日本社

60　高柳信一「民主主義における人権の問題」『世界』1970年2月号47頁以下。
61　高柳信一（注60）49頁。
62　高柳信一（注60）52頁。

会を構成している定住外国人も当然に含まれるのである。また定住外国人には選挙権のみならず、被選挙権も保障される必要がある。

　本章で述べてきたことを平易な言葉でまとめておこう。その人が生活している日本社会で、社会共通のルールをつくる際、その社会の構成員の一部を排除し意思表明をさせないでおいて（選挙権を認めない）、またルール作成の審議過程に参加させないでおいて（被選挙権を認めない）、その社会の構成員のための自由かつ豊かに生きる適切な条件整備のルール（法律）をつくれるものであろうか。

　1945年以前のルール作りの有資格者は国籍をもった有産者であり（国籍をもった無産者を排除）、また、国籍をもった男性（国籍をもった女性を排除）であった。しかし、日本国憲法の下では、こうした不合理を撤廃した。日本国憲法で使われている「国民」とか「日本国民」とは、日本の国籍を取得した者を意味するとは、憲法自体は一言も語っていないのである。「国民」概念は憲法の規範構造・その背景にある立憲主義思想から確定する必要がある。憲法には明確に社会契約論を読み取ることができる。こうした理解によるならば、ルールづくりの有資格者の標識を「国籍」に求めるのではなく「その国に住み生活する住民」[63]、「憲法上国民とは、国籍保持者に加えて、日本政府の統治権の及ぶ空間内に生活の本拠を有する者（定住者、特別永住者など）」[64]、「その社会の構成員性」に求める必要性があるのであり、このことは民主主義の観念と結びついた国民主権の原理、あるいは立憲主義の原点にある社会契約思想の理念からいえば奇異なものではなく、常識的なものである。社会の構成員（日本国籍を取得して生活の本拠を日本社会においている市民と生活の本拠を日本にしか置いていず日本社会において生活している定住外国人＝市民）には選挙権と、代表者となって審議・討論・ルール作成権（被選挙権）が認められるということにならざるをえない。代表者となる権利・資格は、その人がその社会の構成員から「信託」されているかどうかがポイントとなるのである。

　今日まで被選挙権の法的性格、選挙権と被選挙権との関係について、十分に議論されてきたわけではない。この点、今後のさらなる究明が求められているといえるであろう。

63　根森健「人権保障の原理」川添利幸・山下威士編『憲法詳論』（尚学社、1990年）139頁。
64　渋谷秀樹『憲法への招待（新版）』（岩波新書、2014年）44頁。

OECD加盟国（30カ国）およびロシアの外国人参政権と二重国籍の状況

国名	外国人参政権					二重国籍
	国政選挙		地方選挙		左欄において ○：居住または永住権取得を条件として参政権を付与 △：居住または永住権取得以外の要件を条件として付与 ▲：一部地域で付与 ×：付与していない	下欄において ○：認められる ×：認められない、または非常に制限的
	選挙権	被選挙権	選挙権	被選挙権		
オーストラリア	△	×	△▲	△	一部の英連邦市民にのみ。一部の州ではその他の外国人にも定住を要件として付与。	○
オーストリア	×	×	△	△	市町村およびウィーンの区の参政権をEU市民にのみ付与。首長の被選挙権は除く。	×
ベルギー	×	×	○	△	被選挙権はEU市民のみ。	○
カナダ	×	×	△	×	サシュカチュワン州で一部の英連邦市民にのみ。	○
チェコ	×	×	△	不明	選挙権はEU市民にのみ付与。	不明
デンマーク	×	×	○	○		×
フィンランド	×	×	○	○		○
フランス	×	×	△	△	EU市民にのみ。	○
ドイツ	×	×	△	△	EU市民にのみ。州の参政権は除く。一部の州では首長の被選挙権は除く。	×
ギリシャ	×	×	△	△	EU市民にのみ。首長の被選挙権を除く。	不明
ハンガリー	×	×	○	×		○
アイスランド	×	×	○	○		不明
アイルランド	△	×	○	○	国政選挙は英国市民のみ。大統領選は除く。	○
イタリア	×	×	△	△	EU市民にのみ。首長の被選挙権を除く。	○
日本	×	×	×	×		×
ルクセンブルク	×	×	○	×	被選挙権はEU市民のみ。	×

第6章　外国人の選挙権・被選挙権

メキシコ	不明	不明	不明	不明	詳細は不明であるが、付与していないと思われる。	○
オランダ	×	×	○	○		○
ニュージーランド	○	×	○	×		○
ノルウェー	×	×	○	○		不明
ポーランド	不明	不明	不明	不明	詳細は不明であるが、EU市民には地方選挙権を付与していると思われる。	不明
ポルトガル	△	×	△	△	EU市民とポルトガル諸国国民にのみ（相互主義）。	○
韓国	×	×	○	×		×
ロシア	×	×	○	○		○
スロバキア	×	×	○	○		不明
スペイン	×	×	△	△	EU市民およびノルウェー国民にのみ（相互主義）。	○
スウェーデン	×	×	○	○		○
スイス	×	×	▲	▲	一部の州では定住を要件として認められる。	○
トルコ	不明	不明	不明	不明	詳細は不明であるが、付与していないと思われる。	○
英国	△	△	△	△	EU市民に地方のみ、英連邦市民およびアイルランド市民には国政も付与。	○
米国	×	×	▲	▲	例外的ではあるが、メリーランド州タコマパーク市などで付与。	○

ゴシックの国はG8　　　　　　　　　　　　　　　　　　　　国立国会図書館調べ
出典：国立国会図書館調査による（田中宏「疎外の社会か、共生の社会か」世界2010年4月号（岩波書店）40頁に同表が掲載されている）

＊本章は、筆者が今まで発表してきた外国人の選挙権に関する下記の文献を参考にしながら、現時点における筆者の外国人の選挙権・被選挙権に関する考え方をまとめたものであることをお断りしておきたい。
（1）「地方自治における外国人の権利―参政権・公務就任権を中心として」時岡弘先生古稀記念『人権と憲法裁判』（成文堂、1992年）。
（2）「外国人の参政権」芦部信喜・高橋和之編別冊ジュリスト『憲法判例百選Ⅰ（第3版）』（有斐閣、1994年）。
（3）「外国人の参政権―地球選挙権に向けて―」大須賀明編『社会国家の憲法理論』（敬文堂、1995年）。
（4）「外国人の人権」高橋和之・大石眞編ジュリスト増刊『憲法の争点（第3版）』（有斐閣、1999年）。
（5）『国際化時代の人権［改訂版］』（成文堂、1999年）。
（6）『共生社会の参政権―地球市民として生きる―』（成文堂、1999年）。
（7）「外国人の地方参政権」芦部信喜・高橋和之・長谷部恭男編別冊ジュリスト『憲法判例百選Ⅰ（第4版）』（有斐閣、2000年）。
（8）「外国人の地方参政権」ソシオサイエンス7号（早稲田大学大学院社会科学研究科、2001年）。
（9）「外国人の地方参政権」高橋和之・長谷部恭男・石川健治編別冊ジュリスト『憲法判例百選Ⅰ（第5版）』（有斐閣、2007年）。
（10）「外国人の人権」大石眞・石川健治編ジュリスト増刊『憲法の争点』（有斐閣、2008年）。
（11）「日本国憲法制定史における『日本国民』と『外国人』」『比較法学45巻3号』（早稲田大学比較法研究所、2012年）。
（12）「ニュージーランドの外国人参政権」『比較法学46巻1号』（比較法研究所、2012年）。
（13）「日本国憲法10条・国籍法と旧植民地出身者」『早稲田社会科学総合研究13巻3号』（2013年）。
（14）「選挙権・被選挙権の本質と選挙の公正」長谷部恭男・石川健治・宍戸常寿編別冊ジュリスト『憲法判例百選Ⅱ（第6版）』（有斐閣、2013年）。
（15）「条例による外国人地方選挙権付与の合憲性」『早稲田社会科学総合研究15巻1号』（2014年）。

第7章　外国人の公務就任権

1　はじめに
2　外国人の公務就任権をめぐる動向
3　戦後50年と国籍条項
4　外国人の公務就任と憲法上の問題点

1　はじめに

　憲法学における外国人の人権というテーマについて、権利の性質上、日本国民に限られるものを除いて人間として尊重されるべき人権は広く外国人にも及ぶとする権利の性質説が通説的地位を占めている。いまや、「いかなる人権がどの程度保障されるかを具体的に（保障の及ぶ外国人の類型も異なることに注意して）明らかにすることが問われる時代に移行してきた[1]。
　かつての性質説は、外国人の参政権の享有主体性を一律・全面的に否定するものである。「公務員の選定・罷免権に至っては、国民主権の帰結であり、もっぱら日本国民に対してなされるべきことは、ことの性質上、きわめて当然である」[2]とする「ことの性質」論であった。しかし、その後、「ことの性質」論から一律に一定の人権享有性を否定する説の再吟味が徐々に進行する。国家対国民という閉鎖的論理の枠組から脱して、日本に在留する外国人を具体的生活者として捉えて、その保障の範囲と程度を拡大しようとする[3]。広義の参政権についての再吟味は、公務就任権の問題から始まるが、狭義の参政権に関する一律否認の根本的検討は（本稿執筆時の）1998年段階では十分とはいえなかった。
　「権利の性質」説の基本的発想・理論的枠組に原理的検討を加え、具体的判断

---

[1] 芦部信喜『憲法学Ⅱ人権総論』（有斐閣、1994年）124頁、山下健次「外国人の人権」ジュリスト1000号（1992年）19頁以下。
[2] 宮沢俊義『憲法Ⅱ（新版）』（有斐閣、1971年）240頁以下。
[3] 山下健次・前掲20頁。

枠組を提示したのが大沼保昭である。近代国家における個人と国家の結びつきは、国民＝住民という等式が事実上成立することによって支えられてきた。これに対し、「人が人たること」に基づく人権観念が個人の諸権利の根拠として強調され、しかも共同体の一員として国家領域内に居住する外国人が数十万、数百万という数を占める今日の状況（住民＝国民＋居住外国人）にあっては、国民＝住民の等式を事実上の前提として権利、利益の享有主体を考えることは、理念上も現実のうえでも著しくその妥当性を減ずることとなった。理念の観点からすれば外国人も同じ人であり、現実の観点からすれば、少なくとも定住外国人は住民にほかならないからである。国籍の基準によって権利享有関係を全体として決定することはもはや許されない[4]。そうである以上、①基準として重要な地位を占めるのは、領域共同体の一員としての居住、生活である。社会一般の利益享有資格は社会構成員性が基準とされなければならない。当該個人が日本社会の一員として国民と同様の生活を営んでいるという社会構成員性である。および、②当該個人が生存していくうえで日本という国家との実体的つながりをどれだけ必要としているかという生存権的必要性である[5]。こうした観点から、定住外国人にも妥当する社会構成員の権利として、公務就任権は職業選択の自由とも関わり、外国人の一律・広汎な排除は憲法の規範的要請に反するとするのである。

　それでは定住外国人はどのように捉えられているのであろうか。外国人とは、日本国籍をもたない人のことであり、無国籍者を含む。定住外国人の定義について、徐龍達によれば、日本社会に生活の基盤があって、社会的生活関係が日本人とまったく同じだが、日本国籍をもっていない外国人である。具体的には、①日本の植民地支配によって直接、間接を問わず渡日を余儀なくされた韓国・朝鮮人と中国・台湾人で、生活の基盤が日本にある人、②前項の人びとの子孫で、日本で生まれ日本で育った人、③日本に居住して3年以上、生活の基盤が日本にあって納税の義務を果たすその他の外国人をいう[6]。

　大沼保昭の定住外国人の定義は、「日本社会に生活の本拠をもち、その生活実態において自己の国籍国をも含む他のいかなる国にもまして日本と深く結びつい

4　大沼保昭「『外国人の人権』論再構成の試み」法学協会百周年記念論文集（1983年、『単一民族社会の神話を越えて』［東信堂、1986年］に再録）192頁以下。
5　大沼保昭・前掲203頁。
6　徐龍達『定住外国人の地方参政権』（日本評論社、1992年）273頁。

ており、その点では日本に居住する日本国民と同等の立場にあるが、日本国籍を有しない者をいう」とされる。また、浦部法穂によれば、日本国籍はもたないけれども生活の実態は日本国民一般と変わらないという外国人もいる。永年にわたり日本で生活し、あるいは日本で生まれ育ち、日本に生活の本拠を置く外国人（いわゆる「定住外国人」）である。「日本に生活の本拠を置き日本で生活している外国人について、日本国籍を持たないというだけの理由で、人権の保障について日本国民と異なった取り扱いをすることに、はたしてどれだけの合理性が認められるであろうか」[7]という。

　こうした理解に立てば、日本国民と生活実態が変わらない「外国人」については、日本国民と同等の権利保障を受けるとするのが筋であるが、それにもかかわらず、従来の通説はこれらのことを考慮することなく、外国人には公務就任は保障されない、あるいは一定の制約を蒙ってもしかたがないとされてきたのである。通説[8]・判例・実務は徹底した見直しが必要とされる。

2　外国人の公務就任権をめぐる動向

　外国人の公務就任が社会的関心を集めるようになったのは、1995年1月、高知県の橋本大二郎知事が年頭所感で「国籍条項」の撤廃にふれてからである[9]。「戦後50年の節目の年に、在日韓国・朝鮮人の方々の公務員への門戸開放を真剣に考えることは、現在に生きる我々の使命ではないか」「国籍条項は、外交・防衛を担う国の職員には必要な要件だが、なぜ地方にまで強要されるのか理解できない。これまでの常識を洗い直すことから、戦後の50年は始まる」。さらに再選された1995年11月の知事選では、「行政はサービス業であり、地域のために頑張ってくれるならばどこの国の人でもいい」として、国籍条項の撤廃を公約に掲げた[10]。

7　浦部法穂『新版憲法学教室Ⅰ』（日本評論社、1994年）69頁。
8　通説がとっている「外国人の類型論」は有力説となってきたが、現実・理論の両面から再検討を迫る見解がでてきた。萩原重夫は次のように述べる。「現実的な人権侵害の対象が、かつては在日朝鮮人中心だったから、『定住者』としての彼らを主要対象とする理論構成は、実態にもあっていた」。しかし、「『定住外国人』の人権としてのみ論ずることは、最近増加しているそれ以外の外国人の人権保障にはあまり役立たない」。「外国人一般に、日本社会との密接度の強弱にかかわりなく、『基本的人権』が保障されるべきだという理論枠組を採用すべきである」萩原重夫「日本の〈国際化〉と外国人の権利保障」『日本社会と憲法の現在』（晃洋書房、1995年）207頁以下。
9　後藤光男「国籍条項」法学教室1997年2月号。
10　1996年2月20日朝日新聞。

自治省の見解は「公務員に関する当然の法理として、公権力の行使または国家意思の形成への参画に携わる公務員になるためには、日本国籍を必要とする」というものである（地方公共団体については「国家意思の形成」は「公の意思の形成」とされる）。これは1953年3月内閣法制局が出した見解（いわゆる「公務員の当然の法理」とは「一般にわが国籍の保有がわが国の公務員の就任に必要とされる能力要件である旨の法の明文規定が存在するわけではないが、公務員に関する当然の法理として、公権力の行使又は国家意思の形成への参画にたずさわる公務員となるためには日本国籍を必要とするものと解すべきであり、他方においてそれ以外の公務員となるためには日本国籍を必要としないものと考えられる」）を踏襲するものであり、サンフランシスコ講和条約の発効後間もないころのことである。

　ここには在日韓国・朝鮮人を治安問題の対象とした当時の社会状況が色濃く反映されていた。「国際化時代のいま、この見解を『当然の法理』だとして自治体に押しつけようとするのは、時代錯誤というほかあるまい」[11]と指摘されている。橋本知事もこの自治省の見解に対して「国も、職員の第一次の任用権は首長にあると認めている。国籍条項は当然の法理で法規範だとする自治省の考えは、矛盾に満ち、整合性もない」。「旧憲法（大日本帝国憲法）は"日本臣民"でなければ公務員になれないと定めていたが、このような明文規定は、戦後の憲法や地方と国家の公務員法で抜け落ちた。法律にないものを無理に規範とするのは法治主義の原則に反する。1949年には当時の総理庁の自治課長が、ある県の問い合わせに『国内法に国籍条項の規定はない』と答えた。52年にも当時の地方自治庁の公務員課長が『国内法に規定がないので、原則として差し支えない』と回答している。当然の法理は、53年に内閣法制局が急に持ち出した。サンフランシスコ講和条約や朝鮮戦争などの時代背景を考えた政治的判断だったのだろうが、43年たった現在も当然の法理ではありえない」という批判を加えた[12]。

　高知県は国籍条項の廃止に備えて、法律、条例、規則など3750項目について外国人が採用された場合を想定し検討した結論は、「実務上問題なし」だった。知事が国から請け負う機関委任事務は、法規、通達に拘束され、「外国人だからといって、普通と違う判断ができるものではない」。また「昇進すると機密情報に

11　1996年3月12日朝日新聞社説。
12　1996年3月4日朝日新聞。

接触する」という議論に対しては、「機密の扱いに問題があれば地方公務員法によって処分されるのは国籍に関係なく同じ」という。ただ、司法警察員としての職務につく狩猟に関する事務職員、麻薬取締員、漁業監督官については「任命にあたって検察庁との協議が必要」などの理由で、任命対象から除外される（1996年2月3日朝日新聞）。いずれも「当然の法理」との抵触問題とは無関係に任命権限との調整上の問題である。課長以上等の管理職への任用も可能である。ここに、知事部局内に限ってであるが、政府の「当然の法理」を否定したうえでの全面撤廃方式である「高知方式」の特色がある[13]。

1996年、高知県をはじめ、大阪市、横浜市などでも国籍条項の廃止を検討しながら、いずれも人事委員会や議会の同意が得られず、試験実施を見送らざるを得なかったが、川崎市は一部の職種（消防職）を除いて国籍条項を撤廃し、6月の採用試験から外国人も受験できることとなった。市人事委員会が募集要項の改定を決めたからである。すでに多くの市町村で撤廃されているが、都道府県や政令指定都市では初めてである。ただ、同市は国籍条項を①消防職を除く全職種から撤廃するが、「税の滞納処分」「建築許可」「生活保護」など182の業務を「公権力の行使」に当たると判断し、それらの業務には配属させない考えであり、また、②「公の意思」にかかわるとして、決裁権がある課長職以上の昇任を制限する考えであるという[14]。ここに全面撤廃方式である「高知方式」とは異なる部分撤廃方式である「川崎方式」の特色がある。

川崎市は、同市の3509の職務のうち182を「公権力の行使にかかわる職務」、課長職以上の職を「公の意思形成にかかわる職」と定義づけ、それ以外の職を外国人に開放した。全体の職のうち、任用の対象とならない職は約20％、任用の対象となる職は約80％であり、昇任・転任等の人事管理の運用に支障は生じないとの意見を国に伝えたが、国の見解に変化はなかった。しかし、その後、1996年11月22日に白川勝彦自治大臣が見解を修正し、外国人の地方公務員採用を条件つきで認める方向を打ち出した。「（外国人が就けない）公権力に携わる具体的なポストや人事の方針を自治体が明確に示せば開ける。できるだけ外国人の任用の機会を広げたい」と述べ、川崎方式を追認したのである。1997年には横浜、大阪、神戸

13　岡崎勝彦「外国人の公務就任権」ジュリスト1996年11月15日号41頁、同『外国人の公務就任権』自治総研ブックレット59（地方自治総合研究所、1998年）。
14　中西又三「公務員と国籍」法学教室1996年9月号42頁。

各市、神奈川県、高知県の5自治体が撤廃に加わった。外国人であれ公務員には憲法尊重擁護義務があり（99条）、公務員になるためには憲法・法令・職務への宣誓をしなければならない。外国人も当然にこの義務を負うので、外国人であることがこれらの義務と両立しないことが明らかな場合以外、通常は決定的な問題は起こらない[15]。

　戦後50年にして、ようやく外国人の一般事務職への拡大が具体化しはじめた。このような動きを促しているものに、「一方で『国際化』の要請があるとはいえ、他方で地域住民として定住実績を重ねてきた『在日』の人々の切実な要求にあることを知らねばならない」[16]のである。

3　戦後50年と国籍条項

　公務員には、政治職・特別職と一般職があり、一般職には現業職と非現業職がある。非現業職には事務職員もいれば病院や研究所で医療や実験に従事する職員もいる。一般職公務員への公務就任は、「憲法13条の『幸福追求権』や、とりわけ憲法22条1項の『職業選択の自由』の保障対象と考えるほうが、現在の市民感覚に見合っており、実質に即している」[17]といえる。

　憲法は外国人の公務就任について制限規定をおいているわけではない。法律で国籍条項が明記されているのは外務公務員法のみである。国家公務員法は任免の基準を人事院規則に委ね、人事院規則8-18が「日本国籍を有しない者は、採用試験を受けることができない」と規定し、国家公務員採用試験の受験資格を外国人に否定している。外国人が公務員に就任できないことについて、1948年の法務調査意見長官の回答は各国の通例とされていることをあげ、「私法上においては内外人平等主義が文明諸国間における一般原則であるにもかかわらず他国人の公法上の権利義務、ことに公の権力の行使を担当する官吏となる権利については、これをその国民のみの専有する権利としている」と指摘し、その理由として、①それらの者は国家に対して、単に経済的労務を給付するものではない、②公権力

15　松井幸夫「演習憲法」法学教室1996年9月号105頁。
16　岡崎勝彦「外国人の地方公務員就任権」法律時報1997年3月号（69巻3号）4頁、中西又三・前掲論文39頁。
17　根森健「憲法15条」『基本法コンメンタール（第4版）憲法』（日本評論社、1997年）。

の行使を委ねられるためには、国家に対し忠誠を誓い一身を捧げて無定量の義務に服しうるものでなければならない、③他国人を官吏にすると、その者の属する国家の対人主権をおかすおそれがある、④官吏はその国の民情風俗に通暁している必要がある、等があげられている。その後、人事院の行政実例として、「公権力の行使または国家意思形成への参画にたずさわる公務員となるためには、日本国籍を必要とする」という人事院事務総長回答（昭和28年6月29日）が示された[18]。

こうした人事院事務総長回答および内閣法制局見解の問題点は、その公務員観が伝統的な「官吏観」に立っており、また、公務就任権を参政権の一種と把握し、外国人に公務就任を認めることは国民主権原理に反するとする前提に立っていることである。浦部法穂は「当然の法理」が前提とする公務員観に問題があるとし、次のような指摘をしている。①現憲法下の公務員についてはまったくあてはまらないはずの旧憲法下の公務員観を前提とするものであり、したがって、決して「当然」のものではありえないのである。日本国憲法下の公務員は、「法律、命令、規則又は指令による職務を担当する以外の義務を負わない」（国家公務員法105条）ものとされ、法律上も、職務の定量性がはっきり確認されている。②「当然の法理」の前提となっている第二のポイントは、公権力を行使するなどの公務員となる権利は参政権の一種であり、このような権利を外国人に認めることは国民主権の原理に反する、という考え方である。すなわち、国民主権原理のもと、参政権を有するのは国民のみであって外国人が参政権をもたないのは当然であるから、参政権の一種である「公務就任権」も、当然外国人には認められない、というわけである[19]。

地方公共団体の公務員については、募集要項に「国籍」を規定することによって、外国人の受験資格を認めてこなかった。地方公務員法はじめ法律には特に明文化されているわけではない。市町村の中には一般的に国籍条項をはずしているところもある。また、「公権力の行使または公の意思の形成への参画に携わる公務員」以外の公務員については、各地方公共団体の判断と実情に応じて任用されている。たとえば、大阪市などの政令指定都市が、一般事務職の中に「経営情報」「国際」などの新たな専門職を設けて、外国人の受験を認めるようになっ

18　1953年3月25日法制局一発29号法制局第一部長回答と全く同じである。鵜飼信成『公務員法（新版）』（有斐閣、1980年）92頁。
19　浦部法穂「外国人の公務就任と国籍条項」都市問題1993年11月号5頁以下。

た。こうして、職種ごとに、受験資格から国籍条項を撤廃する動きがでてきた。

　教育公務員についてはどうであろうか。国公立大学教員については、1982年の「外国人教員任用法」によって、教授・助教授・講師に外国人を任用できることになった。これによって、大学の管理運営のための審議決定機関としての教授会、評議会の構成員となることが可能となった。その後、10年の間に、国立大学の外国人教員は約200人に増えたが、国際化の道のりはなお遠いという。「学問は本来、国の枠を越えた普遍的なものであり、大学教員は広く世界に求められるべきだ」との批判が内外からあがり、ようやく任用法が制定されたが、この法律も日本国民と外国人を同等に扱わず、終身雇用の日本国民と違って、任期制（再任は可能）がとられており、運用上任期なしとしている大学も少数あるものの、当初から批判が強い。

　さらに、問題となっているのは、小中高等学校の教員に外国人を任用できるかどうかである。文部省（現・文科省）は「公立学校に外国人を任用することができないという当然の法理」が、大学では外国人教員任用法によって修正されたが、「高等学校以下については従来通りの考え方が維持される」として、外国人の教員任用は認められないという立場から行政指導を行ってきた。1984年12月、長野県で教員試験に合格した梁弘子（ヤン・ホンジャ）の採用に、県は、教諭ではなく常勤講師として採用した。こうした中で、1991年の日韓協議を受けて、「常勤講師」としてなら採用してよいという立場をとるに至った。文部省は1991年3月22日に「通知」を出し、一般の教員採用試験の受験は認めるが、「教諭」ではなく「常勤講師」として採用すること（「主任」にはなれない）、常勤講師は外国人に限ること、待遇は教諭との差を少なくするよう配慮すること、というものであった。要するに長野のケースを一般化した差別的なものである。しかし、大阪府、大阪市など一部の教育委員会はそれ以前に国籍条項を撤廃し、「教諭」として採用していたので、文部省「通知」によって後退する形になった。

　保健婦など専門職については、政府は採用を認めるように指導を行ってきた。東京都では1986年に、保健婦、看護婦、助産婦の国籍条項を撤廃した。そして、1988年に在日韓国人が保健婦として初めて採用された。鄭香均（チャン・ヒャンギュン）は、1992年12月に主任試験に合格、1993年に主任となる。1994年に、課長以上に昇任する資格を得るために申込書を提出したところ、東京都は、「公権力の行使または公の意思の形成への参画にたずさわる職員になるためには日本国

籍を必要とする」とする「当然の法理」をもちだして、申込書の受理を拒否した。そこで、1994年9月、都知事を相手とする「管理職受験資格」の確認を求めて提訴した[20]。1996年5月16日、東京地裁は、日本国籍を有しないことを理由に受験を拒まれた在日韓国人・鄭香均の受験資格と慰謝料を求める訴えを退けた。外国籍の保健婦が管理職となることは、「決定権限の行使を通じて国の統治作用にかかわる職への任用を目的とするもので、試験を受けさせなかったことに違憲・違法はない」という。しかし、具体的にどのような不都合が生じるのか、何ら論証されているわけではない。ここでも依然として内閣法制局見解の「当然の法理」が通用力をもっている。いずれにせよ、本判決は外国人の公務就任権に関する日本での初めての判断である[21]。

　この東京地裁判決は、まず、憲法の国民主権の原則を踏まえ、国の統治にかかわる職務に従事する公務員は日本国籍が必要であるという。①このことを公務員の職務内容に即してみると、国の統治作用の根本とされる立法、行政、司法の権限を行使し、主権者である国民の意思が職務遂行の中に体現している重要な権限を直接的に行使する公務員（たとえば、国会議員、内閣総理大臣・国務大臣、裁判官など）について、法律で外国人にこうした地位に就くことを認めることは、国民主権の原理に反する。②こうした直接的に国の統治作用に関わる場合だけでなく、公権力の行使あるいは公の意思の形成に参画することによって間接的に国の統治作用に関わっている場合にも、憲法は外国人の公務就任を保障しない趣旨である。もっとも、間接的に国の統治作用に関わる職務に従事するにすぎない公務員については、法律をもって明示的に、外国人に権限を授与することは国民主権の原理に反しないから、憲法上禁止されていない。③以上によれば、外国人は、公権力の行使あるいは公の意思の形成に参画することによって直接的または間接的に国の統治作用に関わる職務に従事する地方公務員に就任することはできないが、それ以外の職務、いうならば上司の命を受けて行う、補佐的・補助的な事務、もっぱら専門分野の学術的・技術的な事務等に従事する地方公務員に就任することは許容されている。④そのうえで、東京都の管理職採用試験について、決定権限の行使を通じて公の意思の形成に参画することによって国の統治作用に関

20　田中宏『在日外国人（新版）』（岩波新書、1995年）149頁以下。
21　高橋正俊「自治体管理職選考における国籍条項の合憲性」ジュリスト『平成8年度重要判例解説』1113号（1997年6月10日号）参照。

わる職への任用を目的とするもので、受験できなかったことに違憲・違法はないと結論づけている。

　この判決の評価として、①最も伝統的な国民主権論を踏襲し、人権保障よりも統治の原則を優先させている。②本来、判決に求められていたものは、立法者責任を問うのではなく、「当然の法理」という法律以外のことで縛っている現実に対して、司法判断することが求められていたのにこの点を回避している。③客観的には、自治省の見解に忠実に従い、従来の自治省の見解に正当化を与えたものである。それゆえ、「我が国の在留外国人のこの国との緊密性をはじめとする在留実態をも踏まえながら、やがて『当然の法理』の見直しから、外国人基本法に向けた立法による制限緩和につながる可能性を見通しつつあるこの時、これらの動きに一貫して抗してきた政府見解に司法としてその裏づけを与えただけでなく、この門戸拡大の動きに対して『厳格な枠をはめた』もの」[22]として、国際化、共生の時代の流れに後退的・逆行的なものとして危惧される判決であった。

　金敬得弁護士は、この判決につき、「日本で生まれ、育って、公務員になって、管理職試験で拒否された。そのことを裁判所がどう考えるのか、悩んだ形跡が一切読み取れない」という。また、「現在、鄭さんのように管理職を含めた公務員への採用を求めている外国人のほとんどは『在日韓国人』であり、植民地支配の結果、日本で生活している人々である。彼らの歴史的特殊性および、国とは異なる『地方自治の本旨』に考慮を払わない判決は正当性を欠く」という。韓国人の父と日本人の母の間に生まれた鄭香均は、韓国籍で生きることを選んだ。「在日の朝鮮人として差別されてきたからこそ、同化を強いる日本国籍取得という帰化には踏み切れませんでした」[23]と述べている。

　その後の控訴審判決では次のように判示した（1997年11月26日東京高裁判決）。
　①　憲法は、前文第1項および第1条において、国民主権の原理を明らかにしている。この国民主権の原理の下における国民とは、日本国民すなわちわが国の国籍を有する者を意味する。憲法15条1項、93条2項の規定は、わが国に在住する外国人に対して国および地方公共団体の公務員を選定罷免し、または公務員に

22　岡崎勝彦「外国人の公務就任権」ジュリスト1996年11月15日号44頁。
23　朝日新聞1996年5月17日。

就任する権利を保障したものではない。けれども、わが国に在住する外国人について、公務員に選任され、就任することを禁止したものではないから、国民主権の原理に反しない限度において、公務員に就任することは憲法上禁止されていない。

② まず、(1) 国の公務員をその職務内容に即してみると、国の統治作用である立法、行政、司法の権限を直接に行使する公務員（たとえば、国会の両議院の議員、内閣総理大臣その他の国務大臣、裁判官等）と、(2) 公権力を行使し、または公の意思の形成に参画することによって間接的に国の統治作用に関わる公務員と、(3) それ以外の上司の命を受けて行う補佐的・補助的な事務またはもっぱら学術的・技術的な専門分野の事務に従事する公務員とに大別することができる。

③ (1) の公務員については、日本国民であることを要し、法律をもってしても、外国人に就任を認めることは、国民主権の原理に反し、憲法上許されない。(2) の公務員については、憲法が日本国民であることを要求していて、外国人に一切認めていないと解するのは相当でない。その職務の内容、権限と統治作用との関わり方および程度を個々、具体的に検討することによって、国民主権の原理に照らし、認めることが許されないものと認めても差し支えないものを区別する必要がある。(3) の公務員については、その職務内容に照らし、国の統治作用に関わる蓋然性およびその程度は極めて低く、外国人が就任しても、国民主権の原理に反するおそれはほとんどない。このようにみると、国の公務員にもわが国に在住する外国人の就任することのできる職種が存在し、これへの就任については憲法22条1項、14条1項の規定の保障が及ぶ。

④ こうした説示は、わが国に在住する外国人の公務就任についても、原則的に妥当する。憲法第8章の地方自治に関する規定の趣旨にかんがみれば、わが国に在住する外国人であって特別永住者等その居住する区域の地方公共団体と特段に緊密な関係を有するものについては、その意思を日常生活に密接な関連を有する地方公共団体の公共的事務の処理に反映させ、また自らこれに参加していくことが望ましい処理である。したがって、特に特別永住者等の地方公務員就任については、国の公務員への就任の場合に較べて、おのずからその就任しうる職務の種類は広く、その機会は多くなるものということができる。

⑤ 地方公務員の中でも、管理職は、地方公共団体の公権力を行使し、または

公の意思形成に参画するなど地方公共団体の行う統治作用に関わる蓋然性の高い職であるから、地方公務員に採用された外国人は、日本国籍を有する者と同様、当然に管理職に任用される権利を保障されているとすることは、国民主権の原理に照らして問題がある。しかし、管理職であっても、専門的・技術的な分野においてスタッフとしての職務に従事するにとどまるなど、公権力を行使することなく、また、公の意思の形成に参画する蓋然性が少なく、地方公共団体の行う統治作用に関わる程度の弱い管理職も存在する。このように、すべての管理職について、国民主権の原理によって外国人を任用することは一切禁じられていると解することは相当ではなく、ここでも、職務の内容、権限と統治作用との関わり方およびその程度によって、任用することが許されない管理職と許される管理職とを分別して考える必要がある。後者の管理職については、さきに公務員就任について検討したところと同様、国民主権の原理に反するものではなく、憲法22条1項、14条1項の規定によって保障される。

⑥　そうすると、課長級の管理職の中にも、外国籍の職員に昇任を許しても差し支えないものも存在するというべきであるから、外国籍の職員から管理職選考の受験機会を奪うことは、昇任の途を閉ざすものであり、憲法22条1項、14条1項に違反する違法な措置であるといわなければならない。

　本判決は、「外国人の公務就任について、それを一律に否定せず、職業選択の自由や平等原則といった憲法上の保障が及ぶものである」ことを明言したものであり、一定の評価をしうる判決ということができる。もっとも、残された課題も少なくなく、就任しうることが許されているものと許されていないものを区別する基準が必ずしも明確ではない[24]。

　外国人の公務就任問題の多くは、外国人一般の問題ではなく、「定住外国人」に関わる問題である。「定住外国人」がなお外国籍を選択しているというところに、日本社会における外国人問題の本質があるという重要な指摘がある。前述の鄭香均の発言にみられるように、「日本国民として」生きるという選択をしても不思議ではないのに、そういう選択をさせない「何か」が日本社会にあるため、あえて「外国人として」生きるという選択をしているのである。それは、一言で

24　岡崎勝彦＝笹岡克比人「外国人職員任用の新動向―人権保障と主権」自治総研1998年9月号。

いえば、日本社会の閉鎖的・差別的体質である[25]。それゆえ外国人の公務就任権について、「旧植民地出身者もしくはその子孫である『在日』韓国・朝鮮人へのこの間の法的処遇を踏まえることなくして、問題の所在を正しく捉えることができない」[26]といわれるのである。

　1945年8月、日本がポツダム宣言を受諾したことにより、日本の植民地支配に終止符が打たれる。敗戦時230万人に達していた在日朝鮮人は本国に帰国し、その後、一貫して60万から70万の人々が日本に在留し、今日に至ることになる[27]。1945年12月、衆議院議員選挙法の改正で、「戸籍法の適用を受けざる者の選挙権および被選挙権は、当分の間これを停止す」という戸籍条項（附則）を加えることにより、朝鮮人および台湾人（戸籍は朝鮮なり台湾にあり、いずれも日本にはない）に選挙権を行使させない措置をとった。ここに、それまで「帝国臣民」（日本国籍保持者）として植民地出身者がもっていた参政権を停止した。1947年5月2日に施行された勅令「外国人登録令」（勅令207）により、「台湾人および朝鮮人は、この勅令の適用については、当分の間、これを外国人とみなす」と定めた。

　1946年2月、マッカーサー草案には、参政権をも含め、16条「外国人は、法の平等な保護を受ける」とする平等保護規定が存在していた。この条項は、日本政府と占領当局の交渉過程で削除され、一般的な平等保護条項の中に含まれることになり、「凡テノ自然人ハ其ノ日本国民タルト否トヲ問ハズ（Japanese or aliens）法律ノ下ニ平等ニシテ、人種、信条、性別、社会上ノ身分若ハ門閥又ハ国籍（nationality）ニ依リ政治上、経済上、又ハ社会上ノ関係ニ於テ差別セラルルコトナシ」とされていた。しかし、最終段階で現行憲法14条の中に"矮小化"された。「外国人の平等保護・権利保障という重要なポイントは消え、・・・そして、『国民』とは『日本国籍保持者』であるとの解釈が生まれ、外国人の権利保障は"未完の戦後改革"に終わった」[28]といわれる。日本政府が、平等保護条項における「外国人」ないし「国籍」の文言に異常にこだわり続けたのは、「旧帝国臣民で日本の敗戦により新たに『外国人』という取扱いを受けることになった2百数十万の日本（本州・北海道・九州・四国の四島と周辺の島々）居住の朝鮮人・台湾人の存

25　浦部法穂「外国人の公務就任と国籍条項」都市問題1993年11月号12頁。
26　岡崎勝彦「外国人の公務就任権」ジュリスト1996年11月15日号36頁以下。
27　田中宏『在日外国人（新版）』（岩波新書、1995年）54頁以下。
28　田中宏『在日外国人（新版）』（岩波新書、1995年）62頁。

在があった」。つまり、「当時の政府にとって『外国人』とは今日の状況と同様、これらの人々のことであり、『外国人』政策とはこれらの人々の処遇政策なのであった」[29]のである。

　1952年4月、法務府の「民事局長通達」(53年4月19日民事甲438) により、対日平和条約（サンフランシスコ講和条約）発効後の国籍選択につき、本人の意思を確認することなく、一方的に喪失せしめた。「国民」から「外国人」への法的地位の変化が、「自己の意思となんらかかわりない、日本政府の一片の行政措置によってもたらされるとするなら、それは、当該外国人とされた個人にとっては国籍の強制的剥奪にほかならない」[30]。そして、1953年に公務就任の「制約基準」として前述の内閣法制局の「当然の法理」がでてくるのである。参政権について、敗戦以来今日までそれを行使するに至っていない。「いったん『外国人』にしてしまえば、あとは日本国民でないことを理由に国外追放も可能なら、さまざまな"排除"や"差別"も、ことごとく国籍を持ち出すことによって"正当化"され、それが基本的には今日も維持されている」[31]といえる。

4　外国人の公務就任と憲法上の問題点

　外国人の公務就任の根拠となっている「公権力の行使又は国家意思の形成への参画にたずさわる公務員となるためには、日本国籍を必要とする」という1953年の内閣法制局見解の運用状況をみてきたが、これを前提にすると、「公権力の行使又は国家（公）の意思形成への参画にたずさわる公務員」は日本国民に限定され、それ以外の官職は外国人も就任できるようになっている。

　外国人の公務就任が許容されるかについて、大きくは二つの学説の傾向がある。一つは、「公権力の行使又は公の意思形成への参画にたずさわる公務員」という基準を設けること自体に憲法上疑問があるとする説（大沼保昭・市川正人）と、他の一つは、「公権力の行使又は公の意思形成への参画にたずさわる公務員」

29　古川純「外国人の人権保障」山内敏弘＝古川純共著『（新版）憲法の現況と展望』（北樹出版、1996年）。
30　大沼保昭『「外国人の人権」論再構成の試み』法学協会百周年記念論文集1983年（『単一民族社会の神話を越えて』（東信堂、1986年））に再録186頁。
31　田中宏『在日外国人（新版）』（岩波新書、1995年）62頁。

という基準によりつつ、その基準の明確化ないし適用範囲について問題があるとする説（田中二郎・芦部信喜・岡崎勝彦）である[32]。

　大沼保昭は、内閣法制局の基準について、①（イ）基準それ自体として、（ロ）排除される外国人について、（ハ）制約の態様について、余りに包括的・抽象的であり、人権制約基準として違憲の疑いが強いとされる。そして、②今日の一般的規範意識、現憲法の予定する公務員により適合的な制約基準は、（1）国民主権原理から派生する職務、（2）三権分立の国家機構における国家意思形成に直接参与する職務、（3）国際社会における独立国としての存立を対外的に担当する外交・防衛の担い手、および（4）法の強制的・権力的作用を直接左右する裁量的権限の担い手であり、これらについては、定住外国人をも含めて、外国人を排除することも許される。国会議員、国務大臣、裁判官、外交官、自衛官、検察官などから外国人を排除することは認められるとされる。③それ以外の公務である一般事務職、一般技術職、教員などについては、職務の機能・目的上特に必要であることを、制限を主張する側で積極的に立証できないかぎり、制限は認められない。必要が認められる場合でも、制限は一律であってはならない。④外国人の公務就任を広く認めるべき根拠は、人権保障・非差別原則という規範的要請の外に国家活動が権力的・強制的作用に限られず、私企業と差異のない行政サービスにまで拡大したことにある。⑤地方公共団体の一般職への外国人の任用に際し、一定の期間の居住を要件にすることは許される、と主張している[33]。また、市川正人の次のような見解も同趣旨であろう。定住外国人については、原則として国民主権、国家主権と直接の関連性がない公務への就任が広く認められるべきであろう。定住外国人が一般事務職の公務員や公立学校の教諭になることは当然認められなければならない。また、一般外国人の公務からの排除については、少なくとも、一般外国人がその公務につくことの弊害が公務の性質に照らして具体

32　より詳しくは、中西又三「公務員と国籍」法学教室1996年9月号42頁参照。以上のほか、職務ごとの具体的検討を必要とする説がある。「外国人の公務就任権が当然に無制約に保障されるとはいえないにしても、外国人についても保障されるべき職業選択の自由ないし平等権からは、その制限は合理的で必要最小限にとどまるべきである」「したがって、外国人の就任が禁止されるべき公務についてより限定的で明確な基準に改めることが必要であり、そのためには多様な職務についての具体的な検討を要しよう」浜川清「外国人の公務就任」『行政法の争点（新版）』142頁。
33　大沼保昭『「外国人の人権」論再構成の試み』法学協会百周年記念論文集1983年（『単一民族社会の神話を越えて』（東信堂、1986年））に再録230頁以下参照。

的に示される必要がある[34]。

　芦部信喜は次のように述べる。国民主権の憲法の下では、選挙ないし「自国の公務に携わる」政治的権利の主体が、その性質上、当該国家の「国民」に限定されるのはきわめて当然のことと言わねばならない。それを認めることは国民主権の原理に反するとする。こうした認識に立って、「人事院規則8-18（1977年施行）が公務員採用試験の受験資格を外国人には一切認めていない（地方自治体レベルもほぼ同様である）のは、競争試験を経て就く公務は、すべて『公権力の行使』ないし『国家意思の形成への参画』に当たるという解釈に立っているからだと思われるが『公権力の行使又は国家意思の形成への参画』という基準が、広汎かつ抽象的であるため、拡張解釈されるおそれが大きいところに問題がある」とされる。そうだとすれば、「公権力の行使」という包括的な基準ではなく、同じ公権力を行使する職務であっても、田中二郎の言うように、外国人任用は不可である「公権力の発動として人民に対する命令強制を内容とするような職務」か、外国人任用も可である「調査的・諮問的・教育的な職務」かなど、より限定的・具体的な基準に従って、少なくとも定住外国人（特に特別永住者）には、後者の職務について広く公務就任への道を拓くことを考慮する必要があろうという[35]。こうした考え方が通説的立場を占めつつある。

　岡崎勝彦も、憲法に適う「『当然』の法理」の精緻化を試みている。現憲法が要求する人権保障に裏づけられた「実質的法治主義」の下で、なおも明示的・具体的制限規定を欠いている場合に、法治主義の要請を補完するものとして、法理上、容認できる公務員に関する「『当然』の法理」の具体的内容は、「主権または統治権を直接行使する職務」とすべきである。すなわち、主権国家を前提とするかぎり、「『当然』の法理」にいう「制約基準」にあっては、「公権力の直接行使」または「公の意思の形成に直接参画」する職務に限られるべきものである。その担当者とは、現行実定法をも前提とすれば、首相・大臣・国会議員・裁判官・都道府県知事等のような国および自治体における機関の最高責任者のような「機関の責任者」をいい、「もっぱら他から導き出された指示に拘束された、人権の救済法理上形式的行政処分をも広く含めた取消可能な公権力を行使する職務担当

34　市川正人「外国人の人権と国家主権」『法の構造変化と人間の権利』（法律文化社、1996年）44頁参照。
35　芦部信喜『憲法学Ⅱ人権総論』（有斐閣、1994年）134頁。

者」とは、区別されなければならない。従来の「行政官庁論」においても「取消可能な公権力を行使する職務担当者」とは、公権力の行使・国家意思の決定には「直接」に関わらず、それらに対して、補助的・補佐的・執行的すなわち、間接的に関わることにより、主権者の命令である法の指示の下で、それの忠実なる執行に当たる機関にすぎない。このような一般職公務員については、①国権の最高機関たる立法府が、直接制定した法律を執行し、②これについて不服のある国民が、裁判所において取消などの是正を求め得る処分等を執行する者のことであり、これらの「職務担当者」に、一定の条件はつけうるものの、外国人もまた就任可能であるものと考えられる[36]。

　こうした「定住外国人」の公務就任権を広く認めるべきだとする説も、「国会議員、国務大臣、裁判官、外交官、自衛官、検察官などから外国人を除外することは認められる」とし、「公権力の発動として人民に対する命令強制を内容とするような職務」については、外国人を任用できないなど、「日本国民とは異なった制約があることを、当然の前提としている」。公務就任権の場合、「外国人にそれを認めることが、なんらかの具体的弊害をもたらすということから語られているものではない」[37]。外国人が以上のような公務に就いた場合、どのような問題が生ずるのか積極的な論証が必要であろう。外国人の公務就任について、なぜ国民とでは享有のあり方が異なってくるのであろうか。それは、論者の「国民主権」「国家主権」理解によるところが大きい（市川正人の主権理解は次のようなものである。「国家主権とは、国家が対内的には最高であり、対外的には独立している（他の国や国際組織等による支配を受けない）ことを意味する。日本国憲法の国民主権原理は、こうした国家主権を前提とするものであり、国民主権という場合の『国民』は国籍保持者を指し、外国国民は含まれないと解すべきである」。しかし、こうした主権理解が社会的現実に適合しない状況が今日出てきているのであり、「主権の変質」が語られる時期にきていると思われる）。公務就任権を参政権の一種と把握し、これを外国人に認めることは国民主権原理に反するとする前提に立っているのである。この問題は、根本的には「日本の政治過程に定住外国人を参加させるかどうかが問われているのであり、国民主権原理がそのことの制約となるかどうかが憲法解釈の焦点」[38]となる。

36　岡崎勝彦「外国人の公務就任権」ジュリスト1996年11月15日号39頁以下。
37　浦部法穂「日本国憲法と外国人の参政権」徐龍達編『共生社会への地方参政権』（日本評論社、1995年）92頁。
38　萩原重夫「『外国人の選挙権論』の課題」法学セミナー1997年7月号18頁。

「国民主権」原理の「国民」は「国籍保持者」に限られるべきではないとの理解がむしろ自然である[39]。この見解は、本書ですでに紹介したが、再度、言及しておく。「国民主権」原理の「国民」がどの範囲をさすかは、どの範囲の者が主権者であるべきかによるのであって、当然に「国籍保持者」に限定されるというものではない。政治理念としての民主主義は、人民の自己統治であり、自己の政治決定に自己が従うということである。したがって、政治的決定に従うものは、当然、その決定に参加できるものでなければならない。「国民主権」が民主主義と同義の実質をもつものであるとするなら、そこでの主権者は、民主主義の観点から、その政治社会における政治的決定に従わざるをえないすべての者であるということであり、その政治社会を構成するすべての人である。日本における政治的決定に従わざるをえない「生活実態」にある外国人は、日本国民とまったく同じように、日本の政治のあり方に関心をもっているであろうし、もつことが当然である。国民主権の原理は、こういう外国人の参政権を否定するものとして理解しなければならないものではない[40]。「国民主権」原理にいう「国民」は当然に外国人を排除するものではないという考え方に対し、「国家主権」の問題や「民族自決」をどのように考えるのかという批判がでてくるが、浦部法穂は、「これらの問題をどうでもいいと考えているわけではない。しかし、『国家主権』にせよ『民族自決』にせよ、実際にその国の内部に外国人や少数民族を抱えている場合、これらの人々をもっぱら支配の客体の地位に置いておくことを正当化しうるものではないはずである。いずれにしても、『国民主権』だから当然外国人は含まれないという『常識』は、いま一度根本にさかのぼって検討する必要がある」[41]という。

　日本国籍を保有しない者であっても生活本拠地たる日本の社会の構成者として共生を志向する者も多い。こうした人びと（容易に生活本拠地を変更することが不可能ないし非現実的である人びと）が、自分の生活を左右する政治に関心を持ち参加することは人間として必要不可欠なことではなかろうか。国民主権の原則にとって、「国籍のあるなしはけっして重要ではない。当該国家社会を構成し当該国家

39　横田耕一「外国人の『参政権』」法律時報1995年6月号（67巻7号）4頁。
40　浦部法穂「日本国憲法と外国人の参政権」『定住外国人の地方参政権』（日本評論社、1992年）55-58頁参照。
41　浦部法穂『新版憲法学教室Ⅱ』（日本評論社、1996年）215頁。

権力に服属するふつうのひとが、国家意思の最高決定者であるという点にこそポイントがある」。「その外国人が、ふつうの国民と違わないのだとすれば、そのひとを仲間に加えても、ふつうのひとが主権的地位にあるという意味の国民主権の原則は、全然ゆがむところがない」[42]のである。治者と被治者の自同性を要請する民主制の理念が、国民主権の一側面であると考えるなら、定住外国人への参政権を保障することは、その趣旨にかないこそすれ、反することにはならないということになろう[43]。

そこで問題は、外国人も日本国民と同じように公務に就く権利があるかである。奥平康弘は従来の学説の問題を次のように指摘している。伝統的な考えによれば、「在日」の人たちを含めおよそ外国人は、公務に就任する資格がないものとされてきている。およそ公務というものは、国家権力の意思形成およびその実現に関わるのだから、概念必然的に日本国民にのみ開かれ、外国人には閉ざされている、と考えられていた。その後少しずつ外国人排除の程度が緩和され、例外的・特定指定的に、ある種の公務員につき、その就職チャンスが外国人にも開れるようになって現在にいたっている。これは、この点に関する伝統的な考え方─国家権力の意思形成およびその実現にあずかる職は、日本国民のみがつけるという考え─が消えたからでも弱まったからでもない。ただ単に、その適用範囲（権力の意思形成・その実現という概念の範域）を狭め厳密化した結果である、と言うべきもののようである。「さてそこで、この伝統的な考えであるが、ふつうこれは、国法上当然の原則を体現したものとされている。しかしながら、あまりにも当然視されているゆえであろうか、その憲法論上の基礎づけがなおざりにされているきらいがある」として、外国人の公務就任権の問題は「将来の課題」として残されているという[44]。

樋口陽一は、「日本の人権保障の到達点と今後の課題」という1997年の論文の中で、「主権」の強調が「人権」保障にブレーキをかけることになっている判決として、前述の地裁判決の"外国人の冷遇"について言及している。公務就任権を参政権の問題として位置づけるかぎり、それは、選挙権より被選挙権との類推で議論されるべき性質のものとなる。公務員を選定する権利が選挙権であるのに

42　奥平康弘『憲法Ⅲ』（有斐閣、1993年）56頁。
43　後藤光男「外国人の人権」法学セミナー1996年11月号34頁以下。
44　奥平康弘『憲法Ⅲ』（有斐閣、1993年）62頁。

対し、自分自身が公務員の地位につくことが権利内容として問題になっているのだからである。しかし、選挙によってその地位につく公務員を別として、それ以外の公務員についてひとしなみに、それへの就任を参政権の問題として捉えること自体、疑問とされなければならない。もともと、公務職への就職を希望し、また、公務職の中で一定の管理職につくことを希望する人々は、そのことによって、「公権力の行使あるいは公の意思の形成に参画」することを目的としているのであろうか。そういう場合がありえないとはいえないだろうが、圧倒的に多くは、自分のとりむすんでいる―あるいは、とりむすぼうとする―共同社会の中で、よりよい自己実現の機会を求めている場合にあたるはずである。そのような場合には、彼あるいは彼女の要求は、人権アプローチによってこそ主張されるにふさわしいと[45]。

　この問題について、公務就任権の一切を参政権として位置づけるのは適当ではない。「公務就任権」の中には、たとえば、国会議員や大臣、地方議会議員や首長となる権利ないし資格のように参政権として位置づけられるべきものは存在する。このかぎりで「公務就任権」は参政権としての性格を有する。しかし、一般の行政的公務員は、国民主権原理に基づいて構成された政治部門が決定した政策を忠実に実行することを職務とし、それ自体として直接「政治」に参画するという性格のものではない。したがって、このような公務員になることを含めて「公務就任権」を参政権とするのは「参政権概念の濫用」[46]ということになる。「行政事務を担当する普通の公務員になる権利は、参政権というよりも、むしろ、職業選択の自由としてとらえるべきものである」。外国人の公務就任権は、日本国憲法22条の「職業選択の自由」において保障されている。職業選択の自由は、自分が就こうとする職業を決定する自由である。「職業というのは、人それぞれが、自分の能力を発揮する場であり、たんに経済的利益の追求というだけではない、精神的あるいは人格的価値と密接に結びついたものである。さらには、それは、各人の生計の手段としての意味をもっている」[47]。公務就任の場合、職業選択の自由は、労働権（27条）と密接に関わるものとなる。働く権利によって、人間の社会と文化に貢献し、それを豊かにしていくことに参加するといえる。それ

45　樋口陽一「日本の人権保障と今後の課題」『憲法の21世紀的展開』（明石書店、1997年）27-28頁参照。
46　浦部法穂「外国人の公務就任と国籍条項」都市問題1993年11月号6頁以下参照。
47　浦部法穂『新版憲法学教室Ⅱ』（日本評論社、1996年）273頁。

だけでなく、自分自身をも育て、自分の潜在的な資質をも開発していくことができるようになる[48]。こうした観点からいうと、「公権力の行使又は国家意思の形成への参画に携わる公務員」については日本国籍を有するとして、一般行政職公務員への外国人の任用を一律に排除している内閣法制局の当然の法理は、職業選択の自由に対する不当な制限として違憲ということになろう[49]。公務員職への外国人の制限は、外国人の職業選択の自由を制約し、定住外国人については国民との関係における非差別原理を破るものである。そうである以上、それらの自由・平等侵害を正当化しうるだけの強い論拠と制限の態様における厳格な要件が必要とされる。

　公務就任権は、職業選択の自由としてとらえることができ、それは自己実現に深く関わるものである。公務就任権を「文字どおりに自己統治に関わる参政権と理解するなら、『孤立する少数者』の声がきちんと反映するという意味でも、（定住）外国人を排除すべきではない」。また、「かりに通説のように、権利というより公務という側面に重点をおいた参政権として理解するにしても、国家・社会を構成する人たちの多様な声が公務の遂行に反映する必要があることを考えるなら、『公権力を発動し人民に対する命令強制を内容とする職務』や『地位』の公務員を含めて広く、（定住）外国人も就任できる」[50]と結論づける見解もあり、共感を覚える。一定の要件をそなえる外国人には公務就任が保障される。国家や国民の安全・福祉に害悪の生じる危険がある場合には、個別にその人物を排除すれば足りるからである。不正に対しては個別に対応することで足りると考えられる。

48　宮田光雄『いま人間であること』（岩波書店、1993年）25頁。
49　浦部法穂『新版憲法学教室Ⅱ』（日本評論社、1996年）239頁、同旨、門田孝「外国人の公務就任をめぐる憲法問題」六甲台論集34巻4号174頁。中村義幸は公務就任権について「むしろこれを職業選択の自由の問題として理解し、事実上、日本で公務に付く以外にその可能性のないいわゆる『定住』外国人には全ての公務への就任を認め、不都合な場合に個別に立法措置を講ずることにすべきである」とされる（「『定住外国人』の人権」憲法問題2（三省堂、1991年）46頁）。また、次の見解も同旨。「国民主権原理は政治過程でのみ意味がある。公務員になることは職業選択の自由の一つだから、個人の生活権という点からも外国人排除は問題である。職業選択の自由は、経済活動の自由にとどまらず、人格の発達にも必要なものであり、少なくとも定住外国人には憲法的保障があると解されるから、国民主権原理による制約は必要最小限度でなければならない。外国人をある職から排除するには、きわめて強力な正当化事由の立証が必要とされる」（萩原重夫「憲法上の権利と内外人平等原則」愛知県立芸術大学17号68頁）。
50　根森健「『外国人の人権』論はいま」法学教室183号46頁参照。

第8章 外国人の公務就任権をめぐる一般永住者と特別永住者

1　はじめに
　(1)　永住外国人の東京都管理職選考試験受験訴訟
　(2)　外国人に保障される人権の範囲
2　国民主権と基本的人権の相克
　(1)　国民主権の原理と外国人の公務就任
　(2)　基本的人権の原理と外国人の公務就任
3　一般永住者と特別永住者の相異
　(1)　藤田宙靖裁判官補足意見と一般永住者
　(2)　泉徳治裁判官反対意見と特別永住者
4　結　び―判例・通説の問題性―

1　はじめに

　「外国人の公務就任権」の問題について、筆者は、以前、浦田賢治編『立憲主義・民主主義・平和主義』(三省堂、2001年)[1]の中で一定の検討を行った。そこでは東京都管理職選考試験受験訴訟控訴審判決（東京高裁1997年11月26日判決）までの判例・学説を踏まえてのものであった。その後、2005年（平成17）年1月26日最高裁大法廷判決が下された。本章では、この最高裁判決を俎上にのせて再度、この問題を考えてみたい。その際、特に一般永住者と特別永住者という相異について考慮しながら検討を行うこととする。
　憲法は外国人の公務就任について制限規定をおいているわけではない。法律で国籍条項が明記されているのは外務公務員法のみである。国家公務員法は任免の基準を人事院規則に委ね、人事院規則8-18が「日本国籍を有しない者は、採用試験を受けることができない」と規定し、国家公務員採用試験の受験資格を外国

---

[1]　後藤光男「外国人の公務就任権」浦田賢治編『立憲主義・民主主義・平和主義』(三省堂、2001年) 466頁、本書の第7章に収録。

人に否定している。地方公共団体の公務員については、募集要項に「国籍」を規定することによって、外国人の受験資格を認めてこなかった。地方公務員法はじめ法律には特に明文化されているわけではない。市町村の中には一般的に国籍条項をはずしているところもある。また、「公権力の行使または公の意思の形成への参画に携わる公務員」以外の公務員については、各地方公共団体の判断と実情に応じて任用されている。

　保健婦など専門職については、政府は採用を認めるように指導を行ってきた。東京都では1986（昭和61）年に、保健婦、看護士、助産婦の国籍条項を撤廃した。そして、1988（昭和63）年、在日韓国人が保健婦（その後、保健婦助産婦看護婦法の一部を改正する法律［平成13年法律第153号］により、「保健婦」は「保健師」に改められている）として初めて採用された。そして、本件事例（東京都管理職選考試験受験訴訟）の原告は、1992（平成4）年には主任試験に合格し、翌年に主任となる。1994（平成6）年に、課長以上に昇任する資格を得るために申込書を提出したところ、都は「公権力の行使または公の意思の形成への参画にたずさわる職員になるには日本国籍を必要とする」とする「当然の法理」をもちだして、申込書の受理を拒否した。そこで、同年4月に、都知事を相手とする「管理職受験資格」の確認、受験資格を拒否されたことによる精神的苦痛に対する損害賠償を求めて提訴した。

（1）永住外国人の東京都管理職選考試験受験訴訟

先ず、本件の事実関係の概要は次のようなものである。

　（イ）原告は、1950（昭和25）年に岩手県で出生した大韓民国籍の外国人であり、「日本国との平和条約に基づき日本の国籍を離脱した者等の出入国管理に関する特例法」（平成3年法律第71号）に定める特別永住者である。被告東京都は、1986（昭和61）年、保健婦の採用につき日本の国籍を有することを要件としないこととした。原告は、1988（昭和63）年4月、東京都に保健婦として採用された。

　（ロ）平成6年度及び同7年度の管理職選考が実施された当時、東京都における管理職としては、知事の権限に属する事務に係る事案の決定権限を有する職員（本庁の局長、部長及び課長並びに本庁以外の機関における上級の一定の職員）のほか、直接には事案の決定権限を有しないが、事案の決定過程に関与する職員

（本庁の次長、技監、理事［局長級］、参事［部長級］、副参事［課長級］等及び本庁以外の機関の一定の職員）があり、さらに、企画や専門分野の研究を行うなどの職務を行い、事案の決定権限を有せず、事案の決定過程にかかわる蓋然性も少ない管理職も若干存在していた。東京都においては、管理職に昇任した職員に終始特定の職種の職務内容だけを担当させるという任用管理は行われておらず、例えば、医化学の分野で管理職選考に合格した職員であっても、管理職に任用されると、その職員は、その後の昇任に伴い、そのまま従来の医化学の分野にだけ従事するものとは限らず、担当がその他の分野の仕事に及ぶことがあり、いずれの分野においても管理的な職務に就くことがあることとされていた。

（ハ）東京都人事委員会が実施する管理職選考は、東京都知事、東京都議会議長、東京都の公営企業管理者、代表監査委員、教育委員会、選挙管理委員会、海区漁業調整委員会及び人事委員会が任命権を有する職員に対する課長級の職への第一次選考としてされるものである。管理職選考には、A、B及びCの選考種別とそれぞれについての事務系及び技術系の選考種別とがあり、原告が受験しようとした選考種別Aの技術系は土木、建築、機械、電気、生物及び医化学に区分される。管理職選考に合格した者は、任用候補者名簿に登載され、その数年後、最終的な任用選考を経て管理職に任用される。

（ニ）東京都人事委員会の平成6年度管理職選考実施要綱は、上記（ハ）の職員に対する課長級の職への第一次選考について受験資格を定めており、明文の定めは置いていなかったものの、受験者が日本の国籍を有することを前提としていた。原告は、上記要綱に基づいて実施される管理職選考種別Aの技術系の選考区分医化学を受験することとし、1994（平成6）年3月10日、所属していた東京都八王子保健所の副所長に申込書を提出しようとしたが、同副所長は、原告が日本の国籍を有しないことを理由に、申込者の受領を拒絶した。原告は、国籍の点以外は上記要綱が定める受験資格を備えていたが、上記のとおり申込書の受領を拒絶されたため、同年5月に実施された筆記考査を受けることができなかった。東京都人事委員会の平成7年度管理職選考実施要綱には、日本の国籍を有することが受験資格であることが明記されるに至った。原告は、日本の国籍を有しないために同管理職選考を受けることができなかった。

原告は、このように国籍を有しないことを理由に受験が認められなかったた

め、東京都に対し、(イ) 受験資格の確認、(ロ) 受験を拒否されたことによる慰謝料の支払い等を求めて出訴した。

東京地裁は、1996 (平成8) 年5月16日、受験資格の確認と慰謝料を求める訴えを退けた (判例時報1566号23頁)。その際の論理は、国民主権の原理は、「我が国の統治作用が主権者と同質的な存在である国民によって行われることも要請していると考えられるから、憲法は、我が国の統治作用にかかわる職務に従事する公務員が日本国民すなわち我が国の国籍を有する者によって充足されることを予定している」とした上で、外国籍の保健婦が管理職となることは、「決定権限の行使を通じて国の統治作用にかかわる職への任用を目的とするもので、試験を受けさせなかったことに違憲・違法はない」とした。これに対して、東京高裁判決 (1997 (平成9) 年11月26日) は外国人の公務就任を一律に否定せず、職業選択の自由や平等原則といった憲法上の保障が及ぶことを明言した (本書第7章参照)。しかし、最高裁は原判決を破棄し控訴を棄却した (最大判平成17・1・26民集59巻1号128頁)。

(2) 外国人に保障される人権の範囲

外国人 (日本国籍を有しない者、無国籍者を含む) の人権について、①日本国憲法が、人権は人間が生まれながらにしてもっている前国家的な権利であるという思想に基づいて人権規定を設けていること、②憲法は国際協調主義を採用していること、③人権の国際化の中で、国際法上確立した自国民と外国人を差別してはならないことを根拠にして、外国人の人権享有主体性を認める説が多数である。

また、多数説は、保障の範囲についても、個々の権利の性質によって、外国人にも適用可能なものとそうでないものを区別し、権利の性質の許すかぎり保障されるとする (権利の性質説)。マクリーン事件最高裁判決も「憲法第3章の諸規定による基本的人権の保障は、権利の性質上日本国民のみをその対象としているものを除き、わが国に在留する外国人に対しても等しく及ぶ」として性質説を採用している (最大判昭和53・10・4民集32巻7号1223頁)。

問題はいかなる人権がどの程度保障されると考えるべきか、という点である。判例・通説の立場 (「権利の性質」説) から、外国人が享有しえない、あるいは、大幅な制限を受けてもやむを得ないとされる人権は、①入国の自由、②参政権 (選挙権・被選挙権)・公務就任権、③社会権 (特に生存権・社会保障権) である。そ

れでは何故、これらの権利が外国人には制限してもやむを得ないと考えられてきたのであろうか。結局、それらの権利が「①後国家的なもの、つまり国家の存在を前提として成り立つ権利であり、厳密に考えるなら本来の人権ではないこと、②日本の国家と国民の安全や福祉に深く関わるものであること、③日本の国民に固有の意思決定事項に関わるものであること」によるものである。共通しているのはいずれも、きわめて抽象的で観念的で形式的な「性質」論であり、人権・権利の限界・制約の決め手にすることはできない[2]。

外国人の人権を考えるにあたっては「権利の性質のみから問題に迫るのではなく、外国人の存在態様も考慮しなければならない」。外国人にも、一時的旅行者のほか、日本に生活の本拠をもちしかも永住資格を認められた定住外国人、難民など類型を著しく異にするものがあることに、とくに注意しなければならない[3]といわれる。

外国人の公務就任権について実務の運用基準となっているのが、1953（昭和28）年3月内閣法制局が出した見解である。行政実例において、「一般に我が国籍の保有が我が国の公務員の就任に必要とされる能力要件である旨の法の明文の規定が存在するわけではないが、公務員に関する当然の法理として、公権力の行使又は国家意思の形成への参画にたずさわる公務員となるためには日本国籍を必要とするものと解すべきであり、他方においてそれ以外の公務員となるためには日本国籍を必要としない」（昭和28年3月25日内閣法制局第一部長回答）とされ（公務員の当然の法理）、当該事務が学術的もしくは技術的事務を処理するもの、機械的労務を提供するもの、性質上私企業における事務と変わりないものについては、日本国籍が不要と解されている（昭和30年3月18日人事院事務総長回答、昭和23年8月17日法務調査意見長官回答）。地方公共団体については「国家意思の形成」が「公の意思の形成」とされる。

しかし、この基準は広汎かつ抽象的であるため、拡張解釈されるおそれが大きいとし、より明確で限定的・具体的基準が必要とされ、公権力を行使する職務であっても、「調査的・諮問的・教育的な職務」には定住外国人も就任できるとする考え方が通説的立場を占めてきた[4]。それゆえ、地方公共団体が、管理職に限

---

2 根森健「『外国人の人権』論はいま」法学教室1995年12月号45頁。
3 芦部信喜（高橋和之補訂）『憲法（第5版）』（岩波書店、2011年）92頁。

らず、外国人の公務就任を全面的に禁止した場合は違憲となると考えるべきであろう、という。

この公務就任権の問題に、憲法テキストで深く言及しているのは、高橋和之である。高橋説的な考え方が学説の主流であるように思える。その考え方を聞いてみよう。

公務にも様々な種類がある。たとえば国会議員、国務大臣、自治体の長や議員の職務も公務である。そのためもあって、従来、公務就任権を参政権とパラレルに理解し、外国人にも参政権（被選挙権）が認められないのと同様に公務就任権が認められないとする見解が支配的であった。しかし、政治的な政策決定に携わる公務員と執行を本務とする公務員（国家公務員法2条2項にいう一般職の公務員が中心）は、職務の性格をまったく異にするから、両者を同じに扱うべきではない。一般職に関しては、公務就任権は憲法上の権利の問題としてではなく職業選択の自由（22条1項）の問題と捉え、それを外国人に制限することは平等権・職業選択の自由の侵害にならないかを考えていくべきだと思われる。一般職の公務に関しては、外国人が就任すると自律的統治が困難となるという事態は、ほとんど想定できない。一般職の公務にも広範な裁量権を含むものから、定められたルール・基準に従って事務を処理するだけでほとんど裁量の余地のないものまで色々であるが、裁量権の広範な公務であっても、主任の大臣等の上位の任免権者・監督権者のコントロールの下にあり、上位者が特定の外国人の能力を認めて任務に就け、自己の監督の下にその任務を遂行させる限り問題は生じないと思われる。外国人の人権主体性という問題に関しては、…人権主体性を前提にして、具体的事例において外国人であることを理由にその享有を制限することに合理性があるかどうかを考える方が生産的である。かかる観点から問題を考察するとき、次の二つの設問が区別される。一つは、外国人に公務就任を否定することに合理性があるかどうかであり、他の一つは、外国人であることを理由に昇格を否定することに合理性があるかどうかである。

後者の昇格差別の問題は、公務就任が原則的に許されることを前提にして生じる問題である。外国人公務員に対する昇格差別は、公務が階層上の上部に位置し裁量権限が大きくなればなるほど、合理性の認められることが多くなろう。政府

4　芦部信喜『憲法学Ⅱ』（有斐閣、1994年）134頁。

見解にいう「公権力の行使または国家意思の形成への参画」という定式が捉えているのも、このような公務と理解すべきであると思われる。管理職とされているポストには、そのような性格のものが多いが、では管理職に就く資格要件として管理職試験に合格することを要求し、外国人にはその受験資格を認めない制度をつくることは許されるか。管理職とされたポストのすべてが外国人に否定してもよい性格のものならば問題はない。しかし、そのポストのいくつかは、外国人に拒否することの合理性が認められないような性格のものであるという場合はどうか。東京都がそのような制度を設置・運用していたのを在日外国人が争った事件で、最高裁判所は、これを違憲とした原審判決を覆して合憲判断を下している（最大判平成17年1月26日民集59巻1号128頁）。「公権力行使等地方公務員の職［外国人に否定するのに合理性がある職］とこれに昇任するのに必要な職務経験を積むために経るべき職［それ自体としては外国人に否定するのが必ずしも合理性があるとはいえない職］とを包含する一体的な管理職の任用制度を構築して人事の適正な運用を図ること」も、裁量の範囲内であり、「この理は、前記の特別永住者についても異なるものではない」というのである。しかし、在日外国人に関しては、可能な限り日本人と同様に扱うべきであり、そのような制度設計がどうしても困難だとする事情があったかどうかを独自に審査するべきではなかったであろうか[5]。

　以上の解説が従来の憲法テキストの中では、もっとも詳細な解説のひとつといえるが、ここでは「管理職とされたポストのすべてが外国人に否定してもよい性格のものならば問題はない」という。言われていることは観念的には理解できるが、それでは具体的にどのような管理職が該当し、どのような弊害をもたらすものなのであろうか。このように、ほとんどの説が弊害の具体的中味を何ら語っていないのである。

　最高裁は以下で詳しく紹介するように国民主権原理をベースに在日外国人の公務就任に否定的な見解を表明している。

5　高橋和之『立憲主義と日本国憲法（第3版）』（有斐閣、2013年）90-92頁。

2 国民主権と基本的人権の相克

外国人への公務就任について、樋口陽一は次のように問題設定をしている。公務就任権への外国人のアクセスを論ずる際には、確かに、国民主権原理との関係をどのように理解するかという点までさかのぼった、詰めた議論が必要である。本事例はその素材を提供している。その際、外国人の公務就任権としてとりあげられることがらの多くは、参政権（公の統治作用への参加）というよりは幸福追求権や職業選択の自由（生きがいある職場を求めること）の問題ではないか、そうだとしたら、そのような人権主張を制約するために主権を援用することの是非（主権と人権の対抗をどちらを優位に解釈すべきか）、といったことが議論されてよいであろう。樋口の問題設定によれば、本事例は「主権」の強調が「人権」保障に制約を加えている問題としてみている。これに対して、渋谷秀樹は、公務就任権と「主権」の問題とは無関係と考えるべきであろうという[6]。

（1）国民主権の原理と外国人の公務就任

最高裁は、本件で、外国人は公権力の行使に携わる公務員になれないのであるからこの措置は違憲ではないとしている（最大判平成17・1・26民集59巻1号128頁判例時報1885号3頁）。職員として採用しながら課長以上の管理職に昇進させないというのは合理性のない差別であり、根本的問題点は、公務就任権を参政権の一種と把握し、外国人に認めることは国民主権の原則に反するとする前提である。行政事務を担当する普通の公務員になる権利は、むしろ憲法22条の「職業選択の自由」において保障されていると捉えるべきではないか、ということである。しかし、最高裁は、国民主権の原理に依拠して次のように述べている。

　　1　「公権力行使等地方公務員」の職務遂行（「地方公務員のうち、住民の権利義務

---

[6] 樋口陽一『五訂憲法入門』（勁草書房、2013年）68頁、同「日本の人権保障の到達点と今後の課題」『憲法の21世紀的展開』（明石書店、1997年）。渋谷秀樹「定住外国人の公務就任・昇任をめぐる憲法問題―最高裁平成17年1月26日大法廷判決をめぐって」ジュリスト2005年4月15日号（1288号）6頁。大沢秀介は、外国人の公務就任権を広義の参政権と見た場合と職業選択の自由からアプローチした場合とでは、出発点で大きく相異し異なる結果を導き出す可能性が高いと指摘する。後掲（注）16文献14頁。最近の研究として、駒井寿美「外国人の公務就任権に関する一考案」社学研論集第27号（早稲田大学大学院社会科学研究科、2016年）。

を直接形成し、その範囲を確定するなどの公権力の行使に当たる行為を行い、若しくは普通地方公共団体の重要な施策に関する決定を行い、又はこれらに参画することを職務とするもの」）は、「住民の権利義務や法的地位の内容を定め、あるいはこれらに事実上大きな影響を及ぼすなど、住民の生活に直接間接に重大なかかわりを有するものである。それゆえ、<u>国民主権の原理に基づき、国及び普通地方公共団体による統治の在り方については日本国の統治者としての国民が最終的な責任を負うべきものであること（憲法 1 条、15 条 1 項参照）に照らし、原則として日本の国籍を有する者が公権力行使等地方公務員に就任することが想定されていると見るべきであり、我が国以外の国家に帰属し、その国家との間でその国民としての権利義務を有する外国人が公権力行使等地方公務員に就任することは、本来我が国の法体系の想定するところではない</u>」（下線、筆者。以下同様）。

2　そして、「普通地方公共団体が、公務員制度を構築するに当たって、公権力行使等地方公務員の職とこれに昇任するのに必要な職務経験を積むために経るべき職とを包含する一体的な管理職の任用制度を構築して人事の適正な運用を図ることも、その判断により行うことができるものというべきである。そうすると、普通地方公共団体が上記のような管理職の任用制度を構築した上で、<u>日本国民である職員に限って管理職に昇任することができることとする措置を執ることは、合理的な理由に基づいて日本国民である職員と在留外国人である職員とを区別するものであり、上記の措置は、労働基準法 3 条にも、憲法 14 条 1 項にも違反するものではない。</u>」「そして、この理は、特別永住者についても異なるものではない」。

3　これを本件についてみると、当時、東京都においては、管理職に昇任した職員に終始特定の職種の職務内容だけを担当させるという任用管理を行っておらず、管理職に昇任すれば、いずれは公権力行使等公務員に就任することのあることが当然の前提とされていたということができるから、東京都は、公権力行使等地方公務員の職に当たる管理職のほか、これに関連する職を包含する一体的な管理職の任用制度を設けているということができる。そうすると、東京都において、上記の管理職の任用制度を適正に運営するために必要があると判断して、職員が管理職に昇任するための資格要件として当該職員が日本の国籍を有する職員であることを定めたとしても、合理的な理由に基づいて日本の国籍を有する職員と在留外国人である職員とを区別するものであり、上記の措置は、労働基準法 3 条にも、憲法 14 条 1 項にも違反するものではない。原審がいうように、東京都の管理職のうちに、企画や専門分野の研究を行うにとどまり、公権力行使等地方公務員には当たらないものも若干存在していたとしても、上記の判断を左右するものではない。

　多数意見は、「公権力行使等地方公務員」となることは参政権と密接に関係しているということで、国民主権原理を持ち出して根拠づけているのであろうが、こうした事案に国民主権原理を持ち出して議論しないといけないことであろう

か。一般職公務員でも専門職公務員でも、また、たとえそれが管理職であっても、法令の枠内で法令の縛りをうけて公務を遂行するというものではないのか。

たとえ国民主権を持ち出すとしても、国民主権の本質的な問題は、筆者には、根森健が指摘するように、「国民主権」＝君主に対抗する、国家の政治的意思決定の最終のありかとしての「国民」とは、「国籍保有者」としての国民だったのか、それとも国家の領土内に住む住民という意味での「国民」だったのか。その場合、より本質的であったのは、形式すなわち結果としての「国籍保有者」たる国民なのではなく、実質としての「領土に住む住民」たる国民ではなかったか[7]、ということである。本判決多数意見にはこの問題意識が欠落している。また、本件について特に考慮しないといけないのは、原告が特別永住者である、という点である。特別永住者は憲法10条にいう「日本国民」に該当しないのか、特別永住者の法的地位、及び、国民主権との関係については、筆者は別章で検討したことがあるので、そちらにゆずる[8]。

（2）基本的人権の原理と外国人の公務就任

控訴審判決（東京高判平成9・11・26判例時報1639号30頁）は、最高裁判決と異なり、国民主権の原理に反しない限度において、管理職にあっても職種により、憲法22条、14条1項によって保障されるとする。次のように判示している。

> 1 憲法は、前文第1項および第1条において、国民主権の原理を明らかにしている。この国民主権の原理の下における国民とは、日本国民すなわちわが国の国籍を有する者を意味する。憲法15条1項、93条2項の規定は、わが国に在住する外国人に対して国および地方公共団体の公務員を選定罷免し、または公務員に就任する権利を保障したものではない。けれども、わが国に在住する外国人について、公務員に選任され、就任することを禁止したものではないから、国民主権の原理に反しない限度において、公務員に就任することは憲法上禁止されていない。
>
> 2 まず、(1)国の公務員をその職務内容に即してみると、国の統治作用である立法、行政、司法の権限を直接に行使する公務員（たとえば、国会の両議院の議員、内閣総理大臣その他の国務大臣、裁判官等）と、(2)公権力を行使し、または公の意思

---

[7] 根森健・前掲48頁。
[8] 後藤光男「日本国憲法10条・国籍法と旧植民地出身者」早稲田社会科学総合研究13巻3号（2013年）、及び、後藤光男「日本国憲法制定史における『日本国民』と『外国人』―米国の人権政策と日本政府との狭間で―」比較法学45巻3号（早稲田大学比較法研究所、2012年）。本書第1章、2章を参照。

の形成に参画することによって間接的に国の統治作用に関わる公務員と、（3）それ以外の上司の命を受けて行う補佐的・補助的な事務またはもっぱら学術的・技術的な専門分野の事務に従事する公務員とに大別することができる。

　3　（1）の公務員については、日本国民であることを要し、法律をもってしても、外国人に就任を認めることは、国民主権の原理に反し、憲法上許されない。（2）の公務員については、憲法が日本国民であることを要求していて、外国人に一切認めないと解するのは相当ではない。その職務の内容、権限と統治作用との関わり方および程度を個々、具体的に検討することによって、国民主権の原理に照らし、認めることが許されないものと認めても差し支えないものを区別する必要がある。（3）の公務員については、その職務内容に照らし、国の統治作用に関わる蓋然性およびその程度は極めて低く、外国人が就任しても、国民主権の原理に反するおそれはほとんどない。このようにみると、国の公務員にもわが国に在住する外国人の就任することができる職種が存在し、これへの就任については憲法22条1項、14条1項の規定の保障が及ぶ。

　4　このことは、わが国に在住する外国人の公務就任についても、原則的に妥当する。憲法第8章の地方自治に関する規定の趣旨にかんがみれば、わが国に在住する外国人であっても特別永住者等その居住する区域の地方公共団体と特段に緊密な関係を有するものについては、その意思を日常生活に密接な関連を有する地方公共団体の公共的事務の処理に反映させ、また自らこれに参加していくことが望ましいものというべきである。したがって、特に特別永住者等の地方公務員就任については、国の公務員への就任の場合と較べて、おのずからその就任しうる職種の種類は広く、その機会は多くなるものということができる。

　5　地方公務員の中でも、管理職は、地方公共団体の公権力を行使し、または公の意思形成に参画するなど地方公共団体の行う統治作用に関わる蓋然性の高い職であるから、地方公務員に採用された外国人は、日本国籍を有する者と同様、当然に管理職に任用される権利を保障されているとすることは、国民主権の原理に照らして問題がある。しかし、管理職であっても、専門的・技術的な分野においてスタッフとしての職務に従事するにとどまるなど、公権力を行使することなく、また、公の意思形成に参画する蓋然性が少なく、地方公共団体の行う統治作用に関わる程度の弱い管理職も存在する。このように、すべての管理職について、国民主権の原理によって外国人を任用することは一切禁じられていると解することは相当ではなく、ここでも、職務の内容、権限と統治作用との関わり方およびその程度によって、任用することが許されない管理職と許される管理職とを分別して考える必要がある。後者の管理職については、国民主権の原理に反するものではなく、憲法22条1項、14条1項の規定によって保障される。

　本判決は、外国人の公務就任について、それを一律に否定せず、職業選択の自由や平等原則といった憲法上の保障が及ぶものであることを明言している。

すでに一部の論者が指摘し前章で言及したように、①「公務就任権は、その人がその人らしく暮らすこと（＝自己実現）に深く関わるものである。職業選択の自由の一環としてとらえる方がよい」といえる。また、「文字通りに自己統治に関わる参政権と理解するなら、『孤立する少数者』の声がきちんと反映するという意味でも、（定住）外国人を排除すべきではないという結論になろう」。②かりに通説のように、権利というより公務という側面に重点をおいた参政権として理解するとしても、国家・社会を構成する人たちの多様な声が公務に反映する必要があることを考えるなら、「公権力を発動し人民に対する命令強制を内容とする職務」や「地位」の公務員を含めて広く、（定住）外国人も就任できると結論づけることもできる[9]、と考える方が妥当であるといえる。

3　一般永住者と特別永住者の相異

　日本に滞在する外国人の在留資格については、出入国管理及び難民認定法（以下「入管法」）第２条の２および同法別表第一および第二で詳細に定められている[10]。「特別永住者」とは、現行の法令上は日本国との平和条約に基づき日本の国籍を離脱した者等の出入国管理に関する特例法（平成３年施行。以下、「入管特例法」という）で定める。

　「特別永住者」は、日本がかつて植民地として支配した朝鮮、台湾から強制連行その他の形で日本に移住した人々で、第２次世界大戦前から日本に在住する外国人およびその子孫をいう。これらの人々は、日本の支配下にあった時は「帝国臣民」とされたが、第２次世界大戦での日本の敗戦後の戦後処理として、平和条約発効の日（昭和27年４月28日）に、日本に生活の本拠を有するままで自動的に外国籍にきりかえられたという歴史上の経緯をもつものである[11]。これらの人々は、同法第３条により宣言的に（すなわち、申請とか許可処分などをせずに自動的に）資格を付与される「法定特別永住者」と、例えば同法施行後に出生した子孫などのように、第４条および第５条による法務大臣の許可を受けた「特別永住者」とに分かれる。通常は、これらの人々が狭義の「定住外国人」（より具体的には、在

9　根森健・前掲46頁。
10　藤井俊夫「外国人の人権」『憲法と人権Ⅰ』（成文堂、2008年）43頁以下。
11　後藤光男・（注８）論文、本書第１章、２章を参照。

3　一般永住者と特別永住者の相異　　195

日韓国人、在日朝鮮人など）とよばれている。

　「一般永住者」とは、入管法22条の永住許可を受けた外国人である。この許可を受けるためには、「素行が善良であること」および「独立の生計を営むに足りる資産または技能を有すること」の要件に加えて、「その者の永住が日本国の利益に合する」と認められるときに限り許可するとされ、現実にはおおむね20年以上引き続き在留していることが許可のための審査基準の一つとされている（ただし、日本人、特別永住者の配偶者等については、3年から5年程度でもよいとされる）。例えば、日本人と結婚し、日本に生活の本拠を有するために永住許可を受けた者とか、仕事上の理由により長期にわたって在留した後に永住許可を受けた者などがこれにあたる。広義の「定住外国人」という語は、これらの外国人を含むものとして用いられている。

（1）藤田宙靖裁判官補足意見と一般永住者

　藤田宙靖裁判官は、原告が、日本国との平和条約に基づき日本の国籍を離脱した者等の出入国管理に関する特例法（「入管特例法」）に定める特別永住者であること等にかんがみ、多数意見に若干の補足をしておくこととしたい、と述べて意見を開陳している。原告が「日本で出生・生育し、日本社会で何の問題も無く生活を営んで来た者であり、また、我が国での永住を法律上認められている者であることを考慮するならば、本人が日本国籍を有しないとの一事をもって、地方公務員の管理職に就任する機会をおよそ与えないという措置が、果たしてそれ自体妥当と言えるかどうかには、確かに、疑問が抱かれないではない。しかし私は、最終的には、それは、各地方公共団体が採る人事政策の当不当の問題であって、本件において東京都が採った措置が、このことを理由として、我が国現行法上当然に違法と判断されるべきものとまでは言えないのではないかと考える」として、その理由を述べている。

　1　入管特例法の定める特別永住者の制度は、それ自体としてはあくまでも、現行法上出入国管理制度の例外を設け、一定の範囲の外国籍の者に、出入国管理及び難民認定法2条の2に定める在留資格を持たずして本邦に在留（永住）することのできる地位を付与する制度であるにとどまり、これらの者の本邦内における就労の可能性についても、上記の結果、法定の各在留資格に伴う制限（入管法19条及び同法別表第1参照）が及ばないこととなるものであるにすぎない。し

がって例えば、特別永住者が、法務大臣の就労許可無くして一般に収入を伴う事業を運営する活動又は報酬を受ける活動（同法19条）を行うことができるのも、上記の結果生じる法的効果であるにすぎず、法律上、特別永住者に、他の外国籍の者と異なる、日本人に準じた何らかの特別な法的資格が与えられるからではない。

　また、現行法上の諸規定を見ると、許可制等の採られている事業ないし職業に関しては、各個の業法において、日本国籍を有することが許可等を受けるための資格要件とされることがあるが（公証人法12条1項1号、水先法5条1項、鉱業法17条本文、電波法5条1項1号、放送法52条の13第1項5号イ、等々）、これらの規定で、特別永住者を他の外国人と区別し、日本国民と同様に扱うこととしたものは無い。他方、日本の国籍を有しない者の国家公務員試験受験資格を否定する人事院規則（人事院規則8-18）において、日本郵政公社職員への採用に関しては、特別永住者もまた郵政一般職採用試験を受験することができることとされるが、このことについては、特に明文の規定が置かれている（同規則8条1項3号括弧書）。以上に照らして見るならば、我が国現行法上、地方公務員への就任につき、特別永住者がそれ以外の外国籍の者から区別され、特に優遇されるべきものとされていると考えるべき根拠は無く、そのような明文の規定が無い限り、事は、外国籍の者一般の就任可能性の問題として考察されるべきものと考える。

　2　ところで、外国籍の公務員就任可能性について、原審は、日本国憲法上、外国人には、公務員に就任する権利は保障されていない、との出発点に立ちながら、憲法上の国民主権の原理に抵触しない範囲の職については、憲法22条、14条等により、外国籍の者もまた、日本国民と同様、当然にこれに就任する権利を、憲法上保障される、との考え方を採るものである。しかし、例えば、①外国人に公務員への就任資格（以下「公務就任権」という）が憲法上保障されていることを否定する理由として理論的に考え得るのは、必ずしも、原審のいう国民主権の原理のみに限られるわけではない（例えば、一定の転職について外国人の就労を禁じるのは、それ自体一国の主権に属する権能であろう）こと、また、②「憲法上、外国人には、公務員の一定の職に就任することが禁じられている」ということは、必ずしも、理論的に当然に「こうした禁止の対象外の職については、外国人もまた、就任する権利を憲法上当然に有する」ということと同義ではないこと、更に、③職業選択の自由、平等原則等はいずれも自由権としての性格を有するものであっ

て、本来、もともと有している権利や自由をそれに対する制限から守るという機能を果たすにとどまり、もともと有していない権利を積極的に生み出すようなものではないこと、等にかんがみると、原審の上記の考え方には、幾つかの論理的飛躍があるように思われ、我が国憲法上、そもそも外国人に（一定の範囲での）公務就任権が保障されているか否か、という問題は、それ自体としては、なお重大な問題として残されていると言わなければならない。しかしいずれにせよ、本件は、外国籍の者が新規に地方公務員として就任しようとするケースではなく、既に正規の職員として採用され勤務してきた外国人が管理職への昇任の機会を求めるケースであって、このような場合に、労働基準法3条の規定の適用が排除されると考える合理的な理由の無いことは、多数意見の言うとおりであるから、上記の問題の帰すうは、必ずしも、本件の解決に直接の影響を及ぼすものではない。

　3　そこで、進んで、本件の場合に、労働基準法の同条の規定の存在にもかかわらず、外国籍の者を管理職に昇任させないとすることにつき、合理的な理由が認められるかどうかについて考える。東京都がこのような措置を執ったのは、「地方公務員の職のうち公権力の行使又は地方公共団体の意思の形成に携わるものについては、日本の国籍を有しない者を任用することができない」といういわゆる「公務員に関する当然の法理」に沿った判断をしたためであることがうかがわれる（参照、昭和48年5月28日自治公1第28号大阪府総務部長宛公務員第1課長回答）。しかし、一般に、「公権力の行使」あるいは「地方公共団体の意思の形成」という概念は、その外延のあまりにも広い概念であって、文字どおりにこの要件を満たす職のすべてに就任することが許されないというのでは、外国籍の者が地方公務員となる可能性は、皆無と言わないまでも少なくとも極めて少ないこととなり、また、そのことに合理的な理由があるとも考えられない。その意味においては、職務の内容、権限と統治作用とのかかわり方、その程度によって、外国人を任用することが許されない管理職とそれが許される管理職とを分別して考える必要がある、とする原審の説示にも、その限りにおいて傾聴に値するものがあることを否定できないし、また、多数意見の用いる「公権力行使等地方公務員」の概念も、この点についての周到な注意を払った上で定義されるものであることが、改めて確認されるべきである。

　ただ、少なくとも地方公共団体の枢要な意思決定にかかわる一定の職について、外国籍の者を就任させないこととしても、必ずしも違憲又は違法とはならな

いことについては、我が国において広く了解が存在するところである。そして、本件の場合、東京都は、一たび管理職に昇任させると、その職員に終始特定の職種の職務内容だけを担当させるという任用管理をするのではなく、外国人の任用が許されないとされる職務を担当させることになる可能性もあった、というのである。原審は、東京都の管理職について一律に在留外国人の任用を認めないとするのは相当ではなく、上記の基準により、在留外国人を任用することが許されない管理職とそれが許される管理職とを区別して任用管理を行う必要がある、という。しかし、外国籍の者についてのみそのような特別の人事的配慮をしなければならないとすれば、全体としての人事の流動性を著しく損なう結果となる可能性がある。こういったことを考慮して、東京都が、一般的に管理職への就任資格として日本国籍を要求したことは、それが人事政策として最適のものであったか否かはさておくとしても、なお、その行政組織権及び人事管理権の行使として許される範囲内にとどまるものであった、ということができよう。

　以上の藤田裁判官補足意見をどのように評価すべきであろうか。この点、学説において、外国人の人権論に関して関心をひくのは、藤田補足意見の永住者論であり、特別永住者論であると指摘されている。藤田補足意見は、「永住者」というのは出入国管理及び難民認定法上の地位にすぎないのであって、特別な扱いをすべきことではないと述べている。しかし、一般入管法上の永住者については、定住性が考慮されて永住権が与えられていると思うが、特別永住者にはそれに加えて歴史的経緯というものがさらにその地位の要因として存在している。このように、両者はかなり違っているにもかかわらず、共通点のみを理由に、特別永住者を特別扱いする必要がない、もしくは他の外国籍の者一般と同列に扱っている藤田補足意見に、かなり違和感を覚える、という正当な指摘がある[12]。
　藤田裁判官補足意見は、あまりにも形式的・観念的な議論である。また、歴史認識・社会認識が不十分な理論構成を行っている。この点、歴史的な経緯を踏まえた滝井繁男裁判官反対意見・泉徳治裁判官反対意見の方が説得的であるといえる[13]。

12　柳井健一発言、青柳幸一「外国人の選挙権・被選挙権と公務就任権」［座談会］青柳幸一＝柳井健一＝長谷部恭男＝大沢秀介＝川岸令和＝宍戸常寿　ジュリスト2009年4月1日号（1375号）68頁。
13　後藤光男・前掲論文参照。山内敏弘は次のように指摘する。「このようにいわば純粋な人権問題

この点を明確に指摘している滝井繁男裁判官反対意見に共感を覚える。滝井裁判官は次のように述べる。①公務員としての適性は、国籍のいかんではなく、住民全体の奉仕者として公共の利益のために職務を遂行しているかどうかなどのことこそが重要性を持つということが、改めて認識されるようになってきているのである。……外国籍であることをこのような管理職選考の段階で絶対的障害としなければならない理由はないのである。②<u>原告は、日本人を母とし、日本で生まれ、我が国の教育を受けて育ってきた者であるが、父が朝鮮籍であったことから、日本国との平和条約の発効に伴い、本人の意思とは関係なく日本国籍を失ったものである。原告のように、このように、この平和条約によって日本国籍を失うことになったものの、永らく我が国社会の構成員であり、これからもそのような生活を続けようとしている特別永住者たる外国人の数が在留外国人の多数を占めているところ、本件のような国籍条項は、そのような立場にある特別永住者に対し、その資質等によってではなく、国籍のみによって昇任のみちを閉ざすこととなって、格別に苛酷な意味をもたらしていることにも留意しなければならない</u>（下線、筆者）。このような見地からも、我が国においては、多様な外国人を一律にその国籍のみを理由として管理職から排除することの合理性が問われなければならないものと考えるのである。
　筆者は、特別永住者と一般永住者は、理想としては同等に処遇すべきであろうと考える。しかし、他方で、両者は歴史的経緯といった構造性は明らかに異なるので、あくまでも理屈の上では分けて考えたほうがよい[14]、といえる。この点が意識されているのが、二人の裁判官の反対意見である。そこで、泉裁判官反対意見の特別永住者論をみておこう。

（２）泉徳治裁判官反対意見と特別永住者
　1　まず、特別永住者が地方公務員（選挙で選ばれる職を除く。以下、同じ）とな

に関しても司法消極主義の立場をとり続けた場合には、最高裁は果たして『憲法の番人』たり得るのかについて国民の間に改めて疑念が生ずることはさけがたいのではないかと思われる。せめてもの救いは、2名の裁判官の反対意見が、この問題について適切な判断を示した点である」（「外国人の公務就任権と国民主権概念の濫用」法律時報2005年5月号79頁）という。
14　柳井・前掲85頁。渋谷秀樹は「定住外国人一般の問題として扱う方が今後の内なる国際化にとってより普遍的・一般的な理論が展開・構築できるのではないか」という。渋谷・前掲注（6）2頁。確かに筆者もこのように考えるが、現時点では、一般永住者と特別永住者の相異は意識しておく必要があろう。

り得るか否かに関連して、国が法令においてどのような定めをしているかを見る。(1) 国は、日本国との平和条約に基づき日本の国籍を離脱した者等の出入国管理に関する特例法3条において、特別永住者に対し日本で永住することができる地位を与えている。特別永住者は、出入国管理及び難民認定法2条の2第1項の「他の法律に特別の規定がある場合」に該当する者として、同法の在留資格を有することなく日本で永住することができ、日本における就労活動その他の活動において同法による制限を受けない。そして、地方公務員法等の他の法律も、特別永住者が地方公務員となることを制限はしていない。(2) 憲法3章の諸規定による基本的人権の保障は、権利の性質上日本国民のみをその対象としていると解されるものを除き、我が国に在留する外国人に対しても等しく及ぶと解すべきである（最大判昭和53年10月4日民集32巻7号1223頁）。そして、憲法14条1項が保障する法の下の平等原則は、外国人にも及ぶ（最大判昭和39年11月18日刑集18巻9号579頁）。また、憲法22条1項が保障する職業選択の自由も、特別永住者に及ぶと解すべきである。

　上記のように、<u>国家主権を有する国が、法律で、特別永住者に対し、永住権を与えつつ、特別永住者が地方公務員になることを制限しておらず、一方、憲法に規定する平等原則及び職業選択の自由が特別永住者にも及ぶことを考えれば、特別永住者は、地方公務員となるにつき、日本国民と平等に扱われるべきである</u>（〔1〕、番号表記は筆者、以下同様。）ということが、一応肯定されるのである。

　2　そこで、次に、地方公共団体において、特別永住者が地方公務員となることを、一定の範囲で制限することが許されるかどうかを検討する。(1) 憲法14条1項は、絶対的な平等を保障したものではなく、合理的な理由なくして差別することを禁止する趣旨であって、各人の事実上の差異に相応して法的取扱いを区別することは、その区別が合理性を有する限り、何ら上記規定に違反するものではない（最大判昭和60年3月27日民集39巻2号247頁）。また、憲法22条1項は、「公共の福祉に反しない限り」という留保の下に職業選択の自由を認めたものであって、合理的理由が存すれば、特定の職業に就くことについて、一定の条件を満たした者に対してのみこれを認めるということも許される（最大判昭和50年4月30日民集29巻4号572頁）。(2) 憲法前文及び1条は、主権が国民に存することを宣言し、国政は国民の厳粛な信託によるものであって、その権威は国民に由来し、その権力は国民の代表者がこれを行使することを明らかにしている。国民は、この

国民主権の下で、憲法15条１項により、公務員を選定し、及びこれを罷免することを、国民固有の権利として保障されているのである。そして、国民主権は、国家権力である立法権・行政権・司法権を包含する統治権の行使の主体が国民であること、すなわち、統治権を行使する主体が、統治権の行使の客体である国民と同じ自国民であること（これを便宜上「自己統治の原理」と呼ぶこととする）を、その内容として含んでいる。地方公共団体における自治事務の処理・執行は、法律の範囲内で行われるものであるが、その範囲内において、上記の自己統治の原理が、自治事務の処理・執行についても及ぶ。そして、自己統治の原理は、憲法の定める国民主権から導かれるものであるから、地方公共団体が、自己統治の原理に従い自治事務を処理・執行するという目的のため、特別永住者が一定の範囲の地方公務員となることを制限する場合には、正当な目的によるものということができ、その制限が目的達成のため必要かつ合理的な範囲にとどまる限り、上記制限の合憲性を肯定することができると解される。

　ただし、国が法律により特別永住者に対し永住権を認めるとともに、その活動を特に制限してはいないこと、地方公共団体は特別永住者の活動を自由に制限する権限を有しないこと、地方公共団体は法律の範囲内で自治事務を処理・執行する立場にあることを考慮すれば、地方公共団体が自己統治の原理から特別永住者の就任を制限できるのは、自己統治の過程に密接に関係する職員、換言すれば、広範な公共政策の形成・執行・審査に直接関与し自己統治の核心に触れる機能を遂行する職員、及び警察官や消防職員のように住民に対し直接公権力を行使する職員への就任の制限に限られるというべきである（〔２〕）。自己統治の過程に密接に関係する職員以外の職員への就任を、自己統治の原理でもって合理化することはできない。

　3　また、地方公共団体は、自治事務を適正に処理・執行するという目的のために、特別永住者が一定範囲の地方公務員となることを制限する必要があるというのであれば、当該地方公務員が自己統治の過程に密接に関係する職員でなくても、合理的な制限として許される場合もあり得ると考えられる。

　ただし、特別永住者は、本来、憲法が保障する法の下の平等原則及び職業選択の自由を享受するものであり、かつ、地方公務員となることを法律で特に制限されてはいないのである。そして、職業選択の自由は、単に経済活動の自由を意味するにとどまらず、職業を通じて自己の能力を発揮し、自己実現を図るという人

格的側面を有しているのである。

　その上、特別永住者は、その住所を有する地方公共団体の自治の担い手の一人である。すなわち、憲法8章の地方自治に関する規定は、法律の定めるところによりという限定は付しているものの、住民の日常生活に密接に関連する地方公共団体の事務は、国が関与することなく、当該地方公共団体において、その地方の住民の意思に基づいて処理するという地方自治を定め、「住民」を地方自治の担い手として位置付けている。これを受けて、地方自治法10条は、「市町村の区域内に住所を有する者は、当該市町村及びこれを包括する都道府県の住民とする。住民は、法律の定めるところにより、その属する普通地方公共団体の役務をひとしく受ける権利を有し、その負担を分任する義務を負う」と規定し、「住民」が地方自治の運営上の主体であることを定めている。そして、この住民には、日本国民だけではなく、日本国民でない者も含まれる。もっとも、同法は、地方公共団体の議会の議員及び長の選挙権・被選挙権（11条、18条、19条）、条例制定改廃請求権（12条）、事務監査請求権（12条）、議会解散請求権（13条）、議会の議員、長、副知事若しくは助役、出納長若しくは収入役、選挙管理委員若しくは監査委員又は公安委員会若しくは教育委員会の委員の解職請求権（13条）等、地方参政権の中核となる権利については、日本国民たる住民に限定しているが、原則的には、日本国民でない者をも含めた住民一般を地方自治運営の主体として位置付け、これに住民監査請求権（242条）、住民訴訟提起権（242条の2）なども付与している。

　特別永住者は、上記のような制限はあるものの、当該地方公共団体の住民の一人として、その自治事務に参加する権利を有しているものということができる。当該地方公共団体の住民ということでは、特別永住者も、他の在留資格を持って在留する外国人住民も、変わるところがないといえるかも知れないが、当該地方公共団体との結び付きという点では、特別永住者の方がはるかに強いものを持っており、特別永住者が通常は生涯にわたり所属することとなる共同社会の中で自己実現の機会を求めたいとする意思は十分に尊重されるべく、特別永住者の権利を制限するについては、より厳格な合理性が要求される。

　4　以上のような、特別永住者の法的地位、職業選択の自由の人格的側面、特別永住者の住民としての権利等を考慮すれば、自治事務を適正に処理・執行するという目的のために、特別永住者が自己統治の過程に密接に関係する職員以外の

職員となることを制限する場合には、その制限に厳格な合理性が要求されるというべきである。換言すると、①具体的に採用される制限の目的が自治事務の処理・執行の上で重要なものであり、かつ、②この目的と手段たる当該制限との間に実質的関連性が存することが要求され、その存在を地方公共団体の方が論証した時に限り、当該制限の合理性を肯定すべきである（〔3〕）。

5　以上の観点から、東京都人事委員会が特別永住者である原告に対し本件管理職選考の受験を拒否した行為が許容されるものかどうかを検討し、特別永住者である原告に対する本件選考の受験拒否は、憲法が規定する法の下の平等及び職業選択の自由の原則に違反するものであることを考えると、国家賠償法1条1項の過失の存在も、これを肯定することができる。したがって、以上と同旨の原審の判断は正当である。

違憲審査基準について、本判決が、管理職任用制度の構築を地方公共団体の裁量に委ね、緩やかな審査基準である「合理性の基準」を使って合憲と判断したが（これについて、あたかも一番緩やかな「合理性の基準」を用いたように見える。しかし、判旨は、国民主権の原理が合理的な理由であるとしているにすぎず、審査基準論によるアプローチはなさなかったとみられる。本件では、憲法上の実体的な権利制約が問題となるとしていないので、このようなアプローチは不要としたのであろう、と評価する見解もある〔渋谷・注（6）13頁〕）、泉徳治裁判官反対意見は、特別永住者が享受する職業選択の自由は単に経済活動の自由を意味するにとどまらず、自己実現を図るという人格的側面を有しており、当該地方公共団体との結びつきという点で強いものを持っている特別永住者の権利を制限するについては、「厳格な合理性」が要求されることから、本件管理職選考試験の拒否を違憲と判断した[15]。

外国人の公務就任権についての位置づけについて、憲法22条の職業選択の自由説に立った場合、特に職業選択の自由に対する制約の合理性を判断する違憲審査基準が問題となる。職業選択の自由の人格的側面、地方自治における住民の意味に加えて、泉反対意見が説くように、特別永住者等の定住外国人の法的地位を考慮すると、厳格な合理性の基準が適用されるべきであると指摘される[16]。

15　中村睦男「外国人」野中ほか『憲法Ⅰ（第5版）』（有斐閣、2012年）228頁。
16　大沢秀介「国籍と地方公務員―東京都管理職選考試験―」ジュリスト『平成17年度重要判例解

さらに、最高裁判決における泉裁判官反対意見は傾聴に値し、「特別永住者」としての地位を考慮しなければならないとして、以上のように説いているのである（特に、上述の下線［1］［2］［3］を参照）。この泉裁判官の違憲審査基準の設定とあてはめは高く評価されてよいが、「ただ、何ゆえに『厳格な合理性』という中間審査基準を用いるのかがなお明確ではない。職業が生計を維持する上で不可欠であり、かつそれが人格的利益に関わるものであれば、厳格な基準を用いる余地もあったのではないか」、なお検討の余地が残されている（渋谷・前掲（注）13頁）と指摘される。

本章では、多数意見・藤田裁判官補足意見と泉裁判官反対意見の判旨をかなり詳細に紹介し、その考え方の対比を明らかにした。その意味では、資料的側面の強いものであるが、この対立が今後、学説にも強く反映されることと思われる。両者のまとまった批判的検討は今後行いたい。

4　結　び——判例・通説の問題性——

外国人の公務就任権は、憲法22条の「職業選択の自由」において保障されている。職業選択の自由は、自分が就こうとする職業を決定する自由である。「職業というものは、人それぞれが、自分の能力を発揮する場であり、たんに経済的利益の追求というだけではない、精神的あるいは人格的価値と密接に結びついたものである。さらには、それは、各人の生計の手段としての意味をもっている」[17]。職業選択の自由は、労働権（27条）と密接に関わるものとなる。

こうした観点からいうと「公権力の行使又は国家意思への参画に携わる公務員」については日本国籍を要するとして、一般行政職公務員への外国人の任用を一律に排除している内閣法制局の当然の法理は、職業選択の自由に対する不当な制限として違憲ということになろう。公務員職への外国人の制限は、外国人の職業選択の自由を制約し、定住外国人については国民との関係における非差別原理を破るものである。

泉裁判官の意見は、筆者とはいろいろな面で前提を異にする。泉裁判官のいう

説』2006年6月10日号（1313号）14頁、近藤敦「外国人の公務就任権」別冊ジュリスト『憲法判例百選［第5版］』（2007年）14頁。
17　浦部法穂『憲法学教室［全訂第2版］』（日本評論社、2006年）215頁。

「自己統治」には、筆者の場合、永住外国人も含まれると考えるものであり、地方・国政も区別する必要はないという前提に立っており、選ぶ権利があれば選ばれる権利もあるとするものであるが、しかし、多数意見・藤田裁判官補足意見よりはるかに共感を覚えるものである。泉裁判官反対意見は、歴史的経緯を踏まえた正当な理解の仕方であると考える。

　根森健は、「一定の居住要件を満たす外国人には人権として国政レベルの選挙権・被選挙権も付与可能という立場に立っている」。「未解明のまま残された問題として、地方参政権のうちの地方議会議員選挙や首長選挙での被選挙権の付与が重要である」「なぜなら、『その意思を日常生活に密接な関連を有する地方公共団体の公共的事務の処理に反映させる』には、どうしても地方議会へ議員を送ること、都道府県知事、市町村長といった首長になることは必要だからである」[18]と述べている。筆者も同様に考えている。青柳幸一も次のような指摘をしている。そもそも「国民国家」とともに始まる「国民」、「国籍」とは何であるのか、そこから根本的に検討する必要がある。そのような「学び、そして問う」中で、国家を構成する「国民」とは、同じ所に住み、同じ言葉を話す、ということが、その核心的内容であることが明らかになった[19]、と。国民主権の概念の見直しが迫られている。国民主権の国民とは「国籍保有者」なのか「社会構成員」＝「実質としての領土に住む住民」なのか、筆者は国民主権の国民を社会の構成員性（実質としての領土に住む住民）という点から考える。泉裁判官の「自己統治」という言葉を借りれば、前述した選ぶ権利があれば選ばれる権利もあり、日本では、それは「国籍保有者」に限定されるというものではない。永住外国人は「国民」に含まれるのであり、日本の社会の構成員であるといえる。こうした立場に立てば、判例・学説は大きな問題を内包しており、根本的な再検討が求められているように思えるのである。

　また、公権力行使等公務員に永住外国人が就任した場合、日本社会にどのような不都合なことが生じるのであろうか。この点、例外として、渋谷秀樹は肯定すべきである例として具体的に次のように述べている。現実に実力を行使する執行機関である公務員、たとえば、消防署の職員に国籍は必要か。政府は、火災が発

18　根森健・前掲47頁。
19　青柳幸一「外国人の選挙権・被選挙権と公務就任権」［座談会］青柳幸一＝柳井健一＝長谷部恭男＝大沢秀介＝川岸令和＝宍戸常寿　ジュリスト2009年4月1日号（1375号）64頁。

生した建物を壊したりする消防活動は、公権力の行使、つまり財産権の侵害になるから、国籍を必要とする代表職種であるとし、日本国籍をもたない人が、地域の消防団員になることにも難色を示している。しかし、現実に燃えている建物の火を消すことは、危機に瀕した人命や財産を救うという人類普遍の要請に基づくものであり、「国籍がないから消防士になれない」というのは法律に名を借りた形式論で、一般市民の常識から決定的にずれた議論である、と[20]。日本の行政は法律による支配の原則を採用しているのではないのか。確かに職務に裁量を入れる余地の広狭はあるであろう。しかし、いかに広い裁量権があるといっても、それは基本的には憲法・法律・条例等の法令の縛りをうけてのことであるのではないのか。前章と同じ結論となるが、不適切な行為を行う人間は国籍によるとは思えない。それは個人の資質の問題であり、そのような個人をその都度排除すれば足りると考える。こうした考えはあまりにも素朴すぎるであろうか。

20　渋谷秀樹『憲法への招待』(岩波新書、2001年) 42頁。
＊以上、参考文献の引用紹介は必要最小限にとどめた。

第9章　外国人の社会権と国際人権条約

1　はじめに
  （1）在日外国人の国民年金訴訟
  （2）難民条約の批准を契機として
2　外国人の社会権について
  （1）外国人の人権と社会権の本質
  （2）外国人に対する差別の合憲性
3　外国人の社会権保障の現状
  （1）社会保険
  （2）公的扶助（生活保護）
4　今後の課題―国際人権条約との関係について―

1　はじめに

　外国人がそもそも人権の享有主体となりうるかという議論は、こんにちでは意味を失っている。「なぜなら、1966年の国連総会で採択された国際人権規約が、外国人を含むすべての個人に対して平等に人権を保障すべきことを定めているように、もはや自国民だけの人権保障で足りるとする考え方は、国際的にも通用しないし、また日本の判例上も、外国人の享有主体性それじたいを否定したものは存在しないからである」（浦部法穂）[1]。しかし、問題はいかなる人権がどの程度保障されると考えるべきかである。

　そこで、本章では、日本における外国人の社会権の問題を扱う。従来、外国人に保障されない人権の代表的なものとして、社会権、参政権、入国の自由が挙げられてきた。高橋和之は外国人の社会権について、「実際には、日本が外国人差別を原則的に禁止した国際人権規約（経済的、社会的及び文化的権利に関する国際規約2条2項参照）等を批准したのに伴い、それまで社会保障関係法令に存在した

---

[1]　浦部法穂『憲法学教室（全訂第2版）』（日本評論社、2006年）56頁。

国籍要件は原則として撤廃されたので、今日では特にこの問題を論ずる実益はなくなっている」（『立憲主義と日本国憲法〔第3版〕』2013年）という[2]。はたしてそうであろうか。現状はおよそこのように評価できるものではない。外国人の社会権の問題を矮小化しすぎているように思える。田中宏は2013年刊行の『在日外国人（第3版）』（岩波新書）の「「黒船」となったインドシナ難民」という章のなかで、外国人の社会権の問題に言及している。その章の冒頭で、在日韓国人の金鉉鈞（キムヒョンジュ）国民年金裁判を紹介することから始めている[3]。

　この判例は公法判例として著名なものであるが、本章もそれにならい、この年金裁判の紹介と法的検討から入ることとしよう。本章の主題は国際人権条約が在日外国人の社会権に与える影響について検討し、外国人の社会権の問題を考えることである。この問題について、判例・学説ともに国際人権条約の視点からの考察が不十分であることが指摘できる。もっとも、本章は序論的なものであり、判例・学説の現時点における問題状況を概観するものである。それゆえ、かなりのスペースをさいて判例の紹介を行っている。（1）憲法と条約との関係、（2）条約の自動執行性、（3）社会権保障における「国民」概念の再検討、など個別の論点の立ち入った検討は、今後、行っていくことをあらかじめお断りしておきたい。

（1）在日外国人の国民年金訴訟

　在日韓国人の金鉉鈞（キムヒョンジュ）は、1960年10月、東京都荒川区役所の国民年金担当職員から、国民年金への加入を勧められたが、韓国籍ということで断った。しかし、勧誘職員に日本に永住するなら加入しなければならない、また、加入した方が得であると説得されて加入した。以降、足かけ12年にわたって保険料をかけ、年金の支給が受けられる65歳になった時、区役所を訪れ年金請求手続きをとろうとしたところ、韓国籍であるから資格なしとして断られた。

　判例の認定によると事実の概要は次のようなものである。難民条約加入に伴う昭和56年法律86号による改正までの国民年金法は、国民年金の受給資格を日本国籍を有することを要件にしていたにもかかわらず、これを知らなかった区の国民

---

[2]　高橋和之『立憲主義と日本国憲法（第3版）』（有斐閣、2013年）90頁。
[3]　田中宏『在日外国人（第3版）』（岩波新書、2013年）162頁。

年金勧誘担当職員の勧めで国民年金に加入し、130か月にわたり保険金を納めてきたのに、受給段階になってから、国籍要件を欠き受給資格がないことを理由に国民年金（老齢年金）の支給を拒否された在日韓国人が、1979年7月、社会保険庁長官を相手取り、支給を拒否した裁定却下処分の取り消しを求めて、東京地方裁判所に提訴した。原告はそこで次のような主張を行った[4]。

①　本件処分は国民年金法（昭和56年法86号による改正前のもの。以下「法」という）7条1項、8条、9条2項の解釈を誤った違法がある。（下線は筆者、以下同様）。法7条1項、8条、9条2項は、国民年金の被保険者資格の取得及び保有要件として「日本国民」であることを掲げているが、実定法の解釈は、単なる字句の形式的解釈にとどまることなく、法の立法趣旨、目的、理念に適うよう、目的論的、実質的に解釈すべきであり、右各条項は、少なくとも、日本国籍を有しない者（以下「外国人」という。）に対する法の適用を禁止するものであると解すべきではない。生存権に代表される社会権とは、国籍を基準としてその享有主体が決定されるべきではなく、外国人に対しても等しく保障されるべき権利であり、世界人権宣言が「人はすべて社会の一員として社会保障を受ける権利を有し」（22条）と規定するのもその表れである。つまり社会権とは、人が社会の一員として労働し、生活を営むこと、すなわち共同体の一員たることを基礎とし、国家がかかる共同体の維持存続について責めを負うが故に、国家によってその保障がされなくてはならない権利であり、法1条にいう「国民の共同連帯」も、日本国籍を有する者という観念的な共同体によってではなく、同一社会内に共に生きる者という現実的な共同体によって実現されなくてはならないのである。

②　本件処分は憲法14条、25条に違反する。憲法14条が保障する法の下の平等は、難民条約、雇用及び職業における差別待遇に関する条約、教育における差別を禁止する条約、あらゆる形態の人種差別撤廃に関する条約、国際人権規約のような国際連合の各規約及び各国国内法で確立された内外人平等主義と同一の流れの中に位置づけられなければならない。すなわち、憲法下においては、日本国民と外国人は原則的に平等であり、例外的に合理性がある場合にのみ、内外人差別が許されるものと解すべきである。しかしながら外国人を国民年金制度から排除する合理性は何ら存しないのであり、このことは、難民条約の批准に伴い、整備

4　東京地判1982（昭和57）年9月22日判例時報1092号31頁。

法により法の国籍要件が撤廃されたことからも明らかである。憲法25条はその1項において「すべて国民は」と規定しているが、同条項は、そこに定める権利を外国人に対して否定する趣旨と解すべきではなく、特に、日本社会に居住し、国民と同一の法的・社会的負担をしている居住外国人、とりわけ、在日韓国人・朝鮮人に適用されなければならない。これら在日韓国・朝鮮人は、昭和27年4月19日法務省民事局長通達（民事甲第438号）により同月28日をもってそれまで有していた日本国籍を自らの選択によらず喪失せしめられたのであり、しかも、納税等の国民としての義務は以後も日本国籍を有する者と同様に負担させられているのである。社会保障法理として、国籍の有無という形式的側面よりも、共同体の一員として生活している社会的事実に着目して適用対象を捉え、在日韓国・朝鮮人の実態を直視し、その定着化傾向に鑑み、社会保障の諸給付については、日本国民と同等の待遇を保障すべき義務が存するといわなければならない。以上のとおり法を外国人に適用することができないとの解釈及び運用に基づく本件処分は憲法14条、25条に違反するものというべきである。

　これに対して、東京地方裁判所は、1982年9月22日、原告敗訴の判決を下した。①法は強制加入・任意加入の別なく「日本国民」であることを被保険者資格の取得及び保有の要件として定めていることは明らかであり、右「日本国民」が日本国籍を有する者を意味し、日本国籍を有しない者を除外する趣旨であることは、その文言から明白であるといわなければならない。②国民年金制度のように社会保障に関する権利、いわゆる社会権については、もっぱら権利者の属する国家によって保障されるべき性質のものであり、当然に外国によって保障されるべき権利を意味するものではないから、外国人に対し自国民と同様に社会権を保障しなくても、憲法14条に違反するものではない。③国民年金制度に関し、憲法25条の規定の趣旨にこたえて具体的にどのような立法措置を講ずるかの選択決定は、立法府の広い裁量に委ねられており、同制度の対象者を日本国籍を有する者に限定するか否かも立法政策上の裁量事項である[5]。

　その後、東京高等裁判所に控訴され、1983年10月20日、今度は、控訴人（金鉉

---

[5] 東京地判1982（昭和57）年9月22日判例時報1055号18頁。

鈞）の勝訴判決を下した。①形式上は実定法上の関係規定所定の受給権発生の要件が完全には充足されていない場合であっても、特別の事情により請求者にこの要件が充足された場合と同視するのを相当とするような法律状態が生じているときには、形式上の要件の欠缺は老齢年金の受給権者である裁定をする妨げにはならない。②本件において、自己に国民年金被保険者の資格があると信じ、将来、給付されることを期待し信頼して、保険料の支払いを続けたことが明らかであり、そのように信じたことをあながち軽率であったということはできない。このような、信頼関係が生じた当事者間において、それを覆すことが許されるかどうかは、信義衡平の原則によって規律されるべきであり、控訴人の信頼は法的保護を要請されるものである。なお、控訴人が支払った保険料の金額が控訴人に返戻されただけでは、右信頼を擁護したことにはならない。③そして、この信義衡平の原則に従うと、行政当局が信頼関係を覆すことができるのは、やむを得ない公益上の必要がある場合に限られ、それ以外には許されない。控訴人は国籍要件を欠いているが、国籍要件をあらゆる場合につき維持・貫徹することは、やむを得ない公益上の必要には当たらない。なんとなれば、法制定当初から米国籍人には日米友好条約を根拠に国籍要件は適用されておらず、昭和54年以来我が国は国際人権規約（A規約）9条により外国人に対しても社会保障政策を推進すべき責任を負っており、昭和57年に至って難民の地位に関する条約等への加入に伴い整備法による改正で国籍要件は撤廃されたことからして、国籍要件は、一切の例外を許さないような意味において国民年金制度の基幹に係るものではないというべきであり、控訴人の右信頼に反してまで国籍を維持・貫徹する必要性が公益上存するものではないと解される。してみれば、控訴人と行政当局の間で生じた信頼関係を行政当局が覆すことができないから、結局、国籍条件が充足された場合と同視するのを相当とするような法律状態が生じているというべきであり、国籍要件が充足されていないことを理由として、これを却下することはできない[6]。

　社会保険庁は、1983（昭和58）年11月2日、上告しないことを決め、判決が確定した。

---

[6]　東京高判1983（昭和58）年10月20日例時報1092号31頁。

(2) 難民条約の批准を契機として

　原告の勝訴が確定した時には、じつは国民年金法の国籍条項は撤廃されていた（判決は、原告の資格が取り消された時点の旧法に基づいての判断）。外国人の社会権と国際人権条約との問題の背景を明らかにするために、難民条約批准前後の状況をトレースしておこう。

　①　1975年4月30日、南ベトナムのサイゴン市（現在のホーチミン市）が陥落し、南北ベトナムは統一されたが、「難民」が大量流出することとなり、インドシナ難民問題にどのように対応するかは国際社会の大きな課題となった[7]。

　②　ベトナム難民が発生した1975年、主要先進国首脳会議（サミット）が発足し（当初は6ヵ国、その後は8ヵ国に）、以降毎年開かれるサミットには、日本の首相も出席することとなった。

　③　日本は難民の一時滞在を認めるだけでは済まなくなり、新たな対応を迫られることとなった。1978年4月、当時の福田首相は「定住許可」の方針を打ち出した。1979年4月には、定住枠「500人」が発表され、その後、徐々に拡大されて、1994年には1万人となる。さらに、その対象も「ベトナム難民」から「インドシナ難民」に拡大された。

　④　定住許可を打ち出した以上、定住難民は、日本に生活するほかの外国人と基本的には同じ地位や処遇に置かれることとなる。「しかし、当時は国民健康保険に加入できる自治体ばかりとは限らなかった（外国人の加入は原則不可、一部の自治体が例外的に門戸を開いていた）ので、外国人が病気になっても自費治療を余儀なくされることも多かった。子どもの養育を助ける児童手当（2010—12年は子ども手当）、児童扶養手当（母子家庭など）、特別児童扶養手当（障害児をもつ家庭など）などの制度があっても、それらはいずれも『日本国民』に限られていた。……公団住宅などは外国人は入居できず、一部の自治体が公営住宅の入居資格を認めていたにすぎない。」[8]

　⑤　こうした難民を受け入れるようになり、日本政府は人権に関する国際条約への加入を進めざるをえなくなる。1979年、国際人権規約（1966年、国連採択）の批准に際しては、国内法の改正は何ひとつ行われなかったが、それでも公共住宅

---

[7]　主として、田中宏・前掲165頁以下、及び、高佐智美「外国人」杉原泰雄編『新版体系憲法事典』（青林書院、2008年）398-399頁参照。
[8]　田中宏・前掲167頁。

関係の4つの法律、住宅金融公庫法［2005年、独立行政法人住宅金融支援機構法に移行］、公営住宅法、日本住宅公団法［1981年住宅都市整備公団法に、1999年都市基盤整備公団法に、2003年独立行政法人都市再生機構法に移行］、地方住宅供給公社法を運用するうえでの「国籍要件」の撤廃がなされ、外国人に門戸が開放された[9]。

⑥ 1981年、難民条約（1951年、国連採択）が批准された。国際人権規約に比べて、難民条約はより厳格な条約といわれており、その内容と矛盾する国内法があれば、改正を余儀なくされる。とりわけ、この条約は社会保障について「内国民待遇」を求めている（第24条）。難民条約の批准にあたって、国民年金法および児童手当に関する三法の「国籍条項」が削除され、外国人にも適用されることとなった。なお、この法改正の時、「出入国管理令」が「出入国管理及び難民認定法」となった。

⑦ 国民年金法（昭和34年法律141号）は、国籍要件を設け、同年金の被保険者を日本国民に限定していた（以下「旧法」7条1項、53条1項）。拠出制の国民年金は老齢年金の給付を行うもので、20歳以上60歳未満の日本に住所を有することを被保険者の資格要件とし、原則25年以上の保険料納付済期間を満たした被保険者が65歳に達したときに給付される。一方、老齢福祉年金は、国庫負担の無拠出制の福祉年金として、70歳に達した者に支給される。しかし、旧法は7条1項等で国籍要件を定めたため、日本国籍を有しない者には、老齢年金の被保険者資格と老齢福祉年金の受給資格とが与えられなかった。

⑧ 日本は、⑥で述べたとおり、1981（昭和56）年に難民条約に加入し、難民に対する社会保障に関しては「自国民に与える待遇と同一待遇」を与える義務を負う（同条約24条1項）こととなった。これを受けて、「難民の地位に関する条約等への加入に伴う出入国管理令その他関係法律の整備に関する法律」（昭和56年法律第86号。以下「整備法」という）が制定され、国籍条項が撤廃された。その結果、外国人にも国内年金加入の道が開けた。ところが、25年間の支払い期間を満たせないことを理由に、当時35歳を超えていた人を老齢年金から排除した。老齢福祉年金についても、旧法の国籍要件で受給資格を有しない者については「なお、従前の例による」（整備法附則5項）とされ、給付されなかった。

⑨ その後、1985（昭和60）年国民年金法改正（以下「60年改正」という）におい

---

9 田中宏・前掲168頁。

て、老齢基礎年金（老齢年金は、「改正」後、老齢基礎年金に変わった）に関しては、「（加入していたとみなす）カラ期間」が導入され、1982年当時排除されていた人が一部救済された。しかし、1986年時点での年金支給年齢であった当時60歳を超えていた人は排除されたままであった。そのうえ日本人高齢者なら受給できる無拠出の老齢福祉年金の受給も認められなかった。

また、国籍条項の削除時に、すでに障害状態、母子状態などにあった外国人は、日本国民のように「障害福祉（基礎）年金」を受けることはできない[10]。先に言及したごとく、1982年、国民年金法の国籍条項が削除されたが、難民条約関係法の整備に関する法律（1981年）には、無年金者が生まれないための経過措置が設けられなかった。児童手当などは国籍条項が削除されればすぐ外国人にも支給されるが、年金についてはそうはならない。したがって、通常は無年金を避けるための経過措置がとられる。たとえば、小笠原、沖縄復帰時、中国帰国者、拉致被害者の日本帰国時に、それぞれ国民年金法に必要な経過措置が設けられたのである。このため、各地で在日外国人による無年金訴訟が提訴されることとなった[11]。関連訴訟については後述する。

市民的及び政治的権利に関する国際規約（人権B規約いわゆる自由権規約）の2条1項では、「この規約の各締約国は、その領域内にあり、かつ、その管轄の下にあるすべての個人に対し、人種、皮膚の色、性、言語、宗教、政治的意見その他の意見、国民的若しくは社会的出身、財産、出生又は他の地位等によるいかなる差別もなしにこの規約において認められる権利を尊重し及び確保することを約束する」とする。また、経済的、社会的及び文化的権利に関する国際規約（人権A規約いわゆる社会権規約）2条2項では、「この規約の締約国は、この規約に規定する権利が人種、皮膚の色、性、言語、宗教、政治的意見その他の意見、国民的若しくは社会的出身、財産、出生又は他の地位によるいかなる差別もなしに行使されることを保障することを約束する」と定める。また、難民条約は、難民に対する社会保障に関しては、「自国民に与える待遇と同一待遇」を与える義務を負う。

このように、自由権、社会権を問わず、少なくとも外国人であることだけを理由として差別されることはないという保障がなされており、日本はそのような条

---

[10] 田中宏・前掲174-175頁。
[11] 田中宏・前掲176頁。

約上の義務を負っているのである。以下で、外国人の社会権の本質に言及し、国際人権条約との関係をみていく。

2　外国人の社会権について

（1）外国人の人権と社会権の本質

　問題は外国人にはいかなる人権がどの程度保障されると考えるべきか、について、判例・通説の立場（「権利の性質」説）から、外国人が享有しえない、あるいは、大幅な制限を受けてもやむを得ないとされる人権は、①入国の自由、②参政権（選挙権・被選挙権）・公務就任権、③社会権（特に生存権・社会保障権）である。外国人の人権を考えるにあたっては「権利の性質のみから問題に迫るのではなく、外国人の存在態様も考慮しなければならない」。外国人にも、一時的旅行者のほか、日本に生活の本拠をもちしかも永住資格を認められた定住外国人、難民など類型を著しく異にするものがあることに、とくに注意しなければならないとすでに指摘されてきた[12]。日本に滞在する外国人の在留資格については、出入国管理及び難民認定法（以下「入管法」）第2条の2および同法別表第一および第二で詳細に定められている[13]。

　「特別永住者」については、現行の法令上は日本国との平和条約に基づき日本の国籍を離脱した者等の出入国管理に関する特例法（平成3年施行。以下、「入管特例法」という）で定める。「特別永住者」は、日本がかつて植民地として支配した朝鮮、台湾から強制連行その他の形で日本に移住した人々で、第2次世界大戦前から日本に在住する外国人およびその子孫をいう（特別永住者と外国人の存在態様については既述したが、各章を独立の論文として構成しているため、ここでも同じことを再述しておく）。これらの人々は、日本の支配下にあった時は「帝国臣民」とされたが、第2次世界大戦での日本の敗戦後の戦後処理として、平和条約発効の日（昭和27年4月28日）に、日本に生活の本拠を有するままで自動的に外国籍にきりかえられたという歴史上の経緯をもつものである。これらの人々は、同法第3条により宣言的に（すなわち、申請とか許可処分などをせずに自動的に）資格を付与される「法定特別永住者」と、例えば同法施行後に出生した子孫などのように、第4

---

[12]　芦部信喜（高橋和之補訂）『憲法（第5版）』（岩波書店、2011年）93頁。
[13]　藤井俊夫『憲法と人権Ⅰ』（成文堂、2008年）43頁。

条および第5条による法務大臣の許可を受けた「特別永住者」とに分かれる。通常は、これらの人々が狭義の「定住外国人」（より具体的には、在日韓国人、在日朝鮮人など）とよばれている。「一般永住者」とは、入管法22条の永住許可を受けた外国人である。この許可を受けるためには、「素行が善良であること」および「独立の生計を営むに足りる資産または技能を有すること」の要件に加えて、「その者の永住が日本国の利益に合する」と認められるときに限り許可するとされ、現実にはおおむね20年以上引き続き在留していることが許可のための審査基準の一つとされている（ただし、日本人、特別永住者の配偶者等については、3年から5年程度でもよいとされる）。例えば、日本人と結婚し、日本に生活の本拠を有するために永住許可を受けた者とか、仕事上の理由により長期にわたって在留した後に永住許可を受けた者などがこれにあたる。広義の「定住外国人」という語は、これらの外国人を含むものとして用いられている。

　外国人の存在態様からみると次のように大別される。

　　①　「特別永住者」とされる外国人、
　　②　その他の「永住許可」を受けた外国人、
　　③　永住許可を受けてはいないが、結婚、就職、留学など、比較的長期に（数年から数十年）日本に在留する外国人、
　　④　観光などのように短期間のみ滞在する外国人、
　　⑤　入管法14条から18条の2までの寄港地上陸その他に該当する者で、船員など、短期間の特別上陸許可を受けた外国人、

である[14]。

　現実には、この中で①から③までのように永続的あるいはかなり長期間、日本に生活の本拠を有する外国人の人権が問題となる。こうした分類については、「参政権とくに選挙権とか、生存権、再入国の自由などの保障との関係で検討する必要がある。ただし、これは、反面では、外国人の間での差別をすることになるから、権利の付与あるいは制限などに際してはそれぞれについての個別的な根拠づけが必要となる」点が考慮されなければならない[15]。

　それでは理論的には社会権の本質についていかに理解すべきであろうか。憲法

14　藤井俊夫・前掲44頁。
15　藤井俊夫・前掲45頁。

の保障する社会権が外国人にも保障されるかについて、従来から議論のあるところであった。有力学説は、「それらを保障する責任は、もっぱら彼の所属する国家に属する」とする見解（宮沢俊義）をとっていた[16]。判例や通説がよく引用するこの宮沢説は、具体的には次のように述べている。「健康で文化的な最低限度の生活を営む権利や、教育をうける権利や、勤労の権利は、基本的人権の性格を有するとされるが、それらを保障することは何より、各人の所属する国の責任である。日本が社会国家の理念に立脚するとは、日本が何よりもまず日本国民に対してそれらの社会権を保障する責任を負うことを意味する。外国人も、もちろん、それらの社会権を基本的人権として享有するが、それらを保障する責任は、もっぱら彼の所属する国家に属する」。こうした外国人の類型化を行なわない外国人概念の構成論が、今日まで、多くの社会権判例で引用され定住（永住）外国人の権利を否定する論拠として使用されてきたといえる。

　それでは社会権の中核である生存権の本質をどのように考えるべきであろうか。生存権は「人間としての生存」を保障することに意義がある[17]。この権利の主体として「国籍」要件は必然性を伴うものとはいえない。その根底にある国家観は社会国家観であり、国家が社会構成員の生存の保障のために積極的にかかわりをもつべきとするものである。ここで重要なのは「その国家の基礎となっている社会の実質的な構成員であるかどうか」ということである[18]。ここでは、「人間としての生存を保障するに際して日本国民と同じく日本国内に居住して生活をともにする外国人を差別すべき合理的な理由があるかが問題となる」といえる。その点からみると、「納税義務における居住地主義と社会保障における国籍主義とは矛盾しないか」が問題となる。以上に対しては、より徹底させて、「生存権（社会権）は国家とか国籍を超えて普遍的に保障されるべき権利である」とする考え方もある。この考え方に立てば、日本に居住するすべての外国人に対して例外なくこの権利が保障されるべきであるということになる。しかし、こうした考え方に対しては、社会権は自由権と異なり、国家の財政的裏付けがあって権利の実現が可能であるということも事実である。ただし、今日では、「経済的、社会的

16　宮沢俊義『憲法Ⅱ（新版）』（有斐閣、1971年）241頁。
17　生存権の人権性とその強化を試みる理論については、戸波江二「憲法学における社会権の権利性」『講座国際人権法2　国際人権規約の形成と展開』（信山社、2006年）参照。
18　藤井俊夫・前掲53頁。

及び文化的権利に関する国際規約（社会権規約）の2条2項の外国人に対する差別禁止がかかるため、それがどこまで妥当するとされるべきか」が問題となる[19]。

（2）外国人に対する差別の合憲性

　生存権の保障、具体的には、社会の実質的な構成員にあたる者に対しては差別的な取り扱いは許されないと考えるべきである。この点が問題となった著名な判例として塩見訴訟がある。

　原告（塩見日出）は、1943（昭和18）年に大阪で出生し、戦後は韓国籍をもっていたが、その後日本人の夫と婚姻し、1970年12月16日に帰化して日本国籍を取得した。原告は、子供の時に失明して、国民年金法別表の定める一級程度の廃疾（障害）状態であったので、障害福祉年金を申請したところ、国籍条項を理由として拒否されたので、その違憲性を憲法25条および同14条1項、さらには憲法98条2項違反を理由として訴えた[20]。

　塩見訴訟判決において、第一審判決（大阪地判昭和55・12・29）、第二審判決（大阪高判昭和59・12・19）いずれも原告の請求を退ける判決を下した。最高裁（最判平成元・3・2）も、要旨以下のような理由で、原告の上告を退ける判決を下した。①無拠出制の障害福祉年金については、「立法府は、その支給対象者の決定について、もともと広範な裁量権を有している」。②加うるに、社会保障上の施策において在留外国人をどのように処遇するかについては、国は、特別の条約の存しない限り、その政治判断で決定することができ、「その限られた財源の下で福祉的給付を行うに当たり、自国人を在留外国人より優先的に扱うことも許される」。したがって、障害福祉年金の受給者から在留外国人を除外することも、立法府の裁量の範囲内に属するものであり、そのような区別については合理性があり、憲法25条並びに同14条1項には違反しない。③経済的、社会的および文化的権利に関する国際規約9条は、個人に対して即時に具体的権利を付与すべきことを定めたものではないので、同規約違反ではなく、憲法98条2項違反の主張もその前提を欠く[21]。

　ここにおける先例は、堀木訴訟最高裁判決（最大判昭和57年7月7日民集36巻7号

19　藤井俊夫・前掲54頁。
20　山内敏弘「外国人の人権保障」『新版憲法判例を読み直す』（日本評論社。2011年）54頁。
21　最判1989（平成元）年3月2日判例時報1363号68頁、山内敏弘・前掲54頁参照。

1235頁、判タ477号54頁）であり、「憲法25条の規定の趣旨にこたえて具体的にどのような立法措置を講ずるかの選択決定は、立法府の広い裁量に委ねられており、それが著しく合理性を欠き明らかに裁量の逸脱・濫用と見ざるを得ないような場合を除き、裁判所が審査判断するに適しない事柄である」として、憲法25条には具体的権利性はないとするものである。その後の塩見訴訟最高裁判決（最判平成元・3・2判例時報1363号68頁）の中核は次の点である。国籍による差別は許されるとし、「社会保障上の施策において在留外国人をどのように処遇するかについては、国は特別の条約の存しないかぎり、国はその政治判断により決定できるのであり、限られた財源の下で福祉的給付を行うにあたり自国民を在留外国人より優先的に扱うことも許されるとした上で、障害福祉年金の受給に関して、制度発足時の昭和34年11月1日において日本国民であることを受給資格要件とすることは立法裁量の範囲内であり、その区別について合理性を否定できない」というものである[22]。この判決は、生存権が立法府の広い裁量に委ねられた権利であるとし、さらに在留外国人に生存権の保障を及ぼすかどうかは国の政治的判断による決定に委ねられている、という二重の立法裁量を肯定したものである[23]。

　こうした判決には次のような疑問が投げかけられる。「社会権、とりわけ生存権が文字通り人間としての最低限の生存を確保することへの権利であるとしたならば、このような権利は基本的に日本に在住するすべての人間に、したがって定住外国人に対しても保障されて然るべきだからである。憲法の前文が、『全世界の国民が、ひとしく……欠乏から免れ……生存する権利を有する』と規定していることも、そのような解釈の根拠となりうるであろう。学説の多数は、少なくとも本件原告のような特別永住外国人に対して国籍条項が適用される限りで、国民年金法の前記規定は違憲と解しているが、けだし妥当な見解というべきであろう」という[24]。また、この判決は、社会権規約第9条は、「政治的責任」を宣言しただけで、個人に対して即時に具体的権利を付与すべきことを定めたものではないとしている。「しかし、かりにこのように解するとしても、現実に『障害福祉年金』という制度ができている以上は、同規約2条2項の『差別禁止』が適用

22　藤井俊夫・前掲55頁。
23　武村二三夫「生活保護法の外国人への適用」『講座国際人権法2　国際人権規約の形成と展開』（信山社、2006年）524頁。
24　山内敏弘・前掲54頁。

されると解すべきである。すなわち、判決においては、社会保障の制度作りに関する立法裁量の問題と差別に関する立法裁量の問題とを区別していないという難点がある。これを憲法レベルの問題に対応させていうならば、25条の『権利性および社会保障制度の作り方』にかかわる立法裁量論と14条の『平等原則および合理的な差別』にかかわる立法裁量論とは、本来、別個のものであって、これらの両者は必ずしも一致するわけではないということである」。その点からも、この判決には問題がある[25]。

　経済的、社会的及び文化的権利に関する国際規約は「社会保険その他の社会保障についてのすべての者の権利を認める」（9条）と規定し、また難民の地位に関する条約（24条1項）も、締約国に対して、社会保障に関して難民に自国民に対するのと同一の待遇を与えることを義務づけている。日本も、前者の規約には1979年に、後者の条約には1982年に加盟・発効したことに伴い、外国人に対する社会保障についての考え方の根本的変更を余儀なくされたが（国民年金法の改正、出入国管理令24条4号ホの削除など）、塩見訴訟の最高裁判決は、これらの国際条約は、個人に対して即時に具体的な権利を付与したものではないとし、そのことは、上記規約2条1項が締約国は立法措置等により「この規約において認められている権利の完全な実現を漸進的に達成する」と規定していることからも明らかであるとしている。しかし、この規定の意味は、どの程度の水準の社会保障を行うかは国によって達成の度合いが異なるとしても、締約国が一定水準の社会保障を行う以上は、同規約9条によって内外人平等原則に基づくべきことを定めたものと解されるのである。最高裁は、国民年金法の改正もこのような趣旨に基づいて行われたことに留意した判決を書くべきであったといえる。

　この判決に対しては、生存権が「人間の尊厳」に欠かせないものであることから、日本国民と生活実態の変わらない定住外国人に対しては、生存権が保障されるべきであるとする批判が強い。「とくに、ここでの年金は実質的には人間としての生存そのものの保障に直接にかかわるものであるだけに、問題があるといわなければならない。また、より特殊的には、すでに述べた『特別永住者』たるいわゆる在留外国人に関する歴史的経緯からすれば、むしろいわば潜在的な国籍取得者として日本国民と同様に生存権が保障される」と考えるべきである[26]。

25　藤井俊夫・前掲56頁。
26　藤井俊夫・前掲55頁。

3　外国人の社会権保障の現状

（1）社会保険

　社会保険との関係では、拠出制で、かつ、雇用関係を基礎とする厚生年金保険とか健康保険などと異なり、必ずしも雇用関係を基礎としない国民年金とか国民健康保険などにおける国籍条項が問題となる。これについて、難民条約への加入（昭和57年）にともなう難民条約関係整備法により、国民年金法、児童扶養手当法、特別児童扶養手当法、児童手当法の国籍要件は撤廃され、居住要件のみとなった。ただし、例えば国民年金法などは経過規定がおかれなかったため、定住外国人の一部は、保険料の納入期間との関係で、老齢基礎年金の適用対象外となる（昭和60年法改正で一部は可能となった）。また、国籍条項撤廃時にすでに障害状態あるいは母子家庭の状態にあった者は「福祉年金」を受給できない。塩見訴訟の最高裁判決は、この状態を正当化したものである。

　国民健康保険についても基本的に同様である（昭和61年に国籍条項は撤廃された）。しかし、不法入国とか不法滞在等による不法就労者については、この制度が適用されないため、現実には必要な時に適切な医療が受けにくいという人道にかかわる問題が生じる。ただし、特別の事情のある場合には、不法滞在の形となっている外国人でも住所を有している者については国民健康保険の被保険者資格が認められることがあり得るとする判決（東京地判平成10・7・16判例時報1649号3頁）もある。なお、労災補償（保険）については、現実の労働関係を基礎とするものであるから、本質的には、たとえ不法就労であってもその受給資格が保障されるべきである（この点は、労働賃金の保障と同様である）[27]。

　国民年金法に関する新しい判例として在日コリアン無年金高齢者訴訟（福岡高判平成23年10月17日判例時報2138号63頁）がある。在日コリアン無年金高齢者が、自分たちは、その国籍が韓国又は朝鮮とされている在日外国人であるが、①国民年金法の制定に関し国籍要件を設けて同年金の被保険者から自分たちを除外した立法行為、及び、②同法の改正過程で国籍要件を撤廃した際に、自分たちに対する救済措置等をとらなかった立法不作為が、国際人権規約A規約2条2項及び9

27　藤井俊夫・前掲57-58頁より引用。

条ならびにＢ規約26条を批准した状況下において、憲法14条１項に違反するとし、国に対し国家賠償法１条１項に基づき損害賠償を請求した。上記原告らは次のような主張を行った。

① 旧法の違憲性について

国民年金に加入し、老齢年金を受給する権利は、憲法25条２項のみならず、同条１項及び同13条を具体化するものであって、最低限度の生活を保障するとともに人格的生存権をも保障する重要な権利である。その制限に広範な立法裁量はなく、国籍要件により在留外国人を排除することは、憲法25条、13条及び14条に反する差別である。社会保障制度とは、日々の生活から生じる生活危険（要保障事故）に対して、社会構成員が連帯して対処するという制度であるところ、その意義からすれば、社会保障の責任を負うのは、その者の国籍国ではなく、その者が現に居住し生活する居住国である。それゆえ、居住国が自国民と同様に在留外国人に対しても社会保障の責任を負うことは当然の理である。しかも、社会保障が政治的背景ではなく経済的背景から生まれてきたという歴史的経過も考慮すれば、国籍の有無という形式的要件よりも共同体の一員として生活しているという社会経済的事実に着目して適用対象を画することが本来の姿である。原告は日本国籍者として出生したこと、その原因は日本の国家行為にあること、自らの意思に関係なく日本国籍を喪失させられたのであり、このような事情を有する在留外国人が社会給付において日本国民と差別されるいわれはない。このような事情の人々を一般の在留外国人と区別することは立法技術的にも容易である（現に、入管特例法において、昭和20年９月２日以前から日本に引き続き在留し、サンフランシスコ平和条約で国籍を離脱した「平和条約国籍離脱者」とその子孫という要件により特別永住という一般の在留外国人とは異なった在留資格が付与されている）。

② 整備法及び昭和60年改正法の違憲性について

旧法の国籍要件自体が憲法14条１項に反する違憲なものであった以上、整備法等を制定する際、経過・救済措置を講じる義務があったことは明白であるし、仮に、旧法の国籍要件が直ちに憲法14条１項に違反すると断定できないとしても、その合憲性を基礎付けていた、自国民を優先すべき財政事情、在日コリアンが我が国に在住することが、必ずしも安定的とはみられなかったという事情が、整備法制定時には、いずれも消失していたことは明らかであるから、旧法における国籍要件の存在により国民年金に加入できなかった在日コリアンについて、実質的

に国民年金を受給できるようにするために、経過措置・救済措置が必要不可欠であったというべきである。
　③　国際人権規約違反について
　国際人権規約A規約が社会保障を受ける権利を具体的権利として付与すべきことを定めたものではないことを考慮すれば、B規約26条及びA規約2条2項も、国の財政事情や社会的諸事情等を踏まえた立法府の裁量を許容しているものと解さざるを得ないとする考え方もある。しかしながら、規約人権委員会は、B規約26条の解釈に関し、憲法14条に関する国内裁判所の解釈よりもはるかに厳格な基準によるべきであるとしているから、憲法14条の違憲審査基準としては、これと同程度の厳格な基準によるべきである。また、A規約2条2項の場面において、立法裁量権を持ち込むことは、同条項につき、裁判規範性を有する差別禁止義務規定であると解釈した意義をも没却するものである。
　④　立法行為及び立法不作為の国家賠償法の違法性について
　国は、救済措置等の必要性について、遅くとも1981（昭和56）年の時点で認識していたことは明らかであり、それにもかかわらず、1982（昭和57）年の整備法による国籍要件撤廃時においても、1985（昭和60）年の改正法制定時においても、救済措置等の整備をしていない。
　原告を無年金に追いやった立法行為または立法不作為が憲法14条1項に違反することは明らかであり、また、立法事実は年々さらに変化し、在日コリアンの日本への定住はもはや揺るぎない歴史的な事実となり、老齢に達する人口も増えていき、さらには無年金者がその受給を受けられないままに死亡してしまうという事態を招いている状況に照らせば、国が、正当な理由なく長期にわたって、救済措置を怠っていることは明らかであるから、最高裁平成17年9月14日判決に照らしても、国家賠償法上違法であることは明白である。

　それでは裁判所は以上のような問題点についてどのように判断しているのであろうか（福岡高判平成23年10月7日判例時報2138号63頁）。
　①　旧法の違憲性について
　国民年金制度が、憲法25条2項の規定の趣旨を実現するため、老齢、障害又は死亡によって国民生活の安定が損なわれることを国民の共同連帯によって防止することを目的として創設されたものであること、憲法25条は、福祉国家の理念に

基づき、社会的立法及び社会的施設の創造拡充に努力すべきことを国の責務として宣言したものであって、憲法25条の規定の趣旨に応えて具体的にどのような立法措置を講ずるかの選択決定は、立法府の広い裁量に委ねられており、それが著しく合理性を欠き明らかに裁量の逸脱・濫用と見ざるを得ないような場合を除き、裁判所が審査判断するのに適しない事柄であることは、確立した判例（最高裁昭和57年7月7日大法廷判決、同平成元年3月2日第一小法廷判決）である。社会保障上の施策において在留外国人をどのように処遇するかについては、国は、特別の条約が存しない限り、当該外国人の属する国との外交関係、変動する国際情勢、国内の政治・経済・政治的判断により、これを決定できるのであるから（最高裁平成14年7月18日第一小法廷判決）、自国民優先論は、国の財政事情のみに根拠を置くものではないし、当時の立法政策として、厚生年金保険法等による年金制度の適用外であった自営業者・農業従事者を対象とした公的年金制度を創設し、国民年金制度の確立を図るために、まず日本国民に対し社会保障を行うことが急務とされていたという我が国の歴史的・社会的事情に照らせば、仮に在日コリアンからの保険料収入が老齢年金等の給付費の支出を上回ることが予測されたとしても、旧法において国籍条件を設けたことが、直ちに合理的根拠を欠くということはできない。旧法における国籍要件は、何ら合理的理由のない不当な差別的取扱いであるとはいえず、憲法14条1項に違反しない。

② 整備法及び昭和60年改正法の違憲性について

旧法における国籍要件が違憲、違法でない以上、もともと制度の対象になっていなかった外国人について、将来に向かって新たな年金制度を構築する際に、すでに高齢となっていたため被保険者とはなり得ない、あるいは、保険料納付期間等が25年以上という受給要件を満たし得ないため制度の対象とならない者につき、遡及して何らかの取扱いをするか否かは立法府の裁量に任されている領域であり、特別の遡及措置を講じるか否かはまさに立法府がその裁量により行うべき政策選択というべきである。したがって、経過措置・救済措置を設けなったことが著しく合理性を欠き明らかに裁量の逸脱・濫用と見ざるを得ないような場合を除き、違憲、違法とならない。国籍要件撤廃に伴う経過措置の必要性については、国会において検討されたことが認められるのであって、その検討結果の合理性について種々の意見があり得るとしても、最終的に経過措置を講じるか否かは立法裁量に任されるというべきであるし、小笠原諸島の復帰に伴う法令の適用の

暫定措置等に関する法律（昭和43年法律第83号）に基づく小笠原諸島に住所を有する者に対する特別措置は、旧法制定当時、日本の施政権が及ばなかったため、結果的に国民年金制度に加入できない状態にあった者に対して行われたものであって、その当否はともかくとして制度発足当時から国籍要件撤廃まで明確に国民年金制度の適用対象外とされた在日コリアンに対する特例措置を、小笠原諸島に住所を有する者に対する特例措置と同視することはできない。以上によれば、整備法及び昭和60年改正法において、経過措置・救済措置を設けなかったことが著しく合理性を欠き明らかに裁量の逸脱・濫用とみざるを得ないということはできない。

③ 国際人権規約違反について

A規約9条は、締約国において、社会保障についての権利が国の社会政策により保護されるに値するものであることを確認し、右権利の実現に向けて積極的に社会保障政策を推進すべき政治的責任を負うことを宣明したものであって、個人に対し、即時に具体的権利を付与すべきことを定めたものではないと解すべきであり（最高裁平成元年3月2日第一小法廷判決）、A規約2条2項は、締約国において、積極的に社会保障政策を推進する施策をとる際、前記の諸要素につき政治的、社会的理由により現実には種々の対応をとらざるを得ない面があり得ることを当然の前提として、それにもかかわらず、上記権利の平等な実現を積極的に推進すべき政治的責任を負うことを宣明したものと解さざるを得ない。そして、B規約26条が、我が国において裁判規範性を有するとしても、A規約に規定された社会保障上の法律の規定がB規約26条に違反するか否かの判断においては、立法によってA規約に規定された社会保障を拡大していくというA規約の趣旨とその要請との間に整合性を持つように解釈せざるを得ないというべきである。このような観点からすれば、B規約26条においても、少なくとも、A規約の趣旨に沿った社会保障政策を推進する目的で立法府が立法や法改正をする際の規制については、ある程度、その国の予算上の制約、経済、社会、国際状況等の事情による区別が何ら合理的理由のない不当な差別取扱いかどうかの観点から判断されるべきであるから、B規約26条との関係で立法府の裁量が全くないと解することはできない。

④ 立法行為及び立法不作為の国家賠償法の違法性について

整備法及び昭和60年改正法において原告らに対する経過措置及び救済措置がとられていないことは、いずれも憲法14条1項ないしB規約26条に違反するもの

ではない。これらに関する国会議員の立法行為又は立法不作為について、原告らとの関係で、救済措置等の整備をしないことが国家賠償法上違法であるということはできない。

　外国人の社会権について、国側が援用している宮沢説は、すでに述べたごとく、「それらを保障することは何より、各人の所属する国の責任である。日本が社会国家の理念に立脚するとは、日本が何よりもまず日本国民に対してそれらの社会権を保障する責任を負うことを意味する。外国人も、もちろん、それらの社会権を基本的人権として享有するが、それらを保持する責任は、もっぱら彼の所属する国家に属する」としていた[28]。しかし、社会権の保障を定めた国際人権規約Ａ規約２条２項が内外人平等待遇の原則を定めていることなどを契機として、現在の通説は、「法律において外国人に社会権の保障を及ぼすことは、憲法上何ら問題はない」として、「とりわけ、わが国に定住する在日韓国・朝鮮人および中国人については、その歴史的経緯およびわが国での生活の実態等を考慮すれば、むしろ、できるかぎり、日本国民と同じ扱いをすることが憲法の趣旨に合致する」とされている[29]。

　これをさらに進めて、在日韓国・朝鮮人について、国籍選択権が与えられなかった以上、「日本国籍を有しなくても、日本国内にいる限り日本国籍を有する人と同等の権利をもって扱われることを認めるべきではなかろうか。」「根本的な問題は、在日韓国・朝鮮人を『外国人』として扱うこと自体にあるとみるべきである」と指摘する見解がある[30]。この見解に立てば在日韓国・朝鮮人は国民という範疇に属するということになる。すなわち、「在日コリアンらは、理論上、『国民』として社会権の保障を受ける」[31]こととなる。

　こうした事例の難関となっている立法裁量について、堀木訴訟最高裁判決は、憲法25条の趣旨にこたえて、どのような立法措置を講ずるかは、立法府の広い裁量にゆだねられており、裁判所の審査に適しない事柄である。社会保障給付全般

28　宮沢俊義・前掲241頁。
29　芦部信喜（高橋和之補訂）『憲法（第５版）』（岩波書店、2011年）241頁。
30　松井茂記『日本国憲法〈第３版〉』（有斐閣、2007年）139頁。
31　小泉良幸「国民年金法の国籍要件を撤廃した際に改正法の効力を遡及させる等の救済措置をとらなかった立法不作為等が憲法14条１項に反しないとされた事例」法学セミナー増刊速報判例解説vol.11『新判例解説Watch』2012年10月参照。

の公平を図るために公的年金相互間における併給調整を行うかどうかは、立法府の裁量に属する事柄であるとする（最大判昭和57年7月7日民集36巻7号1235頁）。また、塩見訴訟において、最高裁は「社会保障上の施策においては在留外国人をどのように処遇するかについては、国は……その政治的判断によりこれを決定することができるのであり、その限られた財源の下で福祉的給付を行うに当たり、自国民を在留外国人より優先的に扱うことも、許されるべきことと解される」としている（最判平成元年3月2日）。この判例の立法裁量論は強固なものであり、これを克服することはなかなか難しいことが指摘されている。

　それゆえ、以降の在日コリアン障害・老齢年金訴訟においては、「国籍により社会保障給付を差別することの14条違反の主張に軸足が置かれ、平等原則の規範内容を、国際人権規約によって補充し、『厳格な合理性の基準』の適用を求める」という戦略が用いられる傾向がみられる。そこで、「国が社会保障上の権利（A規約2条2項・B規約26条）の要請が上からかぶさり、立法裁量も、後者の原則により制約される、という戦略が展開されることとなる」[32]。また、学説では、塩見第一次訴訟最高裁判決以来、外国人に対する国際人権規約9条の裁判規範性が否定され続けている中では、憲法学としては、25条の権利の性質論を見直すと共に、13条の社会権論を開拓する必要性も大きい[33]と指摘される。なお、これは本事例で原告のとった立場でもある。

（2）公的扶助（生活保護）

　生活保護法（昭和25年制定）においては、国籍要件はそのまま残されている。この生活保護については、行政上の運用によって定住外国人への給付は行われているが、「権利性」は認められていない。生活保護の受給権を定めた昭和25年制定の生活保護法では、権利主体を「国民」と定めていたが、昭和29年5月の厚生省通達では、人道上の観点から外国人に対しても当分の間これを「準用」するものとした。ただし、平成2年10月の政府口頭通達からは、正規入国者については入管法別表第2の永住的外国人に限定するものとされている[34]。また、不法残留中の外国人に対しても同法の適用を否定している（東京高判平成9・9・24行集48

32　小泉良幸・前掲参照。
33　近藤敦「外国人の『人権』保障」『憲法の現在』（信山社、2005年）347頁。
34　藤井俊夫・前掲57頁。

巻4号272頁）。ただし、留学のために入国した外国人に対する医療扶助に関する事例で、同法の適用を否定した神戸地判（平成7・6・19）では、判決の傍論として、立法政策の問題としては重大な傷病に対する緊急治療については何らかの措置が保障されることが望ましいとしている[35]。

憲法25条1項にいう「国民」は、生活保護法1条、2条の「国民」も同様に、一定範囲の定住的外国人を含むものと解し、生活保護法上の「権利性」が保障されるべきである（これを最も徹底すれば、「国民」を「住民」と読み替えるべきだとすることになる）。そして、この点は、生活保護法の上で明文化されるべきである。また、その他の外国人についても、緊急的な医療扶助などの一時的な保護措置については国の責務のうちに含まれると解すべきである[36]。

憲法25条が規定する生存権の保障は、少なくとも永住資格を有する外国人にも及び、生活保護法が適用される。憲法の保障する基本的人権は、性質上日本国民固有の権利と解されるものを除き広く外国人にも保障されるところ、<u>憲法25条が保障する生存権は、人の生存を支える極めて重要な基本的人権であるから、少なくとも日本人と変わらない生活実態を有し、納税義務を果たしている永住資格を有する外国人について保障されており、それを具体化した生活保護法も適用がある。</u>

これに対して、最高裁判決はこれを否定する。生活保護法1条は、生活保護の対象者を「国民」と規定しているから、外国人に生活保護法の適用はない。各国ともまず自国民の社会権の充実に努力することが合理的であり、外国人を社会保障から排除することが憲法25条に反するとはいえない。同条の趣旨に応えて具体的にどのような立法措置を講ずるかの選択決定は立法府の広い裁量に委ねられており、生活保護法の適用を在留外国人に認めないことが著しく合理性を欠き、明らかに裁量の逸脱・濫用と見ざるを得ない立法措置とはいえない（堀木訴訟最大判昭57・7・7民集36巻7号1235頁）という。

憲法14条と国籍による差別について、厚生年金法、国民年金法、身体障害者福祉法および労働者災害補償法等においては、所定の要件の下に外国人にも適用があるにもかかわらず、生活保護についてのみ外国人、とくに永住資格を有する外国人に適用が認められないのは、合理的理由が全くなく、国籍を理由とする差別

---

[35] 藤井俊夫・前掲57-58頁。
[36] 藤井俊夫・前掲58頁。

であり、法の下の平等を定めた憲法14条に違反する。少なくとも永住資格を有する外国人にも生活保護法が適用されなければ違憲である。もっともこれに対して、判例・通説は、限られた財源の下で福祉的給付を行うに当たり、自国民を在留外国人より優先的に扱うことは、当然許されるべきであるから、外国人に生活保護の申請権を認めないことは憲法14条に反しないとしているのである。

4　今後の課題――国際人権条約との関係について――

　外国人の社会権保障については、憲法上の主張に加えて、社会権規約及び難民条約に基づく保障の意義をどのようにとらえるかが問題となる。

　ところで、これに関連して、次のケースでこの問題が争われた。事案は、永住資格を有する中国国籍の外国人である原告が、夫とともに駐車場や建物の賃料収入で生活を送っていたところ、原告宅に引っ越してきた義弟から暴言を吐かれる、預金通帳等を取り上げられるなどの虐待を受けて生活に困窮したことから生活保護を申請した。市福祉事務所長が本件申請につき却下処分をしたため、原告は、主位的に本件却下処分の取消しおよび保護開始の義務付けを求め、予備的に保護の給付を求め、さらに予備的に保護を受ける地位の確認を求めた。

　原告は憲法25条、14条の主張に加えて、社会権規約に基づく主張を展開した。憲法については、25条が規定する生存権の保障は外国人、少なくとも永住資格を有する外国人にも及び、生活保護法が適用される。また、厚生年金法、国民年金法、身体障害者福祉法および労働者災害補償保険法等においては、所定の要件の下に外国人にも適用があるにもかかわらず、生活保護についてのみ外国人、とくに永住資格を有する外国人に適用が認められないのは国籍を理由とする差別であり、法の下の平等を定めた憲法14条に違反するとする。

　原告は、こうした憲法上の主張に加えて、社会権規約に基づく次のような議論を展開した。社会権規約の①2条2項は「この規約の締約国は、この規約に規定する権利が人種……によるいかなる差別もなしに行使されることを約束する」としており、また、②9条は、「この規約の締約国は、社会保険その他の社会保障についてのすべての者の権利を認める」としており、③11条1項は、「この規約の締約国は、自己及びその家族のための相当な食糧、衣類及び住居を内容とする相当な生活水準についての並びに生活条件の不断の改善についてのすべての者の

権利を認める。締約国は、この権利の実現を確保するために適当な措置をとり、このためには、自由な合意に基づく国際協力が極めて重要であることを認める」としている。社会権規約が自動執行条約であり[37]、これらの各規定によれば、外国人に生存権が保障されること、さらには、外国人に生活保障を受ける権利が認められることは明らかである。

　これに対して行政側は、経済的、社会的及び文化的権利に関する国際規約2条2項、9条及び11条1項は、社会保障についての権利等が国の社会政策により保護されるに値するものであることを確認し、その権利の実現に向けて国が積極的に社会政策を推進すべき政治的責任を負うことを宣明したものであって、個人に対し即座に具体的権利を付与すべきことを定めたものではない、という。大分地裁平成22年10月18日判決は、こうした行政側の主張を追認するものである。社会権規約9条の「この規約の締約国は、社会保険その他の社会保障についてのすべての者の権利を認める」との規定は、社会保障についての権利が国の社会政策により保護されるに値するものであることを確認し、締約国において権利の実現に向けて積極的に社会保障政策を推進すべき政治的責任を負うことを宣言したものであって、個人に対し直接具体的な権利を付与したものではないし、そのことは同規約11条1項についても同様であり、それはその文言に照らして明らかであるから、個人が社会権規約を根拠に生活保護の開始を請求することはできない。社会権規約について、直接個人の具体的な権利を規定し付与したものではないとし、自動執行力を否定している。これに対して、福岡高裁平成23年11月15日判決は原審と結論を異にしている[38]。

　高裁判決は、まず、生活保護法が受給者の範囲を日本国籍を有するものに限定していることを確認する。厚生省社会局長は、昭和29年5月8日社発382号によ

---

[37] 国際人権規約の自動執行性については相対立する判例・学説の議論がある。後藤光男「マイノリティの教育権と憲法26条」小林武＝後藤光男『ロースクール演習憲法』（法学書院、2011年）137頁以下、及び、高藤昭「不正規入国者の社会権をめぐる日米二判決の検討」ジュリスト1996年9月1日号（1096号）119頁以下参照、高藤は次のように述べる。「A規約2条2項は即効的である。条約に "self executing"（直接効）が認められるとすれば、即効的な法的拘束力がある条約では、条約履行に立法を要する場合はただちに立法をなし、既存立法の解釈変更で可能な場合は即座に司法、あるいは行政による解釈変更がなされるべき条約上の義務がある。それは、国内法の次元では憲法98条2項上、わが国が当然に負う義務であって、もはやこの点について国家機関の裁量の余地はない。この点、従来の判例は根本的に誤まってきた」と。
[38] 福岡高判2011（平成23）年11月15日判例タイムズ1377号104頁、兼原敦子「国際法判例の動き」

り、「生活に困窮する外国人に対する生活保護の措置について」(本件通知)と題する通知を各都道府県知事宛に発し、これに基づき外国人に対する生活保護を行ってきたが、「本件通知は、外国人に生活保護法の適用対象とはならないとしつつ、当分の間、生活に困窮する外国人に対しては一般国民に対する生活保護の決定実施の取扱に準じて必要と認める保護を行うものとされた。」「平成2年10月に、生活保護の対象となる外国人は出入国管理及び難民認定法別表第2記載の外国人(「永住的外国人」)に限定された。その理由は、本来最低生活保障と自立助長を趣旨とする生活保護が予定する対象者は自立可能な者でなければならず、この見地からは永住的外国人のみが生活保護の対象となるべきである」というものである。

難民条約批准の際に、23条が「締約国は、合法的にその領域内に滞在する難民に対し、公的扶助及び公的援助に関し、自国民に与える待遇と同一の待遇を与える」と定めていることから、生活保護法、国民年金法、児童手当法等のいわゆる国籍条項が問題になり、国民年金法等は国籍条項が削除された。生活保護法については、生活保護に関して、外国人に内国民と同様の待遇をしてきており、条約批准に全く問題がないと考えられていた。この経緯によれば、「当初生活保護法の対象は日本国民に限定されていたものの、実際には本件通知により外国人もその対象となり、日本国民と同様の基準、手続により運用されていたのである」。難民条約の批准の際も、「生活保護法については、上記運用を維持することを理由に法改正が見送られる一方、生活保護の対象となる外国人を難民に限定するなどの措置も執られなかったこと、その後の平成2年10月には、生活保護法の制度趣旨に鑑み、生活保護の対象となる外国人を永住外国人に限定した」。このように、「国は、難民条約の批准等及びこれに伴う国会審議を契機として、外国人に対する生活保護について、一定範囲で国際法および国内法上の義務を負うことを認めたものということができる」。「生活保護の対象となる外国人を永住外国人に限定したことは、これが生活保護法の制度趣旨をその理由としているところからすれば、外国人に対する同法の準用を前提としたものと見るのが相当である。

ジュリスト臨時増刊『平成23年度重要判例解説』2012年4月10日号(1440号)322頁参照。なお、その後、上告審判決(最高裁平成26年7月18日)がだされている。本判決については、渡辺康行「憲法判例の動き」、遠藤美奈「永住外国人と生活保護受給権」ジュリスト臨時増刊『平成26年度重要判例解説』2015年4月号(1479号)、三浦一郎『リアルタイム法学・憲法[改訂4版]』(北樹出版、2015年)113頁参照。

よって、生活保護法あるいは本件通知の文言にかかわらず、一定範囲の外国人も生活保護法の準用による法的保護の対象になるものと解するのが相当であり」、永住外国人が生活保護法の対象になることは明らかである。

　こうして、難民条約を契機として、永住的外国人の生活保護を国際法・国内法上の義務であるとの見解を示した。

　今後は国際人権条約を踏まえて外国人の生存権保障の充実化をはかる必要があることが今後の課題であるといえる。不十分ながらまとめを行って今後の課題としたい。

　［１］外国人に対する生存権保障の責任は、第一次的にはその者の属する国家が負うべきであり、国は、その限られた財源の下で、国内外の政治・経済・社会的諸事情を考慮しながら、その政治的判断により、種々ある社会保障政策の中から憲法25条の要請を満たす立法措置を選択することができると解すべきである。こうした考え方を判例（堀木訴訟など）・通説（宮沢説など）はとってきたといえる。これに対しては、世界人権宣言や社会権規約に依拠して、生存権は、国籍ではなく「社会の一員」「社会の構成員」（世界人権宣言22条）を基準にして認められるべきとの見解も主張されている[39]。小川政亮の考え方については重要なので、その見解を聞いておこう。

　1　人権として社会保障権を明確にうたった最初のものとされる1948年12月の世界人権宣言22条が、「何人も社会の一員として社会保障に対する権利を有する」として、何人に対しても、「社会の一員」たることによって――したがって、もちろん、国籍をこえて――保障されるべきものであることを明らかにしている。また、同時に、22条は、社会保障権を含む経済的、社会的、文化的権利がまさに人間の尊厳を現代社会において実質的に担保していくために不可欠のものとして要請されるものであることを明らかにしている。ここから、国家権力をもってしても不可侵の人間の尊厳が現代社会において平等に誰にも保障されるためにこそ、国家に対する給付請求権としての生存権が論理的帰結として要請される。世界人権宣言22条、25条、日本国憲法25条は、この当然のことを明文化したものといえ

39　小川政亮「社会保障と国籍」法律時報1981（昭和56）年6月号（646号）34頁以下、河野正輝「外国人と社会保障―難民条約関係整備法の意義と問題点―」ジュリスト1983年1月1日号（781号）参照。

る。そして人間の尊厳が何人も人間たることにおいて国籍にかかわりなく尊重されるべきものである以上、社会保障権も、国籍を問わず何人に対しても平等に保障されるべきものとなる[40]。

2　日本国憲法前文自身、「われらは、全世界の国民が、ひとしく恐怖と欠乏から免かれ、平和のうちに生存する権利を有することを確認する」とうたうのも、人間の尊厳についての以上のような世界史的理解においてうたわれている。したがって憲法25条や生活保護法にいう「国民」は、現代社会における一員というほどの意味において理解されるべく、これを「日本国民」に限定したものと解することは憲法前文に示された普遍主義の観点からも誤りであるというべきである。

3　世界人権宣言22条をうけた国際人権規約Ａ規約9条は、社会保障がこの規約の締約国内にあるすべての者の権利であることと、社会保障が権利であることの2点を明確にしている。

4　国際人権規約Ａ規約9条は、「社会保険その他の社会保障」（「社会保険を含む社会保障」）として、社会保障の範囲が社会保険に限られるものではないことも明らかにされているのが注目に値する。すなわち何人もが権利として要求しうる社会保障とは社会保険に限らず、一般財源からするところの公的扶助（その一般制度が生活保護）はもちろん、児童手当諸制度や福祉年金制度のごとく社会扶助・社会手当・社会援護などと通称されるいわゆる無拠出の諸制度をも含むとすべきである。ことに社会扶助は人間の尊厳の現代的保障という観点から近時発展してきたものであり、一般財源からするものであるから、併給制限してよいとか、国籍による差別も当然だという考え方は、人権としての社会保障の観点からしても許されない。

5　難民条約との関連で社会保障立法上の排外的差別的な国籍条項に関する改正の動きが示されるに至ったが、その範囲は極めて限定されている。基本的人権保障の観点と在日外国人中の圧倒的多数を占める在日朝鮮人の歴史的社会的特質と、そして国際人権規約発効の状況のもとでは、本来、社会保障の全分野にわたって内外人平等の権利として、人たるに値する生活の保障にふさわしい社会保障給付を受けるよう法改正と行政改善が行われるべきである。日本のごとき高度に発展した国が国際人権規約Ａ規約2条1項の「漸進的」という文言を援用す

40　小川政亮・前掲法律時報34-36頁。

ることは許されない。

　もっとも、以上の小川政亮の理解について、「この見解によれば、例えば不法滞在している外国人は、『社会の構成員』ではなく、生存権は認められない場合もある」との指摘がある[41]。あるいは、次のような指摘も同様であろう。社会的連帯の立場からすれば、定住外国人ではなく、短期滞在者や「不法」滞在者など「社会の一員」とはみなし難い場合はどうなるのか。最低限、本国への送還までの間は保護を実施すべきである、とする立場である[42]。しかし、人間的生存そのものが救助対象となっている医療扶助については、その緊急性にかんがみて、非定住外国人であっても、適法な入国者か「不法入国者」か、を問うことなく、生活保護法の適用を排除すべきではない、と考えるべきであろう[43]。生活保護は、人間の尊厳から導かれる最低限度の生活を保障するものであり、外国人であることを理由にこれを対象から除くことは、社会権規約2条2項が禁止するところであり、到底合理性があるとは解されない[44]。また、非正規滞在外国人が一概に「社会の構成員」ではないと断定することはできないと筆者は考える[45]。

　［2］社会権規約9条が、社会保障の権利を保障していることについて、塩見訴訟最高裁判決は[46]、「国の社会政策により保護されるに値するものであることを確認し、締約国において権利の実現に向けて積極的に社会保障政策を推進すべき政治的責任を負うことを宣言したものであって、個人に対し直接具体的な権利を付与したものではない」と判示している。このような解釈は、同規約2条1項が権利の実現について締約国に漸進的な達成義務を課していることを踏まえたものである。

　しかし、こうした見解に対しては、次のような指摘が重要である。「外国人には生存権は必ずしも保障されず、それゆえにそれを生活保護から適用除外するこ

41　西片聡哉「外国人の生活保護」ジュリスト臨時増刊『平成23年度重要判例解説』2012年4月10日号（1440号）300頁。
42　山田省三「非定住外国人への生活保護適用」別冊ジュリスト『社会保障判例百選（第3版）』171頁。不法滞在者については、「共同体の一員」とみることが困難ではあるとしても、このような者については国外退去が求められるから、最低限、本国への送還までの間は、保護を実施すべきであろう、という。
43　小林武「在日外国人の生活保護受給権」南山法学19巻4号119頁。
44　武村二三夫・前掲530頁。
45　後藤光男「非正規滞在外国人の人権」本書第11章参照。
46　最大判1989（平成元）年3月2日判例時報1363号68頁。

とも立法裁量の範囲内という判例の独自の国内的判断を、条約の解釈にそのままもちこめるとは考え難い。生活保護は、人間の尊厳から導かれる最低限度の生活を保障するものであり、外国人であることを理由にこれを対象から除くことは、まさに社会権規約2条2項が禁止する」ところのものである[47]。また、社会権規約9条、11条、12条などの規定は、同規約2条1項によって漸進的な達成義務を国に課している。しかし、これらの各権利の最低限の不可欠なレベルの充足については、最低限の中核的義務に該当し、締約国はその履行の義務が課せられている[48]。社会権規約委員会一般意見第三「締約国の義務の性格」第10項では、「委員会は、最低でも、各権利の最低限の不可欠なレベルでの充足を確保することは各締約国に課された最低限の中核的義務であるという見解である」と述べている。このような最低限の中核的義務（ミニマム・コア・オブリゲーション）については、その履行がすべての締約国に課せられているとし、「締約国が少なくともその最低限の中核的義務を履行できないことを利用できる資源の制約に帰するためには、当該国は、これらの最低限の義務を優先事項として充足するためにその利用可能なすべての資源を用いるためあらゆる努力がなされたことを証明しなければならない」とする[49]。このような条約機関などの解釈をふまえれば、塩見訴訟の最高裁判決に型どおりに依拠し続けることの妥当性が問われる[50]。

［3］難民条約23条、社会権規約9条の意義に関してであるが、福岡高裁判決が、難民条約批准を契機として、国が永住的外国人の生活保護を国際法上のおよび国内公法上の義務とみなしたという見解を示した点では注目される（社会権規約には言及しなかったが）。次のように述べた。「国は、難民条約の批准等及びこれに伴う国会審議を契機として、外国人に対する生活保護について一定範囲で国際法及び国内公法上の義務を負うことを認めたものということができる。」「生活保護の対象となる外国人を永住的外国人に限定したことは、これが生活保護法の制度趣旨をその理由としているところからすれば、外国人に対する同法の準用を前提としたものと見るのが相当である。よって、生活保護法あるいは本件通知の文

47　武村二三夫・前掲530頁。
48　武村二三夫・前掲533頁。
49　武村二三夫・前掲532頁。
50　西片聡哉・前掲300頁。

言にかかわらず、一定範囲の外国人にも生活保護法の準用による法的保護の対象になるものと解するのが相当であり、永住的外国人である控訴人がその対象となることは明らかである」とした。

難民条約23条は、締約国が自国内に合法的に滞在する難民に対して公的扶助に関して自国民と同一の待遇を与えることを義務付け、社会権規約9条では、すべての者に社会保障に関する権利が認められている。日本が難民条約に加入した際に生活保護法の国籍条項を撤廃しなかったことについては、これらの条約に基づく必要な措置を怠っているとして、加入当時から問題とされてきたものである[51]。

こうした永住者・定住者以外の外国人を生活保護の対象から一律に除外する行政措置は、社会権規約や難民条約の内外人平等原則に照らして、今日合理性を保持しているのか検討されなければならない。「問題となる外国人の在留資格、必要な保護の種類その他の関連事情などを個別に考慮しながら生活保護法に基づいて給付の可否を判断すべきである」といえる[52]。この点、最初の問題提起を行った大沼保昭は、世界人権宣言22条がすべての者は「社会の一員として」社会保障の権利を有すると規定しているとおり、「人が社会の一員として労働し、生活を営む、つまり共同体の一員たること」が重要であると主張した。大沼によれば「もし国家への帰属が決定的意味をもつのであれば、国家構成員は、領域管轄下にあろうと、海外にあろうと、各種の経済・社会的権利を享有できるはず」であるが、実際の法制度はそのようにはなっておらず、「明示の居住要件」か「黙示的に領域管轄下にあること」を要求している。したがって、社会権の保障は「すくなくとも日本社会に居住し、国民と同一の法的・社会的負担を担っている定住外国人」に等しく及ぶものであり、「第25条の『国民の生存権』は、むしろ定住外国人を含む社会構成員の権利と構成されるべき」であると主張した[53]。また、近藤敦は次のように述べている。世界人権宣言が「社会の一員」と定めていることを基本にすれば、社会構成員は、すべての外国人を含むことになる[54]。この点、社会構成員性の強弱の度合いが外国人の態様により分かれており、その強弱

51　小川政亮・前掲法律時報646号31頁、河野正輝・前掲ジュリスト781号52頁。
52　西片聡哉・前掲300頁。
53　大沼保昭『単一民族社会の神話を超えて』（東信堂、1993年）238-239頁。
54　近藤敦・前掲347頁。

の度合いに応じた権利性を主張することの方が現実的であり、生存権についても、オール・オア・ナッシングで考える思考法を改める必要性がある[55]。筆者の理解によれば、先にふれたごとく非正規滞在外国人も社会の構成員性を否定されるべきではないと考える[56]。大沼保昭は「『外国人の人権』論再構成の試み」という論文を次のような言葉で締めくくっている。定住外国人への社会保障適用が難民条約という「外圧」によらなければならなかったという事実は、日本にとって、また、そのような解釈を許してきた公法理論にとって、残念なことであったといわなければならない。

　憲法学においては、かなりの長いあいだ基本的に定住外国人の生存権を否定する解釈理論を構築し（宮沢理論がその典型である）、判例・実務を支えてきたのであり、いまもその面を否定できない。新しい理論もみられるようになったが、これも憲法学の内発的なものというより、国際法学・社会保障法学の「外圧」によらなければならなかったということは残念なことであったといわなければならない。

　関連法令
　○**世界人権宣言**
　第22条［社会保障の権利］　すべての人は、社会の一員として、社会保障を受ける権利を有し、かつ、国家的な努力及び国際的協力により、また、各国の組織及び資源に応じて、自己の尊厳と自己の人格の自由な発展とに欠くことのできない経済的、社会的及び文化的権利を実現する権利を有する。

　○**難民条約（難民の地位に関する条約）**
　第23条［公的扶助］　締約国は、合法的にその領域内に滞在する難民に対し、公的扶助及び公的援助に関し、自国民に与える待遇と同一の待遇を与える。

　○**経済的、社会的及び文化的権利に関する国際規約**（「A規約」あるいは「社会権規約」という）
　第2条2項　この規約の締約国は、この規約に規定する権利が人種、皮膚の色、性、言語、宗教、政治的意見その他の意見、国民的若しくは社会的出身、財産、出生又は他の地位によるいかなる差別もなしに行使されることを保障することを約束する。
　第9条　この規約の締約国は、社会保険その他の社会保障についてのすべての者の権利を認める。

55　近藤敦・前掲348頁。
56　後藤光男・本書第11章参照。

第11条1項　この規約の締約国は、自己及びその家族のための相当な食糧、衣類及び住居を内容とする相当な生活水準についての並びに生活条件の不断の改善についてのすべての者の権利を認める。締約国は、この権利の実現を確保するために適当な措置をとり、このためには、自由な合意に基づく国際協力が極めて重要であることを認める。

○**市民的及び政治的権利に関する国際規約**（「B規約」あるいは「自由権規約」という）
第2条1項　この規約の各締約国は、その領域内にあり、かつ、その管轄の下にあるすべての個人に対し、人種、皮膚の色、性、言語、宗教、政治的意見その他の意見、国民的若しくは社会的出身、財産、出生又は他の地位等によるいかなる差別もなしにこの規約において認められる権利を尊重し及び確保することを約束する。
第26条　すべての者は、法律の前に平等であり、いかなる差別もなしに法律による平等の保護を受ける権利を有する。このため、法律は、あらゆる差別を禁止し及び人種、皮膚の色、性、言語、宗教、政治的意見その他の意見、国民的若しくは社会的出身、財産、出生又は他の地位等のいかなる理由による差別に対しても平等のかつ効果的な保護をすべての者に保障する。

○**生活保護法**
第1条　この法律は、日本国憲法第25条に規定する理念に基き、国が生活に困窮するすべての国民に対し、その困窮の程度に応じ、必要な保護を行い、その最低限度の生活を保障するとともに、その自立を助長することを目的する。
第2条　すべての国民は、この法律の要件を満たす限り、この法律による保護（以下「保護」という。）を、無差別平等に受けることができる。
第4条　①　保護は、生活に困窮する者が、その利用し得る資産、能力その他のあらゆるものを、その最低限度の生活の維持のために活用することを要件として行われる。
②　民法（明治29年法律第89号）に定める扶養義務者の扶養及び他の法律に定める扶助は、すべてこの法律による保護に優先して行われるものとする。
③　前二項の規定は、急迫した事由がある場合に、必要な保護を行うことを妨げるものではない。

○**昭和29年5月8日付社発第382号厚生省社会局長通知**
「生活に困窮する外国人に対する生活保護の措置について」
　生活に困窮する外国人に対する生活保護の措置については、貴職におかれても遺漏なきを期しておられることと存ずるが、今般その取扱要領並びに手続きを下記のとおり整理したので、了知のうえ、その実施に万全を期せられたい。
　1　生活保護法（以下単に「法」という。）第1条により、外国人は法の適用対象とならないのであるが、当分の間、生活に困窮する外国人に対しては一般国民に対す

4　今後の課題―国際人権条約との関係について―

る生活保護の決定実施の取扱いに準じて左の手続きにより必要と認める保護を行うこと。

　但し、保護の申請者又はその世帯員が急迫した状況にあるために、左の各号に規定する手続きを履行する暇がない場合には、とりあえず法第19条第2項或いは法第19条第6項の規定に準じて保護を実施し、しかる後左の手続きを行って差し支えないこと。

（1）生活に困窮する外国人で保護を受けようとするものは、外国人登録法により登録した当該生活困窮者の居所地を管轄する保護の実施機関に対し、申請者及び保護を必要とする者の国籍を明記した保護の申請書を提出するとともに有効なる外国人登録証明書を呈示すること。

（2）保護の実施機関は前号の申請書の提出及び登録証明書の呈示があったときには申請書記載内容と登録証明書記載内容とを照合して、申請書記載事項の確認を行うこと。

（3）前号の確認が得られた外国人が要保護状態にあると認めた場合には、保護の実施機関はすみやかに、その申請書の写並びに申請者及び保護を必要とする者の外国人登録番号を明記した書面を添えて都道府県知事に報告すること。

（4）保護の実施機関より報告を受けた都道府県知事は当該要保護者が、その属する国の代表部若しくは領事館（支部又は支所のある場合にはその支部又は支所）又はそれらの斡旋による団体等から必要な保護又は援護を受けることができないことを確認し、その結果を保護の実施機関に通知すること。

　2　生活に困窮する外国人が朝鮮人及び台湾人である場合には前記1（3）及び（4）の手続は、当分の間これを必要としないこと。

＊平成2年10月、厚生省は、生活保護の適用を受ける外国人を、出入国管理及び難民認定法別表第二記載の外国人（永住者、日本人の配偶者等、永住者の配偶者等及び定住者。「永住的外国人」という。）に限定した。

第10章　非正規滞在外国人の人権

1　問題の所在
2　非正規滞在者と在留特別許可
　（1）外国人の人権享有主体性と不法入国者
　（2）正規滞在者と在留資格
　（3）非正規滞在者と在留特別許可
3　正規化と居住権
　（1）正規化とアムネスティ
　（2）居住権を中心とする人権
4　結　び

1　問題の所在

　従来、外国人に保障されない人権の代表的なものとして、入国・在留の権利が挙げられてきた。判例の「在留外国人の基本的人権は出入国管理システムの枠内で保障される」（マクリーン事件最高裁判決）という発想に影響をうけて、学説は、こうした権利の性格についての理論的解明をほとんど行ってこなかった。この点に関して、筆者は第4章で外国人の出入国の自由につき、ささやかな問題提起を行ったが[1]、本章では入国・在留にかかわる非正規滞在外国人（不法残留者、不法入国者）の人権に焦点をあてて若干の検討を行ってみたい。本章は2010年3月30日脱稿、それ以降今日までの動向については補正を行っていないことをあらかじめお断りしておきたい。

　外国人の入国について、判例によれば、「外国人の在留の諾否は国の裁量にゆだねられ、わが国に在留する外国人は、憲法上わが国に在留する権利ないし引き続き在留することを要求することができる権利を保障されているものではない」[2]としてきた。学説においても、「入国の自由がない以上、在留の権利もま

---

[1]　後藤光男「外国人の出入国の自由」早稲田法学85巻3号（2010年）457頁以下、本書第4章参照。
[2]　最大判1978（昭和53）年10月4日民集32巻7号1223頁。

た、外国人には憲法上保障されているとは言いがたいであろう」という[3]。

外国人の入国・在留の権利が認められないのであるから、まして非正規滞在外国人については人権が認められる余地はないということになるのであろうか。日本における非正規滞在外国人の人権はどこまで保障されるのか、今日の在留特別許可に関する問題状況を通して、正規化と居住権の問題について考えてみよう。

2010年現在（本稿執筆時）、約222万人の外国人が日本に滞在している。在日韓国・朝鮮人など特別永住者約42万人に加え、一般永住者は49万人である。滞在期間が過ぎるなどした「不法滞在者」は約10万4千人～11万3千人（うち不法残留者9万1778人）であると推測されている。不法残留者は1993年の約30万人をピークに減少傾向にあり、10万人を割ったのは1989年以来21年ぶりである[4]。法務省入国管理局は、2009年は新規入国者が減ったことに加え、2007年11月から入国の際に指紋認証を採り入れるなど本人確認を厳しくした効果が表れたと見ている[5]。国・地域別で不法残留者が最も多いのは韓国で、前年比10.5%減の2万1600人、中国は1万2933人（前年比29.7%減）、フィリピンは1万2842人（前年比25.7%減）、以下、中国（台湾）4889人、タイ4836人、マレーシア2661人、ペルー2402人と続く。不法残留者を不法残留となった時点での在留資格別に見ると、①短期滞在6万3169人（構成比68.8%）、②興行4120人（構成比4.5%）、③留学3610人（構成比3.9%）、④就学2232人（構成比2.4%）、⑤研修1621人（構成比1.8%）、⑥その他1万7026人（構成比18.6%）、計9万1778人である。また法務省は2010年3月9日、偽造パスポートを使うなどして不法入国した外国人は2010年1月1日時点で推計1万3千～2万2千人であったことを明らかにした。前述のごとく不法残留者と不法入国者を合わせた「不法滞在者」は約10万4千～約11万3千人となる[6]。

日本に滞在する在留外国人の在留資格について、出入国管理及び難民認定法（入管法）第2条の2および同法別表第一・第二で詳細に定められている。滞在の社会的実態からみて、次のように大別される[7]（本書において何度か言及したが、本章においても再述しておく）。

3　芦部信喜『憲法学Ⅱ人権総論』（有斐閣、1994年）139頁。
4　法務省は、2010年1月1日現在、日本における不法残留者数は9万1778人であり、前年に比べ2万1294人（18.8%）減少していると発表している（2010年3月9日）、日本経済新聞2010年3月9日夕刊。
5　朝日新聞2010年3月9日夕刊。
6　前掲・朝日新聞。
7　藤井俊夫『憲法と人権Ⅰ』（成文堂、2008年）41頁以下。

① 「特別永住者」とされる外国人＝日本国との平和条約に基づき日本の国籍を離脱した者等の出入国管理に関する特例法（1991年11月1日施行、以下「入管特例法」とする）3・4・5条の定める外国人である。日本がかつて植民地とした朝鮮、台湾から強制連行その他の形態で日本に移住した人々で、第二次大戦から日本に在住する外国人およびその子孫をいう。こうした人々は、日本の植民地支配時には「帝国臣民」とされたが、第二次世界大戦での日本の敗戦後の戦後処理として、平和条約発行日（1952年4月28日）に、日本に生活の本拠を有するままで自動的に外国籍に変更されたという歴史的経緯を有する。こうした人々は、同法3条により、申請あるいは許可処分などを必要とせずに自動的に資格が付与される (a)「法定特別永住者」と同法施行後に出生した子孫のように、4条・5条により法務大臣の許可を受けた (b)「特別永住者」に分かれる。通常、これらの人々が狭義の「定住外国人」（より具体的には、在日韓国人、在日朝鮮人）とよばれている。

② その他の「永住許可」を受けた外国人＝入管法22条の永住許可を受けた外国人である。この許可を受けるためには、「素行が善良であること」および「独立の生計を営むに足りる資産または技能を有すること」の要件に加えて、「その者の永住が日本国の利益に合する」と認められるときに限り許可される。現実にはおおむね20年以上引き続き在留していることが許可のための審査基準の一つとされている。ただし、日本人、特別永住者の配偶者については、3年から5年程度でよいとされている。具体的には、日本人と結婚し、日本に生活の本拠を有するために永住許可を受けた人あるいは、仕事の都合により日本に長期にわたって在留した後に永住許可を受けた人々である。広義の「定住外国人」という語は、これらの外国人を含むものとして用いられる[8]。なお、同法61条の2第1項による「難民の認定」を受けた者の「永住許可」については、必ずしも「独立の生計を営むに足りる資産または技能を有すること」を要しない特別の定めが置かれている（同61条の2の5）。

③ 永住許可を受けていないが、結婚、就職、留学、研究などの目的で、数年から数十年にわたり日本に在住する外国人である。この類型については、入管法

---

8 柳井健一「国民と外国人の間―判例法理における「外国人の人権」論の再検討―」法と政治60巻1号（関西学院大学法政学会、2009年）1頁以下、「特別永住者」と「一般永住者」（本章でいう①②タイプの外国人）の歴史的経緯と法制度上の違いを強調する。

別表第一および第二で各種の在留資格が定められている（後掲・参照）。

④　観光や会議出席などのように短期間滞在する＝在留資格のなかの「短期滞在」が該当する。

⑤　入管法14条から18条の2までの寄港地上陸その他に該当する人で、船員など短期間の特別上陸許可を受けた外国人である。

⑥　以上の正規滞在者のほかに非正規滞在者が相当数いる。

近藤敦はかつて次のように述べた。外国人の人権については、種々の問題が未解決であり、また、改めて顕在化してきているものがある。「オーバーステイや密入国してきた非正規滞在者の人権の問題が、重要な研究課題となりつつある。国民、永住市民、外国人という三分法にとどまらず、非正規滞在者の位置づけが問題となってきている」と[9]。これまで日本の憲法学は、「人権」とは「人間がただ人間であることのみにもとづいて当然にもっている権利」[10]であると理解しながら、「非正規滞在者の権利」が、当該国家が憲法において保障する「人権」の中身であるかもしれない論点に無自覚であった。マクリーン事件について、外国人に対する憲法の基本的人権の保障は、「在留制度の枠内で保障されるにすぎない」とか、「適法な在留資格という基盤の上において与えられているにすぎない」と説かれている。しかし、この論法により、非正規滞在者の多くの「人権」保障をゼロにするというのであれば、立憲主義に基づく人権保障の意義を無に帰せしめることになる[11]。

2　非正規滞在者と在留特別許可

（1）外国人の人権享有主体性と不法入国者

外国人の人権保障について、学説は、個々の権利の性質によって、外国人に適用可能なものとそうでないものを区別し、権利の性質の許すかぎり、すべて保障されると考えてきた。最高裁も、外国人の人権享有主体性を認める立場をとっている。不法入国の罪が確定して刑を終了した後に、外国人虚偽登録罪で起訴され

---

[9]　近藤敦「人権・市民権・国籍」近藤敦編『外国人の法的地位と人権擁護』（明石書店、2002年）28頁。
[10]　宮沢俊義『憲法Ⅱ［新版］』（有斐閣、1971年）77頁。
[11]　近藤敦『外国人の人権と市民権』（明石書店、2001年）342頁。

た公判継続中の韓国国籍の者について、保釈直後に不法入国を理由として退去強制令書によって拘束したことが憲法37条に違反するか否かが争われた事件で、最高裁は、原審が「不法入国者は其の国に対して後国家的基本的人権の保護を要求する権利を有しないと解すべきであろう」[12]としたのを斥けて、「いやしくも人たることにより当然享有する人権は不法入国者と雖もこれを有する」[13]と述べた。性質説に立つものと解されるが、後国家的権利であると考えられる「迅速な裁判を受ける権利」を、「いやしくも人たることにより当然享有する人権」と位置づけているのは、注目されよう[14]。

　さらに、政治活動を理由とする在留期間の更新を拒否されたマクリーン事件で、最高裁は、「憲法第3章の諸規定による基本的人権の保障は、権利の性質上日本国民のみを対象としていると解されるものを除き、わが国に在留する外国人に対しても等しく及ぶものと解すべきであり、政治活動の自由についても、わが国の政治的意思決定又はその実施に影響を及ぼす活動等外国人の地位にかんがみこれを認めることが相当でないと解されるものを除き、その保障が及ぶものと解するのが相当である」として、権利の性質の許すかぎり認められるとする。「しかしながら、前述のように、外国人の在留の許否は国の裁量にゆだねられ、わが国に在留する外国人は、憲法上わが国に在留する権利ないし引き続き在留することを要求することができる権利を保障されているものではなく、ただ、出入国管理令上法務大臣がその裁量により更新を適当と認めるに足りる相当の理由があると判断する場合に限り在留期間の更新を受けることができる地位を与えられているにすぎないものであり、したがって、外国人に対する憲法の基本的人権の保障は、右のような外国人在留制度のわく内で与えられているにすぎないものと解するのが相当」[15]であるとする。

　このように最高裁は外国人の人権一般論ではあたかも人権尊重をするようなリップサービス（建前）をしながら、運用（本音）においては、外国人の人権を実質的に否定しているのである。高佐智美が指摘するように、外国人の出入国の自由の権利性を踏まえた上での出入国管理システムをどのように構築できるかは

12　京都地判1950（昭和25）年10月25日下民集1巻10号1723頁。
13　最判1950（昭和25）年12月28日民集4巻12号683頁。
14　日比野勤「外国人の人権（2）」法学教室1998年10月号35頁以下。
15　最大判1978（昭和54）年10月4日民集32巻7号1223頁。

ともかく、「少なくとも、基本的人権の保障を射程外におく現行の出入国管理システム、及びそれを踏まえた『外国人の人権』論については、再検討の必要がある」[16]といえる。

（2）正規滞在者と在留資格

日本に在留する外国人は、原則として「出入国管理および難民認定法」（以下「入管法」という）に定める「在留資格」を具備しなければならない（2条の2第1項）。入管法は、その附則中の別表第1に23種類（外交、公用、教授、芸術、宗教、報道、投資・経営、法律・会計業務、医療、研究、教育、技術、人文知識・国際業務、企業内転勤、興行、技能、文化活動、短期滞在、留学、就学、研修、家族滞在、および、特定活動）の、同じく別表第2に4種類（永住者、日本人の配偶者、永住者の配偶者、および定住者）の在留資格を定めている[17,18]。

これら27の在留資格のうち、別表1の資格については日本で行い得る活動は制限を受けるほか（19条）、外交、公用、および永住者以外の資格については在留期間が3年を超えることができない（2条の2第3項）。在留資格による制限に反した活動を行い、在留期間を超えて日本に在留する者は、退去強制の対象となり得る（24条4号イおよびロ参照）。外国人は、法務大臣に申請して在留資格の変更（20条）や在留期間の更新（21条）を求めることができるほか、退去強制事由に該当すると認定された場合も、特別審査官に口頭審理を請求し（48条）、さらに法務大臣に異議を申し出ることができ（49条）、また特別に在留を許可される可能

16　高佐智美「外国人の人権―現代国際社会における出入国管理のあり方―」ジュリスト2009年5月1日・15日号（1378号）64頁。
17　入管法上は、別表第一には、日本において一定の活動を行うものとして在留が認められる者が規定され、別表第二には、一定の身分又は地位を有する者として、在留が認められる者が規定されている。前者については認められた活動以外のものについては制限があるが、後者については日本での活動について原則として制限はない。なお、これとは別にすでに言及した、日本国との平和条約の発効により日本国籍を離脱した者およびその子孫については、いわゆる出入国管理特例法により、法定特別永住者として日本での永住が認められている（3条）。入管法の憲法上の問題性については、後藤・前掲（注1）論文参照。
18　別表第二に規定されている地位には、「永住者」（入管法22条）、「日本人の配偶者等」（日本人の配偶者もしくは特別養子又は日本人の子として出生した者）、「永住者の配偶者等」（永住者もしくは特別永住者の配偶者又は永住者等の子として日本で出生し在留する者）、「定住者」（法務大臣が一定の在留期間を指定して居住を認める者）がる。「永住者」は「一般永住者」と、1991年（平成3年）の「日本国との平和条約に基づき日本の国籍を離脱した者等の出入国管理に関する特例法」の定める「特別永住者」（いわゆる在日韓国・朝鮮人及び台湾人並びにその子孫）に区別される。

性もある（50条）。

　入国の自由の法的性格をどのように理解するかという原理的問題は一応措いて、こうした在留資格の事由が限定的で狭すぎるのではないかが問題とされている。とくに、「ここではいわゆる『単純労働』のための在留資格が認められていないため、本来の在留目的外の単純労働者とか、さらには不法入国者による単純労働者が生じて、さまざまな法的問題を引き起こしている。このような形の不法就労については、これを必要とする社会的経済的な実態があることを踏まえて、単なる規制だけでなくより積極的な対応をすべきであるとの意見もある」[19]とされてきた。

　そこで、1990（平成2）年の入管法の改正では、日系人の就労が自由化され、法律・会計や人文知識・国際業務を新設するなど在留資格を拡充する一方、不法就労者には厳しく対処する狙いで不法就労助長罪が新設された（6月）。外国人登録者が100万人を超えて107万人になる。この改正により外国人の入国と在留が大幅に増えた。1992（平成4）年より中国からの集団密航事件が多発し、1993（平成5）年には不法滞在者が約29万8000人となる。1993（平成5）年から研修・技能実習制度（3年の滞在期間）という形での就労の道が開かれた。1997（平成9）年には入管法が改正され、密航の手助けをした場合も対象とした集団密航助長罪が新設された（5月）。1999（平成11）年には、大学や専修学校の専門課程で学ぶ「留学」と、日本語学校や高校で学ぶ「就労」の資格審査が緩和される。

　2000（平成12）年からの「出入国管理計画」の見直しでは、就労の職種の拡大と期間の延長が検討されている。ただし、他方で、2000年の入管法改正では、増加する不法入国者への対応として不法入国後の「不法残留罪」を新設した。2002（平成14）年には外国人登録者数が185万人になる。2003（平成15）年には警察庁が、外国人刑法犯が過去最多と発表（約4万件）。また、2004年（平成16）年の法改正では、悪質な不法滞在対策として不法滞在の罰金を300万円に引き上げ、不法滞在者の再入国拒否の期間を10年へと延長している。その一方で、自発的に出頭した者を簡易・迅速に出国させるための出国命令制度を創設し、また、その場合には再入国の拒否期間を1年へと短縮している。なお、2004年8月には、このように不法滞在者を減少させるという方針を堅持しつつも、人道的配慮をすべき

19　藤井俊夫『憲法と人権Ⅰ』（成文堂、2008年）59頁。

場合などについては、正規の在留資格を得られない外国人の在留を認めるための在留特別許可を出すという運用を積極的に行っていくという姿勢が示され、そのための具体例のいくつかが法務省のホームページでも示されていた。

（3）非正規滞在者と在留特別許可

退去強制の対象となった外国人が、法務大臣の特別の許可により在留が認められる場合がある。入管法によれば、法務大臣は、退去強制に対する本人の異議申出に理由がないと認める場合でも、当該外国人が、入管法50条1項に該当するとき、その者の在留を特別に許可することができる。

入管法50条
① 法務大臣は、前条第3項の裁決に当たつて、異議の申出がないと認める場合でも、当該容疑者が次の各号のいずれかに該当するときは、その者の在留を特別に許可することができる。
 1 永住許可を受けているとき。
 2 かつて日本国民として本邦に本籍を有したことがあるとき。
 3 人身取引等により他人の支配下に置かれて本邦に在留するものであるとき。
 4 その他法務大臣が特別に在留を許可すべき事情があると認めるとき。
② 前項の場合には、法務大臣は、法務省令で定めるところにより、在留資格及び在留期間を決定し、その他必要と認める条件を付することができる。
③ 法務大臣は、第1項の規定による許可（在留資格の決定を伴うものに限る。）をする場合において、当該外国人が中長期在留者となるときは、入国審査官に、当該外国人に対し、在留カードを交付させるものとする。
④ 第1項の許可は、前条第4項の適用については、異議の申出が理由がある旨の裁決とみなす。

入管法49条
③ 法務大臣は、第1項の規定による異議の申出を受理したときは、異議の申出が理由があるかどうかを裁決して、その結果を主任審査官に通知しなければならない。
④ 主任審査官は、法務大臣から異議の申出（容疑者が第24条各号のいずれにも該当しないことを理由とするものに限る。）が理由があると裁決した旨の通知を受けたときは、直ちに当該容疑者を放免しなければならない。

法務大臣の裁決と裁決の特例、いわゆる在留特別許可とは以下のような制度である[20]。

20　山田暸一＝黒木忠正『よくわかる入管法［第6版］』（有斐閣、2006年）152頁以下。

1　法務大臣の裁決

　違反調査、審査、口頭審理の結果、退去強制事由に該当するとされた容疑者は、その判断（認定、判定）に不服がある（争いがある）ときは、法務大臣に対して異議を申し出ることができる。なお、認定、判定に異議がない（その認定、判定どおり退去強制事由に該当することは認める）場合でも、在留特別許可を求めて、法務大臣に対して異議の申出をすることができる。法務大臣は、異議の申出があったときは、異議の申出に理由があるかどうか、すなわち、異議の申出をした外国人が退去強制事由に該当するかどうかについて「裁決」を行い、裁決の結果を主任審査官に通知することとされている（入管法49条）。この入管法49条に定める法務大臣の裁決は、覊束行為であり、自由裁量によるものではない。主任審査官は、法務大臣から異議の申出が理由があると裁決した旨の通知を受けたときは、直ちにその者を放免しなければならず、また、法務大臣から異議の申出が理由がないと裁決した旨の通知を受けたときは、退去強制令書により送還されることとなる。

2　裁決の特例

　法務大臣は、入管法49条に基づく裁決にあたって、異議の申出が理由がない（容疑者が退去強制事由のいずれかに該当する）と認める場合でも、その容疑者が、①永住許可を受けているとき、②かつて日本国民として本邦に本籍を有していたことがあるとき、③人身取引等により他人の支配下に置かれて本邦に在留するものであるとき、④その他法務大臣が特別に在留を許可すべき事情があると認めるときは、その者の日本への在留を特別に許可することができるとされている（入管法50条）。

　この法務大臣の許可（在留特別許可と呼ばれる）は、法務大臣の自由裁量によって決せられる。在留特別許可を受けた外国人は、新たに在留資格、在留期間を決定され、日本の在留が認められる。なお、異議の申出に対する法務大臣の裁決に不服がある場合でも、行政不服審査法による異議の申立てをすることはできないが（行政不服審査法4条10号）、行政事件訴訟法に基づき裁判所に救済を求めることはできる。なお、法務大臣に異議を申し出る場合には、退去強制事由に該当するかどうかの（法律上の）争いに合わせて、情状を斟酌して入管法50条1項に基づき在留を特別に許可されるように嘆願し救済を求めることはできるが、在留特別許可は退去強制手続の一環として行われるものであって、在留特別許可という特

別の申請手続があるものではない。

　このように不法滞在などで本来は退去強制される外国人に対し、特別な事情があると認められた場合に法務大臣が裁量で在留を許可する制度である。2008年には約8500件が許可された。法務省は2009年7月に「在留特別許可に係るガイドライン」を改定し、本人の滞在期間や、子どもが日本の小中学校に通っているかどうか、犯罪歴の有無などを許可するかどうかの判断要素として明示した。もっとも許可基準があいまいであることが指摘される[21]。

　このガイドラインについて、明確な基準はなく、指針も「考慮する事項」という扱いだが、改定の特徴は、プラス要素とマイナス要素をより具体化した点であった[22]。審査にあたって考慮される事情としてプラス要素とマイナス要素がある。
　　○プラス要素
　　　①小学、中学、高校に通い、10年以上、日本で暮らす実子と同居している。
　　　②本人や親族が難病で、日本での治療が必要。
　　　③自ら出頭して不法滞在を申告した。
　　　④日本に滞在して20年以上たつ。
　　○マイナス要素
　　　①薬物、銃器の密輸入などの重大な犯罪で刑罰を受けた。
　　　②不法滞在の助長や集団密航、旅券の不正交付など出入国管理行政の根幹にかかわる違反で刑罰をうけた。
　　　③船舶で密航し偽造旅券で不法入国した。
　　　④過去に強制退去歴がある。
　①②はより重視される要素である。このガイドラインの詳細については後述する。在留特別許可について、近年、社会の関心を集めた事件として次のようなものがある。

21　日本経済新聞2009年11月3日。
22　朝日新聞2010年1月9日。

（イ）イラン人家族（アミネ）事件

イラン人両親と娘二人（アミネ家族）は、1999年9月、在留特別許可を求めて東京入国管理局に出頭したが、2000年6月30日に不許可となった。処分時に約10年日本に在留しており、長女は小学6年生、次女は保育園児であった。夫は1990年に、妻と長女（当時2歳）は1992年に、それぞれ短期ビザで来日したが、いずれも在留期間の更新手続を採らないまま在留を継続し、次女は日本で出生した。家族は平穏かつ公然と日本に在留を継続し、善良な一市民として生活基盤を築くに至った。家族は長女が小学校5年生になった1999年12月に類似の境遇にある外国人ら数家族とともに入管当局に出頭し在留特別許可の申請をした。しかし、家族の申請は認められず、退去強制令書が発布されるに至ったため、その取消を求めて出訴した。なお、同時に出訴した外国人には在留特別許可を受けた者もおり、その中には、夫婦と小学校6年生の娘および5歳の息子という構成の家族もいた[23]。2007年2月、父親（45）、母親（42）、日本で生まれた次女（12）の強制退去処分が確定した。高校3年生であった長女（18）だけは「勉学意欲を尊重」（当時の法務大臣）との理由で「留学生」としての在留許可が出た[24]。一人だけ残った長女（20）は2009年3月14日、群馬県の短期大学を卒業し、12日に東京入国管理局から「定住者」として在留許可が出され、4月から同県内の保育園で保育士として働く[25]。

（ロ）フィリピン家族（カルデロン）事件

2008年9月、埼玉県蕨市に住むフィリピン人家族3人（両親と子ども）に対する退去強制処分が最高裁で確定した。この両親は、1992年、1993年にそれぞれ偽造旅券（他人名義のパスポート）で不法入国後に結婚、中学1年の13歳になる娘（カルデロンのり子）がいる。日本で生まれ育った娘にとってフィリピンは全く未知の国であり、当初は家族3人そろって在留を希望したが、法務省は偽造旅券で不法入国した経緯などから、両親の在留は拒否していた。東京入管は仮放免の延長を繰り返した後、2009年2月27日、娘に対する在留特別許可のみ認められるとした上で、3月9日までに家族3人で入管施設に収容して、退去強制を執行することを通知した。3月16日、法務大臣は、帰国する両親と離れて日本に残り、勉

---

23 判例時報1836号46頁解説（コメント）参照。
24 日本経済新聞2009年3月15日。
25 朝日新聞2009年3月15日。

強を続ける意思を示していた娘に在留特別許可を出した。留学などにあたらないため、特殊なケースで適用される「特定活動」の資格とした。期間は1年であるが更新できる。「この一家の場合、両親は地域社会に溶け込んで平穏に暮らしてきた。のり子さんもすっかり日本人として育ち、級友に囲まれて学校生活を送っている。欧州諸国などでは、不法滞在でも平穏に過ごして子どもを育てている場合は柔軟に対応している。それだけに今回の問題には海外メディアも関心を示し、国連の人権理事会が調査を進めるなど国際社会も注目していることを忘れてはならない」[26]としている。

　このように非正規滞在外国人（超過滞在者および非正規入国者）が在留許可を求める動きがみられる。これは、こうした外国人が日本国内に長期にわたって居住して生活基盤を形成し定住化の傾向がみられること、また非正規滞在ゆえに様々の不利益を被っていることなどが指摘される。こうした人々の居住権を中心とする人権をどのように考えるべきであろうか。在留期間を超えて日本に滞在する超過滞在者であるか、非正規入国者であるかを問わず、日本での在留資格を有しない彼／彼女らは「居住権」を有しないということになるのであろうか。
　高佐智美は、小泉良幸の議論を要約して、ひとたび「入国」を認めた「外国人」への法的不利益処遇を正当化するような憲法を含む国内法の解釈は許されないと説く。この考え方によれば、「国家の独立や安全」あるいは「公序良俗」に反するおそれがない外国人の入国許否は許されないのであるから、そのおそれのない不正規滞在外国人の入国・在留の権利は原理的には認められることになるだろう。「外国人は入国の自由は有しない」とする議論が道徳的正当性を持たない以上、ひとたび「入国」を認められた外国人と同様、「国家の独立や安全」あるいは「公序良俗」に反するおそれがない外国人に対する法的不利益処遇を正当化できないということになるであろう、という[27]。
　また、高佐智美は、「在留特別許可を認めるかどうかにあたっては、不正規滞在外国人であろうとも、少なくとも憲法31条の適正手続の保障や憲法13条の幸福追求権（そこから導き出されるプライバシー権や家族生活に関する権利など）といった最低限の基本的人権の保障が考慮されなければならない」という[28]。

26　日本経済新聞2009年3月13日。
27　高佐智美・前掲論文63頁、小泉良幸「入国の自由」『法学67巻5号』（東北大学法学会、2004年）。
28　高佐智美・前掲論文65頁。

3　正規化と居住権

（1）正規化とアムネスティ
① 在留特別許可と一般アムネスティ

非正規滞在者である外国人について、「日本での居住が長期におよび、日本国内に生活基盤が形成されるに至った場合、彼／彼女らに『引き続き日本に在留する権利』を認めること、あるいはかかる権利を付与することが、考えられて然るべきではなかろうか」「在留資格を有さぬ以外は、長期にわたって平穏かつ合法的に日本に居住し生活基盤を築くにいたった外国人に対しては、かかる居住権を認めて、在留資格を付与することが考えられて然るべきではなかろうか」という門田孝の指摘は正当である[29]。筆者もこうした結論に同意する。

非正規滞在者を正規化する方法（在留資格を非正規な状態から正規な状態に変更する正規化）として、二つの方法がある。第一の「一般アムネスティ」とは、一定条件を満たす非正規滞在者の在留許可を短期間に大量に認める方法である。第二に、在留特別許可（「個別アムネスティ」とも呼ばれる）は、大臣の裁量で個別のケースを判断して退去強制することなく在留を特別に許可する方法である。一般アムネスティに否定的な意見の多い日本では、在留特別許可により、定住者に在留資格が認められるかどうかが問題となってきた[30]。

入管法によれば、法務大臣は、異議申出に対する裁決にあたって、異議申出は理由がない（すなわち、容疑者は退去強制事由に該当する）場合でも、その外国人の生活態度、家族関係などの諸事情にかんがみとくに在留を許可すべき事情があると認めるときは、その者の在留を特別に許可することができるとされており（法務大臣の自由裁量に属するものと解すべきであるとする点について最高裁昭和34年11月20日判決民集13巻12号1493頁）、この許可は、一般に、在留特別許可と呼ばれている[31]。

しかし、具体的にどのような事情があれば許可されるのか規定されているわけではない。国内外からの事例では、主につぎの5通りの場合に在留特別許可が認

---

[29] 門田孝「在留権」近藤敦編『外国人の法的地位と人権擁護』（明石書店、2002年）64頁以下。
[30] 近藤敦「在留特別許可の新傾向―児童の最善の利益と比例原則を採用したアミネ事件にみる―」法学セミナー2004年2月号（590号）68-69頁。
[31] 山田＝黒木・前掲『よくわかる入管法』147頁。

められるという[32]。
　　（イ）国民ないし永住者の家族である非正規滞在者、
　　（ロ）長期の学齢期の子どもがいる非正規滞在家族、
　　（ハ）長期の非正規滞在者、
　　（ニ）難民認定するに至らない難民性を有する者、
　　（ホ）労働災害などの病気療養中の者、である。
　（イ）の場合の法的根拠として、国際人権規約B規約23条（ヨーロッパでは欧州人権規約8条）の家族の権利や婚姻を中心とした家族について定めている日本国憲法24条、（ロ）の場合は、「児童の最善の利益」を定める子どもの権利条約、（ハ）の場合、2004年発効した移住労働者条約69条2項、（ニ）の場合、いわゆる「政治難民」を「生命又は自由が脅威にさらされるおそれ」のある本国へ送還することを禁じている難民条約33条や拷問等禁止条約3条、その他、ヨーロッパの欧州人権規約3条の「非人道的な取り扱いを受けない」権利、及び国際人権規約B規約7条など、（ホ）の場合、国際人権規約B規約7条「何人も、拷問又は残虐な、非人道的な若しくは品位を傷つける刑罰若しくは取り扱いを受けない」という規定（ヨーロッパでは欧州人権規約3条）が、退去強制を禁ずる根拠となる。日本国憲法の保障する居住の自由は、恣意的に退去強制されない権利を含み、（イ）から（ホ）の在留特別許可の根拠規定となりうる[33]。

　日本は、これまで主として（イ）の場合の在留許可を認めてきた。1999年の秋以降、長期超過滞在していた人々が、法務大臣の在留特別許可を求めて入国管理局に出頭する事件が続いたため、2000年2月より、（ロ）の場合の新たな許可基準の目安が形成されるようになったと指摘されている[34]。非正規滞在が恣意的に退去強制されない裁判例として、（ロ）の場合のイラン家族（アミネ）事件の東京地裁平成15年9月19日判決が参考になる。

　②　**アミネ事件判決**（東京地裁2003（平成15）年9月19日判例時報1836号46頁。その後の注目すべき判例として東京地裁2007（平成19）年8月28日判例時報1984号18頁）
　アミネ家族は退去強制令書発布処分取消請求を求め、在留特別許可を求める訴

32　近藤敦（注30論文）68頁以下。
33　近藤敦（注30論文）69頁、同『外国人の人権と市民権』（明石書店、2001年）332頁以下。
34　近藤敦『外国人の人権と市民権』（明石書店、2001年）331頁。

訟を東京地裁に起した。東京地裁2003年9月19日判決は、在留期間を更新しないまま、日本に長期間在留した後に在留特別許可を求めて入管当局に出頭した群馬県のイラン人家族4名の訴えを認めている。判決は、不法残留以外に何らの犯罪行為をしていない家族につき、在留資格を与えたとしても、それにより生じる支障は、同種の事案について在留資格を付与せざるを得なくなる等、出入国管理全体という観点において生じる、いわば抽象的なものに限られ、在留資格を認めることそのものにより具体的に生じる支障は認められない。長期にわたって在留資格を有しないまま在留を継続し、かつ、善良な一市民として生活の基盤を築くことは至難の業というべきことであるから、そのような条件を満たす者に在留特別許可を与えることにどれほどの支障が生じるかは大いに疑問があるとしている。詳しくは次のような論理である。

　a　判断のあり方——特に裁量基準との関係について

　在留特別許可を与えるべき者に該当するか否かの判断に当り、当然重視すべき事項を不当に軽視し、又は、本来重視すべきでない事項を不当に重視することにより、その判断が左右されるものと認められるか否かという観点から審査を行い、これが肯定される場合には退令発布処分を取り消すべきものとするのが相当である。そして、退令発布処分に当たり、いかなる事項を重視すべきであり、いかなる事項を重視すべきでないかについては、本来法の趣旨に基づいて決すべきであるが、外国人に有利に考慮すべき事項について、実務上、明示的又は黙示的基準が設けられ、それに基づく運用がされているときは、平等原則の要請からして、特段の事情がない限り、その基準を無視することは許されない。当該基準において当然考慮すべきものとされている事情を考慮せずにされた処分については、特段の事情がない限り、本来重視すべき事項を不当に軽視したものと評価せざるを得ない。国側は、この点について、裁量権の本質が実務によって変更されるものではなく、原則として、当不当の問題が生ずるにすぎないと主張し、過去の裁判例もこれを一般論として説示するものが少なくないが（例えば、最高裁大法廷判決昭和53年10月4日民集32巻7号1231頁）、このような考え方は、行政裁量一般を規制する平等原則を無視するものであって採用できない[35]。

---

[35] マクリーン事件最高裁判決（最大判昭和53年10月4日）は、在留期間更新の許可について、「在留期間更新事由が概括的に規定され、その判断基準が特に定められていないのは、更新事由の有無

b 長期間平穏に在留している事実の評価

(a) 原告ら家族が10年近くにわたって平穏かつ公然と在留を継続し、すでに善良な一市民として生活の基盤を築いていることにある。原告は、この点を、有利に考慮すべき重要な事実であると指摘するのに対し、国側は、むしろ、長期間不法在留を継続した点において不利益な事実であると主張する。このことからすると、本件処分は、上記事実を原告に不利益な事実と評価してされたものと認めざるを得ない。(b) しかし、上記の事実は、在留特別許可を与えるか否かの判断に当たって、容疑者側に有利な事情の第一に上げることが、実務上、少なくとも黙示的な基準として確立しているものと認められる。昭和56年の本法の大改正の際の国会の議論において、当時の法務省入管局長等は、「潜在不法入国者のうちには、子供がいよいよ学齢に達したとか、そういう事情からみずから名のり出て、……いわゆる自主申告をする人がおります。こういう場合には、……当然、情状を考慮するに当たりましてプラスの材料と考えております」、「できる限り人道的な配慮というものを重く見ていきたい」と答弁している。また、処分前の平成12年3月24日に策定された「出入国管理基本計画(第二次)」(法務省告示149号)には、「在留特別許可を受けた外国人の多くは、日本人等との密接な身分関係を有し、また実態として、さまざまな面で我が国に将来にわたる生活の基盤を築いているような人である。……基本的に、その外国人と我が国社会とのつながりは深く、その外国人を退去強制することが、人道的な観点から問題が大きいと認められる場合に在留を特別に許可している」と明記している。この趣旨は、我が国において将来にわたる生活の基盤を築き、在留中の素行に問題がなく、その外国人と我が国社会とのつながりが深いことは、在留特別許可を与える方向に考慮すべき事情としているものと認めることができよう。これらによると、適法な在留

の判断を法務大臣の裁量に任せ、その裁量権の範囲を広範なものとする趣旨からである」として、「その判断が全くの事実の基礎を欠き又は社会通念上著しく妥当性を欠くことが明らかである場合に限り、裁量権の範囲をこえ又はその濫用があったものとして違法となる」とする。この最高裁判決を本地裁判決は批判している。もっとも最近の最高裁判例では、裁量権の濫用を認めたものがある。神戸市立高専剣道授業拒否事件の取消訴訟に関して、この処分は「考慮すべき事項を考慮しておらず、又は考慮された事実に対する評価が明白に合理性を欠き、その結果、社会通念上著しく妥当性を欠く処分をしたもの」として裁量権の範囲を超える違法なものだとする判例がある(最判平成8年3月8日民集50巻3号469頁)。また、国家賠償請求訴訟に関して、「本件不許可処分は、重視すべきでない考慮要素を重視するなど、考慮した事項に対する評価が明らかに合理性を欠いており、他方、当然考慮すべき事項を十分考慮しておらず、その結果、社会通念に照らし著しく妥当性を欠いたもの」だとしている(最判2006(平成18)年2月7日民集60巻2号401頁)。

資格を持たない外国人が長期間平穏かつ公然と我が国に在留し、その間に素行に問題なくすでに善良な一市民として生活の基盤を築いていることが、当該外国人に在留特別許可を与える方向に考慮すべき第一の事由であることは、本件処分時までに黙示的にせよ実務上確立した基準であったと認められる。本件処分はこれを無視したばかりか、むしろ逆の結論を導く事由として考慮しているのであって、そのような取扱いを正当化する特段の事情も見当たらず、しかも、それが原告らに最も有利な事由と考えられるのであるから、当然考慮すべき事由を考慮しなかったことにより、その判断が左右されたものと認めざるを得ない。(c) 以上によると、本件処分は、上記の事項の評価を誤った点のみからしても、裁量権を逸脱又は濫用してされたものとして取り消されるべきものである。

c 本国に帰国した場合の原告らの生活

国側は、原告らが本国に帰国しても生活に支障はないと主張している。しかし、原告は10年近くも本国を離れていたこと、本国においては失業率が高い状態が続いていることからすると、むしろ、本国に帰国した場合には、その生活には相当な困難が生じると予測するのが通常人の常識に適う。

d 帰国による原告長女及び次女への影響

国側は、原告子らが未だ可塑性に富む年代であることを根拠に両親とともに帰国することがその福祉又は最善の利益に適うと主張する。しかし、本国に帰国した際には相当な精神的衝撃を受け、場合によっては生涯いやすことの困難な精神的苦痛を受けることもあり得るものと考えるのが通常人の常識に適う。

e 比例原則

特に、原告長女は、イランに帰国した場合、単に文化の違いに苦しむといった程度のものにとどまらず、長女のこれまで築き上げてきた人格や価値観等を根底から覆すものというべきであり、それは、本人の努力や周囲の協力等のみで克服しきれるものではない。子どもの権利条約3条の内容にかんがみれば、この点は、退去強制令書の発布に当たり重視されるべき事情であるといえる。以上によれば、退去強制令書の発布及びその執行がされた場合には、家族の生活は大きな変化が生じることが予想され、特に長女に生じる負担は想像を絶するものであり、これらの事態は、人道に反するものと評価することも十分可能である。そして、不法在留外国人の取締りの必要性があることは確かであるが、不法残留以外に何らの犯罪行為等をしていない原告ら家族につき、在留資格を与えたとして

も、それにより生じる支障は、同種の事案について在留資格を付与せざるを得なくなる等、出入国管理全体という観点において生じる、いわば抽象的なものに限られ、原告ら家族の在留資格を認めることそのものにより具体的に生じる支障は認められない。仮に、原告らと同様の条件の者に在留資格を与えざるを得ない事態が生じたとしても、長期にわたって在留資格を有しないまま在留を継続し、かつ、善良な一市民として生活の基盤を築くことは至難の業というべきことであるから、そのような条件を満たす者に在留許可を与えることにどれほどの支障が生じるかには大いに疑問がある。

　以上によれば、原告ら家族が受ける著しい不利益との比較衡量において、本件処分により達成される利益は決して大きいものではないというべきであり、本件退去強制令書発布処分は、比例原則に反した違法なものというべきである。本件退令発布処分は、すでに確立した裁量基準において原告らに有利に考慮すべき最重要の事由とされている事項を、原告らに有利に考慮しないばかりか、逆に不利益に考慮して結論を導いている点において、裁量権の逸脱又は濫用するものである。

　その後の判例として東京地裁2007年8月28日の日本人の配偶者の退去強制取消事件判決がある。次のように述べている。

「本件裁決時、原告にとって、在留特別許可を与える方向に働く積極要素として、（1）日本人である配偶者との婚姻関係の存在、（2）日本人である三人の未成熟子との親子関係の存在、（3）本邦への定着性の強さという事情があり、特に（1）と（2）の事情は有力な積極的要素であったといえる。一方、在留特別許可を否定する方向に働く消極的要素として、（1）薬物犯罪有罪判決2回及びこれによる服役、（2）業務上過失傷害罪の前科、（3）原告の母の不法残留への加担という事情があり、特に（1）は、その客観的事実経過自体をみると、極めて有力な消極要素であった」。しかし、「本件裁決時には原告にとって有利に斟酌すべき事情もあった」（思春期にある長女及び長男と介助を有する二女の存在など）。「上記の積極的要素及び消極的要素を比較検討してみると、上記積極的要素のうち（1）及び（2）の点は、人道的観点から特に配慮に値するものということができ、上記消極的要素が存在することを考慮しても、なお、これを上回る重みを持つものと評価することができる」。「本件裁決は、在留特別許可の判断に当た

り、複数の考慮要素のうち、原告が薬物犯罪で2回有罪判決を受け服役したという客観的事実経緯をことさらに重視する一方、本来特に重視しなければならない、原告と日本人との婚姻関係及び原告と日本人である3人の未成熟子との親子関係を十分に考慮することがなかったものというべきであるから、社会通念上著しく妥当性を欠くことが明らかであり、裁量権の逸脱又は濫用し違法であるとの評価を免れない」。「そうである以上、これを前提としてされた本件退令発布処分もまた違法である」。

また、本判決の特徴は、憲法24条、社会権規約10条、自由権規約23条、子どもの権利条約9条などの人権規定を積極的に援用している。例えば、原告と日本人の配偶者の約18年間にも及ぶ婚姻期間について、本判決は、「この婚姻関係は実体を伴うものとして人道上保護に値する（日本国憲法24条、経済的、社会的及び文化的権利に関する国際規約10条、市民的及び政治的権利に関する国際規約23条参照）」という。また、「両親が存在する未成熟子にとっては、一般に、両親の監護の下で生活を送ることがその最善の利益にかなうものであること、したがって未成熟子は、その両親の意思に反してその両親から分離すべきでないことは、子の福祉の観点からみる限り、広く受け入れられた見解である（児童の権利に関する条約9条参照）」と述べている。法務省はこうした流れの中で、2006年ガイドラインを改定して次のような新ガイドラインを明示した。

③ 2009年新ガイドライン

法務省入国管理局が2009年7月13日に改定したガイドラインは以下である。

在留特別許可に係るガイドライン―平成18年10月、平成21年7月改定、法務省入国管理局。

第1 在留特別許可に係る基本的な考え方及び諾否判断に係る考慮事項

在留特別許可の許否の判断に当たっては、個々の事案ごとに、在留を希望する理由、家族状況、素行、内外の諸情勢、人道的な配慮の必要性、更には我が国における不法滞在者に与える影響等、諸般の事情を総合的に勘案して行うこととしており、その際、考慮する事項は次のとおりである。

〈積極要素〉

積極要素については、入管法第50条第1項第1号から第3号に掲げる事由のほか、次のとおりとする。

1 特に考慮する積極要素

（1）当該外国人が、日本人の子又は特別永住者の子であること
（2）当該外国人が、日本人又は特別永住者との間に出生した実子（嫡出子又は父から認知を受けた非嫡出子）を扶養している場合であって、次のいずれにも該当すること
　ア　当該実子が未成年かつ未婚であること
　イ　当該外国人が当該実子の親権を現に有していること
　ウ　当該外国人が当該実子を現に本邦において相当期間同居の上、監護及び養育していること
（3）当該外国人が、日本人又は特別永住者と婚姻が法的に成立している場合（退去強制を免れるために、婚姻を仮装し、又は形式的な婚姻届を提出した場合を除く。）であって、次のいずれにも該当すること
　ア　夫婦として相当期間共同生活をし、相互に協力して扶助していること
　イ　夫婦の間に子がいるなど、婚姻が安定かつ成熟していること
（4）当該外国人が、本邦の初等・中等教育機関（母国語による教育を行っている教育機関を除く。）に在学し相当期間本邦に在住している実子と同居し、当該実子を監護及び養育していること
（5）当該外国人が、難病等により本邦での治療を必要としていること、又はこのような治療を要する親族を看護することが必要と認められる者であること
2　その他の積極要素
（1）当該外国人が、不法滞在者であることを申告するため、自ら地方入国管理官署に出頭したこと
（2）当該外国人が、別表第二に掲げる在留資格で在留している者と婚姻が法的に成立している場合であって、前記1の（3）のア及びイに該当すること
（3）当該外国人が、別表第二に掲げる在留資格で在留している実子（嫡出子又は父から認知を受けた非嫡出子）を扶養している場合であって、前記1の（2）のアないしウのいずれにも該当すること
（4）当該外国人が、別表第二に掲げる在留資格で在留している者の扶養を受けている未成年・未婚の実子であること
（5）当該外国人が、本邦での滞在期間が長期間に及び、本邦への定着性が認められること
（6）その他人道的配慮を必要とするなど特別の事情があること

〈消極要素〉
　消極要素については、次のとおりである。
1　特に考慮する消極要素
（1）重大犯罪等により刑に処せられたことがあること

〈例〉
・凶悪、重大犯罪により実刑に処せられたことがあること
・違法薬物及びけん銃等、いわゆる社会悪物品の密輸入・売買により刑に処せられたことがあること
（２）出入国管理行政の根幹にかかわる違反又は反社会性の高い違反をしていること
〈例〉
・不法就労助長罪、集団密航に係る罪、旅券等の不正交付等の罪などにより刑に処せられたことがあること
・不法・偽装滞在の助長に関する罪により刑に処せられたことがあること
・自ら売春を行い、あるいは他人に売春を行わせる等、本邦の社会秩序を著しく乱す行為を行ったことがあること
・人身取引等、人権を著しく侵害する行為を行ったことがあること
２　その他の要素
（１）船舶による密航、若しくは偽造旅券等又は在留資格を偽装して不正に入国したこと
（２）過去に退去強制手続を受けたことがあること
（３）その他の刑罰法令違反又はこれに準ずる素行不良が認められること
（４）その他在留状況に問題があること
〈例〉
・犯罪組織の構成員であること

第２　在留特別許可の許否判断

　在留特別許可の許否判断は、上記の積極要素及び消極要素として掲げている各事項について、それぞれ個別に評価し、考慮すべき程度を勘案した上、積極要素として考慮すべき事情が明らかに消極要素として考慮すべき事情を上回る場合には、在留特別許可の方向で検討することとなる。したがって、単に、積極要素が一つ存在するからといって在留特別許可の方向で検討されるというものではなく、また、逆に、消極要素が一つ存在するから一切在留特別許可が検討されないというものではない。
主な例は次のとおり。
〈「在留特別許可方向」で検討する例〉
・当該外国人が、日本人又は特別永住者の子で、他の法令違反がないなど在留の状況に特段の問題がないと認められること
・当該外国人が、日本人又は特別永住者と婚姻し、他の法令違反がないなど在留の状況に特段の問題がないと認められること
・当該外国人が、本邦に長期間在住していて、退去強制事由に該当する旨を地方入国管理官署に自ら申告し、かつ、他の法令違反がないなど在留の状況に特段の問題がないと認められること
・当該外国人が、本邦で出生し10年以上にわたって本邦に在住している小中学校に在学している実子と同居した上で監護及び養育していて、不法残留である旨を地

方入国管理官署に自ら申告し、かつ当該外国人親子が他の法令違反がないなどの在留状況に特段の問題がないと認められること

〈「退去方向」で検討する例〉
・当該外国人が、本邦で20年以上在住し定着性が認められるものの、不法就労助長罪、集団密航に係る罪、旅券等の不正受交付等の罪等で刑に処せられるなど、出入国管理行政の根幹にかかわる違反又は反社会性の高い違反をしていること
・当該外国人が、日本人と婚姻しているものの、他人に売春を行わせる等、本邦の社会秩序を著しく乱す行為を行っていること

この2009年の入管法等の改正を受けて公表された新ガイドラインは、該当者の出頭を促す形で、A「特に考慮する積極要素」とB「その他の積極要素」、C「特に考慮する消極要素」とD「その他の消極要素」の4段階に区別したが[36]、「積極要素として考慮すべき事情が明らかに消極要素として考慮すべき事情を上回る場合には、在留特別許可の方向で検討される」という一種の「比例原則」を明文化しており、今後の裁量統制の審査基準として有用と思われると評価されている[37]。

(2) 居住権を中心とする人権

非正規滞在者の人権問題を先駆的に提示したのが本章冒頭に述べたように近藤敦である（『外国人の人権と市民権』［明石書店、2001年］337頁以下）。先ずその見解を近藤のいくつかの論文から筆者なりに要約してみておく。

① 立憲性質説と公共の福祉—在留特別許可のリベラルな運用を導く上での最大の論点は、憲法の「居住の自由」の解釈問題にある。性質説の最も深刻な問題は、憲法をかかげて個人の権利・自由を国家権力の侵害から守る立憲主義からすれば「何人も」としている「居住の自由」を外国人に認めないことは背理である。憲法22条1項に「何人も」とある以上、憲法上は、日本にいる外国人も、先ずは居住の自由をもちうるというかつての最高裁判例の前提に立って（最大判

---

[36] 近藤敦「在留特別許可のガイドラインと積極・消極要素をめぐる裁量審査—日本人の配偶者の退去強制取消事件—」『国際人権20号』（信山社、2009年）108頁。

[37] 近藤敦「移民・外国人・多文化共生」法律時報2009年12月号353頁及び（注36）『国際人権20号』（信山社、2009年）107頁参照。また、高佐智美は法務省の「在留特別許可に係るガイドライン」及びその運用を、現在の国際基準に照らしてみると、まず刑罰法令違反がなく、出入国管理法令違反のみで、家族の離散及び子どもが被る不利益にもかかわらず、在留特別許可されないのは、国際人権基準に反する可能性が極めて高いという（前掲論文69頁）。

1957年6月19日刑集11巻6号1663頁）、それを何らかの政策上の必要から制限することが可能だということを出発点に置くべきである。居住の自由というのは、「住所または居所を自ら決定ないし変更する自由」であり、自由権の核心が国による妨害排除の請求権であることに留意するならば、「恣意的に住所の選択を妨害されない権利」を意味する。「合理的」な退去強制であるかどうかは、具体的な公益や個人の利益を比較衡量し、憲法31条の適正手続、13条の幸福追求権その他の憲法条項、さらに、各種の国際人権条約や国際慣行を配慮して決定することとなる。人権の国際化がみられる今日、難民条約33条や国際人権規約B規約7条を援用できることはいうまでもない。もともと憲法にあった「居住の自由」の見落とされてきた要素が、国際人権規約を契機として発見され、入管法上の在留特別許可を通じて、「居住の自由」の中身が充填されていくことになる[38]。

居住の自由は、経済的自由の側面だけではなく、人身の自由の側面も大きく、人格形成に必要な幸福追求権の側面もあり、移転の自由とあいまって精神的自由の側面すらもちうる複合的性格を有する権利である。そこで、法務大臣が、「公共の福祉」を理由として、居住の自由の制約を行うことが許されるとしても、それが法政策上合理性を有しているかという限界があるはずである。「在留を許可すべき事情」の法務大臣による判断の合理性として、裁判所が審査することが望ましい。たとえば、子どもの人格形成において重要な時期に日本で教育を受けた子どものいる家族を退去強制すること、生命・身体への危険が大きい者を退去強制することは不合理な判断であると一般に是認されうる。

② 外国人の存在態様と人権保障—外国人の権利の保障は、合理的な理由があれば、外国人の「態様」に応じて、異なった取扱をすることは可能である。人の国際移動の盛んな現代国家において、帰化・永住許可・正規化という社会構成員性における三つの承認ルールに応じて、国民、永住市民（定住外国人）、居住市民（非永住型の正規滞在者）、非正規滞在者という具合に、権利保障の程度が異なることは経験的に確認することができよう。非正規滞在者は、原則として精神的自由および裁判を受ける権利などの受益権を保障される。居住・移転および職業選択

38　もっとも、国際人権規約（市民的・政治的権利）12条の居住の自由を正規滞在者のみに限ると規定しているように、日本国憲法の人権保障のレベルを人権諸条約の規定のレベルに合わせて引き下げる問題もあることに注意しておく必要がある（近藤「外国人の『人権』保障」自由人権協会編『憲法の現在』（信山社、2005年）325頁）。

の自由は、その権利の制約が多く認められるが、制約の可能性の高いことと、はじめから人権保障が否定されることは大きな違いがある。包括的な人権としての幸福追求権、公教育や最低限医療などの不可欠の社会権を含む一連の権利（生存権や教育を受ける権利や労働基本権など）を保障されている。このように外国人の権利保障の態様はさまざまであり、非正規滞在者や短期滞在者外国人には、その権利の制約が多く認められるが、制約の可能性の高いことと、はじめから人権保障が否定されることとは大きな違いがある。多くの西欧諸国の憲法では、こうした権利は、「国民」ではなく、「人」に与えられている。しかし、非正規滞在者は、国民どころか、正規滞在の外国人に比べても、市民的な平等から、除外されることも多い。また、自らに加えられた不正に対する救済を警察に訴えれば、非正規な状態が明らかになり、退去強制されうるので、雇用者や家主に搾取されやすい弱い立場にある。長期の非正規滞在者が正規化されうるのは、彼・彼女らが社会のメンバーとなっているからである。社会構成員性は、政治機関の判断で決まるものではない。非正規滞在者は、普遍的な人権のほかに、受け入れ社会の事実上のメンバーシップから導かれる若干の権利が保障される。最も重要なこれらの権利は、滞在の長さや家族状況に係らず、恣意的に退去強制されない権利であり、出身国に安全に帰る権利である。長くこの国に住んでおり人間関係のネットワークを形成している人を退去強制することは不合理である。恣意的に退去強制されず、その合理性を裁判所が審査すべき根拠を憲法22条1項の「何人も」有する「居住」の「自由」という規定において定めているのである。その「権利」は憲法の「居住の自由」や人権条約の「家族・子どもの権利」、「恣意的な取扱いを受けない権利」から導かれうるのである。

　日本の批准した人権条約において、非正規滞在者の正規化をはかる手がかりとして、以下の規定がある[39]。自由権規約（B規約）の23条1項は「家族は、社会の自然かつ基礎的な単位であり、社会及び国による保護を受ける権利を有する」と定めている。また、自由権規約17条1項は「何人も、その私生活、家族、住居若しくは通信に対して恣意的に若しくは不法に干渉され又は名誉及び信用を不法に攻撃されない」と規定する。家族を離れ離れにする退去強制は「恣意的な干渉となり」、原則として認められない。国民の家族が非正規滞在者の場合、さらには正

39　近藤敦『外国人の人権と市民権』285頁、及び、337頁以下参照。

規滞在者の家族が非正規滞在者の場合には、国際人権法上、退去強制には制約があると考えることができる。さらに、子どもの権利条約3条である。「児童に関するすべての措置をとるに当たっては、公的若しくは私的な社会福祉施設、裁判所、行政当局又は立法機関のいずれによって行われるものであっても、児童の最善の利益が主として考慮されるものとする」と規定している。長期に滞在する国で養育された子どもが親とともに正規化を望む場合、在留特別許可が「児童の最善の利益」に合致すると考えることができる。したがって、日本の行政機関も、児童の最善の利益を考慮することが在留特別許可に関する重要な判断基準となる[40]。

　門田孝は、非正規滞在者の正規化の問題を考えるという目的から、考察の手がかりを憲法22条1項で保障された「居住・移転の自由」をめぐる議論に求める。憲法22条1項は、「何人も、公共の福祉に反しない限り、居住、移転……の自由を有する」と定めている。ここに「『居住』とは、生活の本拠たる定住の住所および一時的な滞在地たる居所を定めること、『移転』とは、ある程度の期間（時間）の滞在を前提に居場所を移動することを言い」、「居住・移転が自由であるとは、各人が自己の好むところに居住し移転するについて、公権力による干渉・妨害等がないことを意味する」[41]。

　このような自由は、経済的自由に分類されるが、これに尽きるものではなく、その多面的・複合的な性格が説かれるのが通常である。通説の居住・移転の自由とは、「各人の自由意思による居場所の選択・移動を可能にする点で、自由権の基礎とも言うべき人身の自由とも密接に関連している」ほか、「自己の自由な選択に基づき様々な事物に接し、多くの人々との間で対話ないし情報交換を行い、知的な接触の機会を持つことによって、表現の自由を支える価値として説かれる自己実現や自己統治の機能に資する点で、精神的自由と関わる場合も少なくない」との理解が一般的である[42]。このような議論を参考に、「居住・移転の自由」とほぼ同義ないしそれと密接な関連を有するものとして、「居住権」を、文字通

---

[40] 近藤敦『外国人の人権と市民権』286頁、及び、同「非正規滞在者の権利―社会権を中心とした諸外国との比較―」渡戸一郎＝鈴木江里子＝A.P.F.S編『在留特別許可と日本の移民政策』（明石書店、2007年）36頁以下参照。
[41] 門田孝「在留権」近藤敦編『外国人の法的地位と人権擁護』（明石書店、2002年）60頁。
[42] 芦部信喜『憲法学Ⅲ人権各論（1）［増補版］』（有斐閣、2000年）565頁。

り「生活の本拠たる住所ないし一時的な滞在地たる居所を定める権利」としてさしあたり理解した場合、かかる権利の性格からしても、その享有主体から外国人が排除されるという結論は、当然には生じてこないであろう。そして住所ないし居所を定める権利として「居住権」を理解した場合、その権利の保障のありかた如何が最も問題になるもののひとつは、非正規滞在外国人ではなかろうか。確かに、一見したところ在留期間を超えて日本に滞在する超過滞在者であるか、非正規入国者であるかを問わず、日本での「在留資格」を有しないかれらは、当然「居住権」も有しないということになりそうである。しかしながら、非正規とはいえ日本滞在が長期におよび、生活基盤が形成されているような事情の下にあっては、そうした現在の生活の本拠に居住し続けることを、一個の「権利」として理解することもまた、理由のないことではないと考えられる[43]。

居住権は、生活本拠地における衣食住、職業や教育、さらには家族関係や近隣関係など、居住をめぐる物質的および精神的生活条件全般まで視野に入れると、単なる自由権にとどまらぬ、より広範な射程をもつ権利として「居住権」が観念されているのである。このように憲法22条の「居住権」を中心として、多面的な性格の権利が非正規滞在外国人に保障される。

このように両説において、非正規滞在者の居住権を中心とした多様な人権を確認することができるのである。

4　結　び

従来の判例・学説は、人権としての「在留権」を認めることには否定的である。学説において、「入国の自由が外国人に保障されないことは、今日の国際法上当然である、と一般に理解されている」ことを前提に、「入国の自由がない以上、在留の権利もまた、外国人には憲法上保障されているとは言いがたいであろう」とされる。判例によれば、「外国人の在留の許否は国の裁量に委ねられ、わが国に在留する権利ないし引き続き在留することを要求することができる権利を保障されているものではない」とする（最大判1978年10月4日民集32巻7号1223頁）。

しかしながら、非正規滞在外国人の日本での居住が長期におよび、日本国内に

43　門田孝・前掲61頁。

生活基盤が形成されるに至った場合、かれらに「引き続き日本に在留する権利」を認めること、あるいはかかる権利を付与することが考えられて然るべきはなかろうか。むろん、従来「定住外国人」として、念頭におかれていたのは、特別永住者を中心とした正規滞在外国人であったが、このアナロジーで行けば、少なからぬ非正規滞在者が、非正規の「定住外国人」とも言い得るものである[44]。

非正規滞在者の多くは、「入国や滞在の仕方に違法行為があったとしてもそれは形式的なものにすぎず、また具体的な被害者はいない」のであり、「長期にわたり職場でかけがえのない人材として勤労し納税の義務を果たしてきた」ことに留意する必要がある[45]。また森村進が指摘するように「現代の日本では高齢化と少子化にともなう将来の労働力人口の減少が問題になっているだけに、外国人労働者や移民を受け入れるべき理由はますます多くなる。外国からの『不法就労者』はその労働によって日本の社会に富をもたらし、国際的には労働力をより効率的に配分している」ともいえるのである[46]。

学説も、在留資格を有さぬ以外は、長期にわたり平穏かつ合法的に日本に居住し生活基盤を築くにいたった外国人に対しては、居住権を認めて在留資格を与えることが考えられてしかるべきであるとする見解がみられるようになってきている[47]。判例も、東京地裁2003（平成15）年9月19日判決のように、「適法な在留資格を持たない外国人が長期間平穏かつ公然と我が国に在留し、その間に素行に問題なくすでに善良な一市民として生活の基盤を築いていることが、当該外国人に在留特別許可を与える方向に考慮すべき第一の事由である。原告らと同様の条件の者に在留資格を与えざるを得ない事態が生じたとしても、長期にわたって在留資格を有しないまま在留を継続し、かつ、善良な一市民として生活の基盤を築くことは至難の業というべきことであるから、そのような条件を満たす者に在留許可を与えることにどれほどの支障が生じるかには大いに疑問がある」と述べているのである。

筆者もこうした通説的な考え方に異を唱える判例・学説が妥当であると考える。本章では日本における在留特別許可の問題状況を現行の制度に即して紹介し

44　門田孝・前掲66-67頁。
45　駒井洋「超過滞在外国人の定住化と在留特別許可」駒井ほか編『超過滞在外国人と在留特別許可』（明石書店、2000年）12頁。
46　森村進『自由はどこまで可能か＝リバタリアニズム入門』（講談社、2001年）140頁。
47　門田孝・前掲68頁。

てきた。日本ではまだ実施されたことのない一般的アムネスティについての検討をも含め、さらなるアムネスティの議論の必要性を感じる。

初出一覧

序　章　本書の構図と構成　（書き下ろし）

第1章　日本国憲法制定史における「日本国民」と「外国人」
　　　　・早稲田大学比較法研究所『比較法学』45巻3号［97号］（2012年3月1日）

第2章　日本国憲法10条・国籍法と旧植民地出身者
　　　　・早稲田社会科学総合研究13巻3号（2013年3月25日）

第3章　外国人の人権享有主体性
　　　　・「外国人の人権」大石眞・石川健治編『憲法の争点』（有斐閣、2008年12月15日）

第4章　外国人の出入国の自由
　　　　・早稲田法学85巻3号（2010年3月20日）

第5章　条例による外国人地方選挙権付与の合憲性
　　　　・早稲田社会科学総合研究15巻1号（2014年7月25日）

第6章　外国人の選挙権・被選挙権
　　　　・早稲田社会科学総合研究15巻2号（2014年12月25日）

第7章　外国人の公務就任権
　　　　・浦田賢治編『立憲主義・民主主義・平和主義』（三省堂、2001年3月20日）

第8章　外国人の公務就任権をめぐる一般永住者と特別永住者
　　　　・早稲田社会科学総合研究14巻1号（2013年7月25日）

第9章　外国人の社会権と国際人権条約
　　　　・早稲田社会科学総合研究14巻2号（2013年12月25日）

第10章　非正規滞在外国人の人権（2010年3月30日脱稿）
　　　　・『憲法と国家機能の再検討』（信山社・所収予定を本書に収録）

参考文献一覧

　文献は50音順に並べている。なお、本書で引用したもののみに限定した。その他多くの文献を参照させていただいたが、ここでは省略させていただいたことをお断りしておきたい。

ア

青柳幸一「外国人の選挙権・被選挙権と公務就任権」［座談会・青柳幸一＝柳井健一＝長谷部恭男＝大沢秀介＝川岸令和＝宍戸常寿］ジュリスト2009年4月1日号［1375号］

秋葉丈志「アメリカ合衆国における外国人の権利と司法審査」『社学研論集5号』（早稲田大学大学院社会科学研究科、2005年）

秋葉丈志「市民権概念の比較研究（1）アメリカ合衆国における市民権概念」『比較法学39巻1号』（早稲田大学比較法研究所、2005年）

秋葉丈志「経済的自由」後藤光男＝北原仁編『プライム法学・憲法』（敬文堂、2007年）

芦部信喜『憲法Ⅱ人権（1）』（有斐閣大学双書、1968年）

芦部信喜「人権の享有主体（2）」法学教室1989年3月号［102号］

芦部信喜「人権の享有主体（3）」法学教室1989年4月号［103号］

芦部信喜『憲法学Ⅱ人権総論』（有斐閣、1994年）

芦部信喜（高橋和之補訂）『憲法［第4版］』（岩波書店、2007年）

芦部信喜（高橋和之補訂）『憲法［第5版］』（岩波書店、2011年）

芦部信喜（高橋和之補訂）『憲法［第6版］』（岩波書店、2015年）

有倉遼吉編『別冊法学セミナー基本法コンメンタール憲法』（日本評論社、1970年）

有倉遼吉・小林孝輔編『別冊法学セミナー基本法コンメンタール憲法［第3版］』（日本評論社、1986年）

安念潤司「『外国人の人権』再考」芦部信喜先生古稀祝賀『現代立憲主義の展開上』（有斐閣、1993年）

イ

石田雄『一身にして二生、一人にして両身―ある政治研究者の戦前と戦後―』（岩波書店、2006年）

市川正人「外国人の人権と国家主権」『法の構造変化と人間の権利』（法律文化社、1996年）

市川正人『基本講義憲法』（新世社、2014年）

稲田正次『憲法提要』（有斐閣、1954年）

井上典之＝小山剛＝山元一『憲法学説に聞く』（日本評論社、2004年）

伊藤正己『憲法』（弘文堂、1982年）

伊藤正己『憲法［新版］』（弘文堂、1990年）
入江俊郎『憲法成立の経緯と憲法上の諸問題―入江俊郎論集―』（入江俊郎論集刊行会、1976年）

　　　ウ

上原陽子「日比国際児と日本社会」『社学研論集第23号』（早稲田大学大学院社会科学研究科、2014年）
鵜飼信成『公務員法［新版］』（有斐閣、1980年）
浦部法穂「憲法と『国際人権』」国際人権法学会『国際人権第1号』（信山社、1990年）
浦部法穂「外国人の公務就任と国籍条項」『都市問題』1993年11月号
浦部法穂「外国人の人権再論」『人権理論の新展開』（敬文堂、1994年）
浦部法穂『新版憲法学教室Ⅰ』（日本評論社、1994年）
浦部法穂「日本国憲法と外国人の参政権」『共生社会への地方参政権』（日本評論社、1995年）
浦部法穂『新版憲法学教室Ⅱ』（日本評論社、1996年）
浦部法穂＝山元一「外国人の人権」井上典之・小山剛・山元一編『憲法学説に聞く』（日本評論社、2004年）
浦部法穂『憲法学教室［全訂第2版］』（日本評論社、2006年）
浦部法穂『世界史の中の憲法』（共栄書房、2008年）

　　　エ

江川英文＝山田鐐一＝早田芳郎『国籍法［第3版］』（有斐閣、1997年）
江橋崇「外国人の人権」芦部信喜先生古稀祝賀『現代立憲主義の展開上』（有斐閣、1993年）
江橋崇『「官」の憲法と「民」の憲法』（信山社、2006年）
遠藤美奈「永住外国人と生活保護受給権」ジュリスト『平成26年度重要判例解説』2015年4月号［1479号］

　　　オ

大石眞「定住外国人と国会議員の選挙権」ジュリスト『平成5年度重要判例解説』1994年6月10日号［1046号］
大沢秀介「国籍と地方公務員―東京都管理職選考試験」ジュリスト『平成17年度重要判例解説』2006年6月10日号［1313号］
大沼保昭「『外国人の人権』論再構成の試み」法学協会百周年記念論文集2巻（1983年）
大沼保昭『単一民族社会の神話を超えて―在日韓国・朝鮮人と出入国管理体制』（東信堂、1987年）
大沼保昭『在日韓国・朝鮮人の国籍と人権』（東信堂、2004年）
大森実『戦後秘史5　マッカーサーの憲法』（講談社、1975年）

岡沢憲芙『スウェーデンを検証する』（早稲田大学出版部、1993年）
岡沢憲芙『スウェーデンの政治』（東京大学出版会、2009年）
岡野八代『シティズンシップの政治学［増補版］―国民・国家主義批判―』（白澤社、2009年）
岡崎勝彦「外国人の公務就任権」ジュリスト1996年11月15日号
岡崎勝彦「外国人の公務就任権」自治総研ブックレット59（地方自治総合研究所、1998年）
岡崎勝彦＝笹岡克比人「外国人職員任用の新動向―人権保障と主権―」自治総研1998年9月号
岡崎勝彦「外国人の地方公務員就任権」法律時報1997年3月号（69巻3号）
小川政亮「社会保障と国籍」法律時報1981年6月号（53巻7号）［646号］
奥平康弘『憲法Ⅲ　憲法が保障する権利』（有斐閣、1993年）
尾吹善人「外国人の基本的人権」ジュリスト1971年7月1日号
尾吹善人「外国人の人権」清宮四郎＝佐藤功＝阿部照哉＝杉原泰雄編『新版憲法演習Ⅰ（総論・人権Ⅰ）』（有斐閣、1979年）

　　　カ

片上孝洋『近代立憲主義による租税理論の再考―国民から国家への贈り物―』（成文堂、2014年）
片上孝洋「日本国憲法と国民国家―「日本国民」とは誰なのか―」『社学研論集第26号』（早稲田大学大学院社会科学研究科、2015年）
加藤節「国を開くということ」朝日新聞1996年5月15日夕刊
兼子仁『新地方自治法』（岩波新書、1999年）
兼原敦子「国際法判例の動き」ジュリスト『平成23年度重要判例解説』2012年4月10日号［1440号］
萱野稔人『ナショナリズムは悪なのか』（NHK出版新書、2011年）
川本隆史『ロールズ―正義の原理―』（講談社、2005年）

　　　キ

北原仁『占領と憲法―カリブ海諸国、フィリピンそして日本―』（成文堂、2011年）
清宮四郎『憲法Ⅰ』（有斐閣、1957年）

　　　コ

小泉良幸「入国の自由」『法学67巻5号』（東北大学法学会、2004年）
河野正輝「外国人と社会保障―難民条約関係整備法の意義と問題点―」ジュリスト1983年1月1日号
古関彰一『新憲法の誕生』（中公文庫、1995年）
古関彰一『日本国憲法の誕生』（岩波現代文庫、2009年）

古関彰一「帝国臣民から外国人へ─与えられ、奪われてきた朝鮮人・台湾人の参政権─」『世界』2010年10月号［809号］（岩波書店）

古関彰一『平和憲法の深層』（ちくま新書、2015年）

後藤光男「外国人の人権」法学セミナー1996年11月号（日本評論社）

後藤光男「国籍条項」法学教室1997年2月号（有斐閣）

後藤光男「外国人の選挙権」別冊ジュリスト『憲法判例百選［第3版］』（有斐閣、1994年）

後藤光男「外国人の人権」高橋和之＝大石眞編ジュリスト増刊『憲法の争点［第3版］』（有斐閣、1999年）

後藤光男『共生社会の参政権─地球市民として生きる─』（成文堂、1999年）

後藤光男「外国人の公務就任権」浦田賢治編『立憲主義・民主主義・平和主義』（三省堂、2001年）

後藤光男「外国人政策と入国・在留・再入国の自由」大浜啓吉編『公共政策と法』（早稲田大学出版会、2005年）

後藤光男「市民権概念の比較研究（2・完）」『比較法学40巻1号』（早稲田大学比較法研究所、2006年）

後藤光男「外国人の地方参政権」別冊ジュリスト『憲法判例百選［第5版］』（有斐閣、2007年）

後藤光男「外国人の人権」大石眞＝石川健治編『新・法律学の争点シリーズ3憲法の争点』（有斐閣、2008年）

後藤光男「外国人の出入国の自由」早稲田法学85巻3号（2010年）

後藤光男「マイノリティの教育権と憲法26条」小林武＝後藤光男『ロースクール演習憲法』（法学書院、2011年）

後藤光男「日本国憲法制定史における『日本国民』と『外国人』」比較法学45巻3号（早稲田大学比較法研究所、2012年）

後藤光男＝山本英嗣「ニュージーランドの外国人参政権」比較法学46巻1号（早稲田大学比較法研究所、2012年）

後藤光男「選挙権・被選挙権の本質と選挙の公正」別冊ジュリスト『憲法判例百選［第6版］』（有斐閣、2013年）

後藤光男「憲法10条・国籍法と旧植民地出身者」早稲田社会科学総合研究13巻3号（2013年）

後藤光男「条例による外国人地方選挙権付与の合憲性」『早稲田社会科学総合研究15巻1号』（2014年）

後藤光男「外国人の選挙権・被選挙権」『早稲田社会科学総合研究15巻2号』（2014年）

小林孝輔・芹沢斉編『別冊法学セミナー基本法コンメンタール憲法［第4版］』（日本評論社、1997年）

小林武「在日外国人の生活保護受給権」南山法学19巻4号（1996年）

駒井寿美「外国人の公務就任権に関する一考察」『社学研論集第27号』（早稲田大学大学院社会科学研究科、2016年）

駒井洋「超過滞在外国人の定住化と在留特別許可」『超過滞在外国人と在留特別許可』（明石書店、2000年）
近藤敦『新版外国人の参政権と国籍』（明石書店、2001年）
近藤敦『外国人の人権と市民権』（明石書店、2001年）
近藤敦「人権・市民権・国籍」『外国人の法的地位と人権擁護』（明石書店、2002年）
近藤敦「在留特別許可の新傾向—児童の最善の利益と比例原則を採用したアミネ事件にみる—」法学セミナー2004年2月号［590号］
近藤敦「外国人の〈人権〉保障」自由人権協会編『憲法の現在』（信山社、2005年）
近藤敦「外国人の公務就任」別冊ジュリスト『憲法判例百選［第5版］』（2007年）
近藤敦「在留特別許可のガイドラインと積極・消極要素をめぐる裁量審査—日本人の配偶者の退去強制取消事件—」『国際人権20号』（信山社、2009年）
近藤敦「移民・外国人・多文化共生」法律時報2009年12月号（81巻13号）［1016号］

　　　　サ

作間忠雄「外国人の基本的人権」小嶋和司編『憲法の争点［新版］』（有斐閣、1985年）
佐々木惣一『改訂日本国憲法論』（有斐閣、1952年）
佐藤功『ポケット注釈全書憲法（上）［新版］』（有斐閣、1983年）
佐藤幸治「人権享有の主体—外国人・法人の人権—」別冊ジュリスト『続判例展望』39号（1973年）
佐藤幸治『憲法［第3版］』（青林書院、1995年）
佐藤幸治「人権の観念と主体」日本公法学会『公法研究第61号』（有斐閣、1999年）
佐藤幸治『日本国憲法論』（成文堂、2011年）
佐藤達夫（佐藤功補訂）『日本国憲法成立史第3巻』（有斐閣、1994年）

　　　　シ

渋谷秀樹『憲法への招待』（岩波新書、2001年）
渋谷秀樹『日本国憲法の論じ方［第2版］』（有斐閣、2010年）
渋谷秀樹『憲法［第2版］』（有斐閣、2013年）
渋谷秀樹『憲法への招待［新版］』（岩波新書、2014年）
渋谷秀樹「定住外国人の公務就任・昇任をめぐる憲法問題—最高裁平成17年1月26日大法廷判決をめぐって」ジュリスト2005年4月15日号
清水伸編著『逐条日本国憲法審議録2巻』（有斐閣、1960年）
初宿正典「外国人と憲法上の権利」法学教室1993年5月号
シュテファン・ツヴァイク『ツヴァイク全集20　昨日の世界Ⅱ』原田義人訳（みすず書房、1973年）

セ

芹沢斉＝市川正人＝阪口正二郎編『別冊法学セミナー新基本法コンメンタール憲法』（日本評論社、2011年）

ソ

徐龍達『定住外国人の地方参政権』（日本評論社、1992年）
徐龍達「外国人地方選挙権―アジア市民社会への道」『世界』（岩波書店）2010年4月号
徐京植『在日朝鮮人ってどんな人？』（平凡社、2012年）

タ

高佐智美「外国人」杉原泰雄編『新版体系憲法事典』（青林書院、2008年）
高佐智美「外国人の人権―現代国際社会における出入国管理のあり方―」ジュリスト2009年5月1日・15日号［1378号］
高橋和之『立憲主義と日本国憲法［第2版］』（有斐閣、2010年）
高橋和之『立憲主義と日本国憲法［第3版］』（有斐閣、2013年）
高橋哲哉＝岡野八代『憲法のポリティカ―哲学者と政治学者の対話』（白澤社、2015年）
高橋正俊「自治体管理職選考における国籍条項の合憲性」ジュリスト『平成8年度重要判例解説』1997年6月10日号［1113号］
高橋正俊「日本国民の観念」佐藤幸治先生還暦記念『現代立憲主義と司法権』（青林書院、1998年）
高藤昭「不正規入国者の社会権をめぐる日米二判決の検討」ジュリスト1996年9月1日号［1096号］
高柳賢三＝大友一郎＝田中英夫編著『日本国憲法の制定過程Ⅰ』（有斐閣、1972年）
高柳信一「戦後民主主義と『人権としての平和』」『世界』（岩波書店）1969年6月号
高柳信一「民主主義における人権の問題」『世界』（岩波書店）1970年2月号
武村二三夫「生活保護法の外国人への適用」『講座国際人権法2 国際人権規約の形成と展開』（信山社、2006年）
田中二郎『新版行政法上巻全訂第2版』（弘文堂、1974年）
田中宏『在日外国人［新版］』（岩波新書、1995年）
田中宏『在日外国人［第3版］』（岩波新書、2013年）
田中宏「疎外の社会か、共生の社会か―外国人の参政権はなぜ必要か」『世界』（岩波書店）2010年4月号

ツ

辻村みよ子『市民主権の可能性』（有信堂、2002年）

辻村みよ子＝棟居快行「主権論の現代的展開」『いま、憲法学を問う』（日本評論社、2001年）

　　ト

戸波江二「条例制定権の範囲と限界」法学セミナー1993年7月号［463号］
戸波江二「憲法学における社会権の権利性」『講座国際人権法2　国際人権規約の形成と展開』（信山社、2006年）
豊下楢彦『昭和天皇の戦後日本─〈憲法・安保体制〉にいたる道─』（岩波書店、2015年）

　　ナ

長尾一紘「外国人の出国の自由」高橋和之＝長谷部恭男＝石川健治編別冊ジュリスト『憲法判例百選Ⅰ［第5版］』（有斐閣、2007年）
長尾一紘『外国人の選挙権　ドイツの経験・日本の課題』（中央大学出版部、2014年）
中西又三「公務員と国籍」法学教室1996年9月号
中村安菜「日本国憲法制定過程における国籍と朝鮮人」『法学研究論集第34号』（明治大学大学院法学研究科、2001年）
中村睦男「居住移転の自由」芦部信喜編『憲法Ⅲ人権（2）』（有斐閣双書、1981年）
中村義幸「『定住外国人』の人権」『憲法問題2』（三省堂、1991年）

　　ニ

西片聡哉「外国人の生活保護」ジュリスト『平成23年度重要判例解説』2012年4月10日号［1440号］

　　ネ

根森健「人権保障の原理」川添利幸＝山下威士編『憲法詳論』（尚学社、1990年）
根森健「指紋押捺拒否とプライバシー」『憲法判例百選Ⅰ［第3版］』（有斐閣、1994年）
根森健「『外国人の人権』論はいま」法学教室1995年12月号［183号］
根森健「憲法15条」『基本法コンメンタール憲法［第4版］』（日本評論社、1997年）

　　ノ

野中俊彦＝中村睦男＝高橋和之＝高見勝利『憲法［第5版］』（有斐閣、2012年）

　　ハ

萩原重夫「憲法上の権利と内外人平等原則」愛知県立芸術大学紀要17号（1987年）
萩原重夫「日本の〈国際化〉と外国人の権利保障」平野武ほか編『日本社会と憲法の現在』（晃洋書房、1994年）

萩原重夫「『外国人の選挙権論』の課題—1995・2・28判決にふれて—」法学セミナー1995年7月号［487号］
長谷部恭男『憲法の理性』（東京大学出版会、2006年）
浜川清「外国人の公務就任」『行政法の争点［新版］』（有斐閣、1990年）

　　　　ヒ

樋口陽一「日本の人権保障と今後の課題」『憲法の21世紀的展開』（明石書店、1997年）
樋口陽一『憲法［第3版］』（創文社、2007年）
樋口陽一『五訂憲法入門』（勁草書房、2013年）
日比野勤「外国人の人権（1）」法学教室1998年3月号、「外国人の人権（2）」法学教室1998年10月号、「外国人の人権（3）」法学教室1998年11月号

　　　　フ

藤井俊夫『憲法と国際社会』（成文堂、2000年）
藤井俊夫『憲法と人権Ⅰ』（成文堂、2008年）
古川純＝高見勝利「『外地人』とは何か—終わらない戦後—」大石眞＝高見勝利＝長尾龍一編『憲法史の面白さ』（信山社、1998年）
古川純『日本国憲法の基本原理』（学陽書房、1993年）
古川純「外国人の政治参加（参政権）」法学教室1999年5月号

　　　　ヘ

ベアテ・シロタ・ゴードン（構成／文　平岡磨紀子『1945年のクリスマス—日本国憲法に「男女平等」を書いた女性の自伝—』（柏書房、1995年））
ベネディクト・アンダーソン『定本想像の共同体—ナショナリズムの起源と流行—』白石隆＝白石さや訳（書籍工房早山、2007年）

　　　　ホ

法学協会編『注解日本国憲法上巻』（有斐閣、1953年）

　　　　マ

松井茂記『日本国憲法［第3版］』（有斐閣、2007年）
松井幸夫「演習憲法」法学教室1996年9月号
松本清張『球形の荒野』（文春文庫、2003年）

ミ

三浦一郎『リアルタイム法学・憲法［改訂4版］』（北樹出版、2015年）
水野直樹「在日朝鮮人台湾人参政権『停止』条項の成立」―在日朝鮮人参政権問題の歴史的検討（1）―」『世界人権問題研究センター研究紀要1号』（1996年）
宮崎繁樹「在日外国人の政治的人権と退去強制」法学セミナー1978年12月号
宮沢俊義＝芦部信喜『全訂日本国憲法』（日本評論社、1978年）
宮沢俊義『憲法Ⅱ［新版］』（有斐閣、1971年）
宮田光雄『いま人間であること』（岩波ブックレット312号、1993年）、『宮田光雄集〈聖書の信仰〉Ⅰ』（岩波書店、1996年）

モ

森清監訳『逐条日本国憲法審議録―米国公文書公開資料―』（第一法規、1983年）
森村進『自由はどこまで可能か＝リバタリアニズム入門』（講談社現代新書、2001年）
門田孝「外国人の公務就任権をめぐる憲法問題（2）」六甲台論集34巻4号（1988年）
門田孝「在留権」『外国人の法的地位と人権擁護』（明石書店、2002年）

ヤ

柳井健一「国民と外国人の間―判例法理における「外国人の人権」論の再検討』法と政治60巻1号（関西学院大学法政学会、2009年）
山内敏弘「人権の国際化」樋口陽一ほか『憲法判例を読みなおす』（日本評論社、1994年）
山内敏弘＝古川純『（新版）憲法の現況と展望』（北樹出版、1996年）
山内敏弘「外国人の人権と国籍の検討」『国際人権第8号』（信山社、1997年）
山内敏弘『人権・主権・平和―生命権からの憲法的省察』（日本評論社、2003年）
山内敏弘「外国人の公務就任権と国民主権概念の濫用」法律時報2005年5月号
山内敏弘「人権の国際化」樋口陽一ほか『新版憲法判例を読みなおす』（日本評論社、2011年）
山下健次「外国人の人権」ジュリスト1992年5月1・15日号［1000号］
山田省三「非定住外国人への生活保護適用」別冊ジュリスト『社会保障百選［第3版］』（有斐閣、2000年）
山田瞭一＝黒木忠正『よくわかる入管法［第6版］』（有斐閣、2006年）

ヨ

横田耕一「人権の享有主体」芦部信喜＝池田政章＝杉原泰雄編『演習憲法』（青林書院、1984年）
横田耕一「外国人の『参政権』」法律時報1995年6月号（67巻7号）［828号］
米沢広一「国際社会と人権」樋口陽一編『講座憲法学2　主権と国際社会』（日本評論社、

1994年）

レ

歴史教科書在日コリアンの歴史作成委員会編『在日コリアンの歴史』（明石書店、2006年）

ロ

ロバート・E・ウォード「戦時中の対日占領計画」坂本義和＝ロバート・E・ウォード編『日本占領の研究』（東京大学出版会、1987年）

ワ

和田進『別冊法学セミナー司法試験シリーズ憲法Ⅰ［総論・統治［第3版］］』（日本評論社、1994年）
渡辺康行「第10条」『別冊法学セミナー新基本法コメンタール憲法』（日本評論社、2011年）

あとがき

　本書は、公法学、とりわけ憲法学・行政法学で扱われる外国人の人権について検討するものである。私は、従来、外国人には認められないと考えられてきた人権についての検討を重ねてきた。検討したテーマは、日本国憲法制定史における「外国人の人権」保障の問題、外国人の出入国の自由（移動の自由）、外国人の選挙権・被選挙権、外国人の公務就任権、外国人の社会権、非正規滞在外国人の人権などである。主として、この5年間に研究誌等で外国人の人権をテーマに発表してきた論文を体系化して一冊に纏めた。本書を構成する各章は、初出時の原稿をほぼそのまま再録し、その後の文献の補充をほとんど行っていない。ただ、豊下楢彦教授『昭和天皇の戦後日本―〈憲法・安保体制〉にいたる道―』（岩波書店、2015年7月）、古関彰一教授『平和憲法の深層』（ちくま新書、2015年4月）、高橋哲哉教授＝岡野八代教授『憲法のポリティカ―哲学者と政治学者の対話―』（白澤社、2015年3月）の著書については本書で参照・引用させていただいた。

　本書を通読してくださった多くの読者から見て、私の外国人の人権に関する見解は、判例・通説と根本的に異なっており、奇異な考え方のように思われるかもしれない。しかし、私は、奇を衒って、このような結論に到達しているのではない。研究者として、人権を巡る歴史を踏まえたうえで法論理を徹底すれば、このような結論にならざるをえないという帰結である。従来の常識を疑い、伝統的に慣れ親しんできた思考方法に揺さぶりをかけることによって、読者の皆様に外国人の人権問題について再考していただくことを念願して執筆したものである。

　このような貧しい小著しか纏めることができないことには、心の嘖まれるおもいがあるが、私の能力ゆえ仕方がない。ただ、この小著を纏めるに際しても、今日まで多くの方々のご指導を得てきた。とりわけ同志社大学法学部で憲法学・政治学に関心を持つことにお導きいただいたのは、恩師、田畑忍先生である。田畑先生との出会いがなければ学説の多数説、あるいは権力主義、権威主義、官僚主義にチャレンジする姿勢・精神を養うことはできなかったであろう。また、学部時代に法の解釈論で影響を受けたのは、有倉遼吉先生の諸著作であり、特に『憲法秩序の保障』（日本評論社、1969年）である。有倉先生の緻密な法解釈論とその

基底にある人権論に魅了された。当時、田畑先生が定年退職を迎えられることとなっていたため、有倉先生のご指導を仰ぎたいと強く願い、早稲田大学大学院に進むことを決めた。以来、有倉先生にはあたたかいご指導をいただいたうえに、教職に就くことまでいろいろとご心配をいただいた。この小著を田畑先生と有倉先生に捧げさせていただき、その学恩に感謝申し上げたい。

　早稲田大学大学院では、有倉先生とともに、時岡弘先生（早稲田大学名誉教授）、大須賀明先生（早稲田大学名誉教授）の慈愛に満ちたご指導をいただいた。また、有倉先生の門下である永井憲一先生（法政大学名誉教授）、北野弘久先生（日本大学名誉教授）、浦田賢治先生（早稲田大学名誉教授）、佐藤英善先生（早稲田大学名誉教授）、藤井俊夫先生（千葉大学名誉教授）にもご指導に与り、いろいろな面でご配慮をいただいた。同時期に大学院で学んだ根森健氏（新潟大学名誉教授）には、外国人の人権についての考え方において共感するところが多く、本書でも強く影響をうけていることと思う。また、大学院での高柳信一先生（当時、東京大学社会科学研究所教授）、久保田きぬ子先生（当時、成蹊大学法学部教授）のご指導も忘れることができない。高柳先生には、私の修士論文の研究テーマであるアメリカ連邦憲法修正1条と良心的兵役拒否の問題、政教分離の問題でご教示を受け、政教分離および平和主義を人権として再構成する考え方を学ばせていただいた。久保田先生には、良心的兵役拒否（Conscientious Objection）の貴重な文献を惜しみなくお貸しいただくとともに研究方法のご指導を受けた。さらに、今日まで多くの問題発見の発想を学ばせていただいたのは、政治学の宮田光雄先生（東北大学名誉教授）である。折に触れ、宮田先生のご著作（宮田光雄集〈聖書の信仰〉Ⅰ－Ⅶ／岩波書店）を紐解いて、生き方と信仰のご示唆をいただいてきている。こうして私の関わった諸先生に感謝申し上げたい。

　1992年から1993年にかけて、英国エセックス大学人権センター（Human Rights Centre）の客員研究員として受け入れていただいた所長 Kevin Boyle 教授（Department of Law）、ならびに、在外研究中、研究条件を整えていただきいろいろとご配慮いただいた現代日本研究所（Contemporary Japan Centre）の所長 Ian Neary 教授（Department of Government）にも感謝申し上げたい。同志社の学生時代から培ってきた地球市民として、あるいは人類共同体の一員として使命を達成できるようになることを再度、意識したのはこの在外研究を通してである。これ以降、本書のテーマに主として取り組むこととなったといえる。

早稲田大学社会科学部に所属するようになって以来、常に学問的ご教示をお与えいただき、研究室の院生の研究指導をしてくださっている大学院社会科学研究科の大西泰博先生、久塚純一先生、西原博史先生、厚見恵一郎先生、黒川哲志先生には心よりお礼申し上げたい。研究室の博士課程で指導した院生、とりわけ高島穣氏（文教大学講師）、秋葉丈志氏（国際教養大学准教授）、平岡章夫氏（国立国会図書館）、藤井正希氏（群馬大学准教授）、片上孝洋氏（大和大学専任講師・税理士）からも多くの知的刺激を受けている。また、学際的な研究条件を整えていただいた早稲田大学社会科学部・大学院社会科学研究科所属の先生・職員の方々、学生に感謝し、こうした恵まれた学部・大学院で研究・教育できることの幸せを思わざるをえない。

　本書の出版をお認めいただいた㈱成文堂・阿部成一社長には厚くお礼申し上げます。出版の労をおとりいただいた編集部の篠崎雄彦氏にはいつも大変お世話になり、また今回も格別のご配慮と適切なご助言をいただきました。心よりのお礼と感謝を申し上げたいと思います。最後に、原稿については、外国人の人権を研究テーマとされている早稲田大学大学院社会科学研究科博士課程の駒井寿美さんに読んでいただき、ご指摘をいただきました。感謝申し上げます。

2016年1月

早稲田大学社会科学部研究室にて

後 藤　光 男

著者紹介
後 藤 光 男（ごとう みつお）
Mitsuo GOTOH

　1949年、広島県に生まれる。1967年、同志社香里高等学校、1971年、同志社大学法学部卒業、早稲田大学大学院法学研究科修士課程、同博士課程を経て、現在、早稲田大学社会科学部・大学院社会科学研究科教授。専攻、憲法・行政法・現代人権論。

　1992-93年、英国エセックス大学人権センター客員研究員（University of Essex の Human Rights Centre Fellow）。2004-2007年、早稲田大学大学院法務研究科（ロースクール）兼担。東京外国語大学、明治大学講師等兼任。

主要著書
『国際化時代の人権（改訂版）』（単著、成文堂）
『共生社会の参政権』（単著、成文堂）
『条解日本国憲法』有倉遼吉＝時岡弘編（共著、三省堂）
『ロースクール演習憲法』（小林武教授との共著、法学書院）
『行政救済法論』（編著、成文堂）
『トマス・ジェファソンと議会法』（監訳、成文堂）
『J・ルーベンフェルド　プライヴァシーの権利』（訳書、敬文堂）

　　　　永住市民の人権
　　　　──地球市民としての責任──

2016年3月20日　初版第1刷発行

著　者　後　藤　光　男
発行者　阿　部　成　一

〒162-0041　東京都新宿区早稲田鶴巻町514番地
発行所　株式会社　成文堂
電話 03(3203)9201（代）　Fax 03(3203)9206
http://www.seibundoh.co.jp

製版・印刷　藤原印刷　　　製本　弘伸製本
©2016　M. Goto　　Printed in Japan
☆乱丁・落丁本はおとりかえいたします☆
ISBN978-4-7923-0594-9　C3032　検印省略

定価（本体5800円＋税）